本书是国家社会科学基金项目课题“微博对社会稳定的影响及其对策研究”（项目批准号：13BFX047）的部分研究成果。

MICRO-BLOG

微博对社会稳定的影响及对策研究

Research on the Influence of Micro-blog on Social Stability and Countermeasures

李汝川　等著

中国社会科学出版社

图书在版编目（CIP）数据

微博对社会稳定的影响及对策研究／李汝川等著．—北京：中国社会科学出版社，2018．8

ISBN 978－7－5203－2817－3

Ⅰ．①微…　Ⅱ．①李…　Ⅲ．①互联网络—舆论—影响—社会稳定—研究—中国　Ⅳ．①D63

中国版本图书馆 CIP 数据核字（2018）第 161064 号

出 版 人　赵剑英
责任编辑　王　茵
特约编辑　王　琪
责任校对　杨　林
责任印制　王　超

出　　版　中国社会科学出版社
社　　址　北京鼓楼西大街甲 158 号
邮　　编　100720
网　　址　http://www.csspw.cn
发 行 部　010－84083685
门 市 部　010－84029450
经　　销　新华书店及其他书店

印　　刷　北京明恒达印务有限公司
装　　订　廊坊市广阳区广增装订厂
版　　次　2018 年 8 月第 1 版
印　　次　2018 年 8 月第 1 次印刷

开　　本　710×1000　1/16
印　　张　15
插　　页　2
字　　数　238 千字
定　　价　65.00 元

前　言

本书系北京警察学院李汝川教授主持的国家社会科学基金项目课题“微博对社会稳定的影响及其对策研究”8 项子课题中的 4 项子课题研究成果。

一

我国正经历着信息化快速发展时期，众多机遇和挑战并存。2013 年 11 月 12 日，习近平总书记在党的十八届三中全会《关于〈中共中央关于全面深化改革若干重大问题的决定〉的说明》中深刻指出：“特别是面对传播快、影响大、覆盖广、社会动员能力强的微客、微信等社交网络和即时通信工具用户的快速增长，如何加强网络法制建设和舆论引导，确保网络信息传播秩序和国家安全、社会稳定，已成为摆在我们面前的现实突出问题。”微博随着互联网和信息技术的飞速发展与普及应用，开创了网络媒体社交的新时代。微博所具有的主体大众化、功能开放、信息进入门槛低与内容丰富、媒体多样和发布便捷、传播迅广等特性，使之成为最为活跃的、应用广泛的即时通信工具和网络信息交流共享与网络社交综合公共平台。2007 年微博引入我国因而被称为微博元年，至 2017 年 10 年间，其用户发展迅猛、规模巨大。其中，截至 2012 年 12 月底的前 5 年，微博用户数量快速增长达到了 3. 09 亿；截至 2017 年 12 月底的后 5 年，微博用户数量一直保持在 3 亿多的规模，而且呈现出增长趋势，据中国互联网信息中心新浪微博季度财报统计（CNNIC），微博月活跃用户达到了 3. 76 亿。如此快速增长和大规模保持的微博用户群体是任何传统媒体都不可比拟的，以微博为代表的网络社交新媒体深刻地改变了信息发布、交流和传播途径，进而改变了人们的社交方式。微博可爱之处在于“微”，人人都可以参与其中；微博可怕之处在于“博”，能在瞬间自发形成强大的社会动员力，甚至变成破坏性力量。借助网络信息技术其“双刃”性更加彰显，在方便人们生活、工作和社交的同时，也给虚假不实、违法犯罪与极端主义等不良有害信息传播利用提供了便捷高效的新渠道。其急剧增长和保持的用户数量规模与自发形成的强大社会组织动员力，在集散民意的同时，对社会稳定也带来了传统社会中不曾有过的网络社会危害。微博对社会稳定的影响，既具有现实性也具有全球性，如何消除不良影响使其抑恶扬善，已经成为推进平安中国、法治中国建设中亟待解决的突出问题。

微博对社会稳定的影响，就其特性而言源自三种效应：一是微博聚焦效应。微博可以迅速汇聚社会目光，是网络民意汇聚地和晴雨表，一旦被滥用便成为社会群体对立的助推器和极端情绪的发酵器。二是微博速扩效应。微博信息可在第一时间被迅速传播，并将细微事件无限放大和扩散，其传播速度和广度远超于传统媒体，既可成为网络民意的发声器，也可成为虚假信息的集散地和“群体事件”的发源地，如果被境内外敌对势力利用，更可成为对我国实施渗透颠覆破坏活动的前沿阵地和新的重要手段。三是微博引导效应。微博网络信息在微博聚散效应作用下会直接影响社会舆论导向，还能以网络越轨污染社会生态环境，甚至以网络暴力干扰社会生活或者干涉司法。

本课题在立题之初，有关“微博影响与对策研究”还处于起步阶段。据中国期刊网 2013 年 2 月统计，以微博命名的研究文章 690 篇，其中涉及对社会稳定影响方面的研究文章仅有 2 篇且不够系统全面，这一研究现状与如何应对微博给社会带来的深刻影响和维护社会稳定的需要极不相适应。从研究视角与内容上看，这种不相适应的研究现状表现在两个方面。一方面主要集中在微博作为一种新媒体的本身研究，如“微博的新媒体价值、传播特性、发展前景”等；国外相关研究则主要集中在微博所带来的社会管理体制改革、个人隐私权和公民言论自由权冲突，以及微博引发的知识产权保护等问题研究。另一方面缺乏“微博对社会稳定影响”的基础研究，以及与如何解决这一现实问题相呼应的对策研究：一是微博运行及其对社会稳定影响的规律特点、分类标准缺乏深入系统的全面分析研究；二是微博法治治理研究没有跟上，微博管理还处于相关法律法规不健全、行业规范和有效管控机制不完善、办法简单手段落后和微博传播“无法无序”的状态，微博法治化管理格局没有形成；三是应对微博社会影响的网络信息技术开发应用不够，微博舆情动态监测和大数据分析评估系统以及微博突发事件和网络谣言的有效应对机制措施缺失，往往处于以“堵和删”为主的被动应付局面；四是提高国家工作人员舆情引导能力研究不足，面对微博迅猛发展亟待提高国家工作人员的“微”能力素质，需要解决微博管理、突发事件处置和舆情把控引导能力素质的教育培训问题。因此，为健全微博的基础管理、内容管理、行业管理和微博网络违法犯罪防范、打击等联动机制及微博网络突发事件处置机制，并形成正面引导与依法管理相结合的微博网络舆论工作格局，加强微博影响社会稳定的基础研究和应用对策研究势在必行。

二

基于上述背景，从2013年年初开始，李汝川教授本着正确认识、积极利用、依法管理、有效应对和维护社会安全稳定的初衷，围绕着微博特性及其对社会稳定影响的现状和对应措施展开了研究，并以“微博对社会稳定的影响及其对策研究”为课题，向全国哲学社会科学规划办公室申报了国家社会科学基金项目，于2013年6月获得批准立项（项目批准号为13BFX047）。本项目课题基于微博的特性，紧贴维护社会稳定实际，以解决问题为导向，围绕着“影响与对策”这条主线，从理论学术价值与维护社会稳定应用价值的融合上，把理论与实践、软科学与硬科学紧密结合起来，在微博影响稳定的基础、微博舆情监测评估、微博突发事件和微博网络谣言应对处置与法律责任、微博管理与教育培训四个维度确定了8项子课题研究。

1. 微博对社会稳定的影响及其规律研究。探究微博对社会稳定影响的表现形式、主要问题及其对社会稳定影响的发生发展规律等。

2. “微博舆论场”和“微博网络意见群体”形成与互动机制研究。探究“微博舆论场”现状、特点和“微博网络意见群体”构成，微博“意见领袖”的舆论形成、作用及其与社会稳定影响的互动机制。

3. 风险微博判定标准和分类方法研究。在调查分析微博群体、网络社团、核心微博基础上，研究制定风险微博的观测统计判定标准和分类方法。

4. 微博舆情监测分析评估系统可行性研究。探究微博舆情动态监测与分析评估机制，建立微博舆情海量数据分析理论模型，提出微博舆情引导措施，为开发微博动态监测分析评估系统软件奠定基础。

5. 微博突发事件和微博网络谣言监测分析系统及应对处置机制研究。探究微博突发事件反应控制、应对处置和网上网下互动机制，及其突发事件微博舆论回应引导和信息发布机制与微博网络谣言澄清化解机制，开发相应系统软件。

6. 微博网络谣言法律责任体系研究。探究微博造谣传谣罪名和刑事责任体系。

7. 法治思维下微博治理机制研究。总结微博管理应对和微博政务经验，完善微博实名制、政务微博等微博使用规范和管理制度。

8. 微时代新媒体能力素质教育培训研究。围绕提高微时代国家工作人员利用新媒体的社会沟通能力、矛盾化解能力、微博舆论引导能力和微博突发事件应对处置能力，探究新媒体能力素质教育培训的内容、形式、方法、机制和模式。

鉴于本课题研究内容广泛，项目负责人李汝川教授带领团队多措并举、运用多种方法开展研究。在前期研究基础上，不仅从宏观顶层设计上提出了完善的研究思路、结构框架、内容要点、逻辑关系和技术路线，而且在微观上具体组织和统筹指导各个子课题开展深入研究。采取内外结合方式组成课题研究团队，成员涵盖相关学科领域的研究人员，既有中国科学院软件所、中国政法大学、北京警察学院等科研院所的专家学者，也有网络安全等相关实务部门的业务骨干，参研人员科研经验丰富，从法学、新闻与传播学、社会学、管理学、情报学、网络安全与技术等多个学科进行跨学科、分专题、多角度综合研究。由于项目课题涉及多个系统、多个部门，为扎实有序推进研究，加强了分工配合、沟通协调，通过健全内部管理制度强化研究过程和目标控制，为此制订了详细的研究工作推进方案，建立“子课题负责人责任制、通报交流制、督导检查制、成果检验应用制以及学术技术规范审查制”五项工作机制，为推进课题研究提供了有力的保障。

研究的目的全在于应用，本项目课题既注重基本理论研究，同时注重问题导向的应用研究以及研究成果的实践检验与转化。在研究过程中，为了使研究成果更具科学性、实用性和可操作性，除了文献研究外，还与网络安全等实务部门合作，深入实际开展实证研究，分别到北京、厦门、南京、杭州、昆明等地相关实务部门进行调研，了解微博应用管理方面关注点、需求点和经验，充实完善研究内容，探寻新方法、新举措并在实践中积极推进研究成果检验，转化为实战措施、方法和机制等；同时，借鉴国外相关经验和研究成果，开展比较研究。在研究中抓住“微博对社会稳定影响及其对策”这一现实课题，从适应需求出发，着眼于学术前沿领域，基于实践理性思考，对其进行理论与应用研究。通过运用科学的研究方法，系统地研究了新媒体时代微博对社会稳定带来的影响挑战及其应对策略，研究内容融理论分析、信息技术、处置机制和治理与培训为一体，积极回应了现实需求。充分发挥研究团队整体优势，致力于研究方法与研究内容、软科学与硬科学、理论与实践的融合创新，拓宽了研究的视野，既丰富了这一领域的理论研究，也推动了微博治理应用的实践完善。所提出的综合性应对可行性措施，为动态分析评估微博对社会稳定的影响，切断其“思想发酵”与其落地后可能发展成为破坏性力量的联系，最大限度地增加社会稳定的“正能量”发挥了作用。建立的一套关于微博动态测评、积极引导、及时处置、有效掌控、依法管理机制和综合解决机制办法及其相应系统软件开发，也在实践中都得到了有效的检验和应用。

在课题研究中，从计划方案制订到研究过程推进、从内容框架技术路线确定到成果形成，都严格按照国家社会科学基金项目规范要求和课题申请书计划进行，保证了项目的有效管理和课题研究的扎实推进，达到了预期研究目标。同时，本课题作为北京警察学院第一个国家社会科学基金项目，在整个学术研究、成果检验应用过程中，也促进了相应科研制度机制的建立完善，在科研实践中提高了研发能力、培养锻炼了科研队伍，探索积累了科研项目管理推进经验，形成了科研中提高、提高中科研的良性互动效应。该项目课题原计划研究期限为两年，其间由于《中华人民共和国刑法修正案（九）》对现行刑法中有关网络犯罪的相关规定进行了重大调整，为保证最终研究成果能够充分体现国家刑事立法精神，特申请延长研究期限一年。于 2016 年 9 月完成课题项目鉴定结项申请，2017 年 1 月正式获准结项（项目结项号为 20070028）。

三

经过项目课题组近三年的研究，取得了丰硕的研究成果和可喜的应用效果。公开发表学术论文 17 篇，撰写提交专题调研报告 5 篇，开发应用系统软件 4 项，并撰写形成了 30 余万字的结项报告。其中，部分研究成果被实务部门采用，在实践中发挥了应有的作用。包括上述，第一子课题“微博对社会稳定的影响及其规律研究”中的“微博的整体分析判定和宏观治理思路”、第三子课题“风险微博判定标准和分类法研究”中的“风险微博研判分析模式”和第五子课题“微博突发事件和微博网络谣言监测分析系统及应对处置机制研究开发”等。2015 年 6 月，在项目课题成果论证会上，来自公安部十二局、北京市互联网办公室、中国科学院软件研究所、中国政法大学和中国人民公安大学等互联网管理部门与科研院所的 13 位专家学者，对课题项目成果进行了充分论证并给予高度评价。一致认为，该课题选题意义重大、理论价值和实践价值高，科研组织管理与研究推进工作扎实有效，研究团队协同创新能力突出，研究内容特色鲜明，研究方法科学得当，研究成果丰富且实际应用效果显著，具有明显的社会效益，填补了当前这方面学术研究的不足，达到国内领先水平。公安部和北京市有关领导在报送的《微博对社会稳定的影响及其对策研究成果要报》上批示：“该课题提出的一系列解决方案，在公安实战中发挥了作用，成效明显。”

本项目课题研究成果兼具一定的理论学术价值和实践应用价值。其理论学术价值主要体现在以下四个方面：一是分析了微博对社会稳定的影响特点及其规律；二是提出了风险微博的概念，并明确其判定标准和分类方法；三是设计了全新的微博舆情监测、引导、管理理论模型；四是建立了微博谣言法律责任体系，并提出了法治思维下微博治理机制建构理论。其实践应用价值主要体现在以下四个方面的：一是在宏观政策层面，提出了高度重视、积极利用、内部参与和外部规范、技术应用以及法规完善五个层次并立的宏观治理思路，深化了法治思维下的党委领导、政府负责、公众参与、社会协同、法制保障的微博社会治理机制的认识，为微博社会治理提供了有益的建议；二是在法律规范层面，提出了基于微博用户和微博服务商的双层法律规范模式，有利于推动微博领域的法治化治理；三是在技术应用层面，针对微博空间的技术性、信息聚散性和传播迅广性等特性，提出了微博突发性公共事件应对和微博舆情动态监测评估引导控制的系统方法和理论模型，开发建立了“风险微博研判系统”“舆情监测分析评估系统”和“微博舆情风险评估模型系统”，并已在实践中得到了检验应用；四是在机制建设层面，提出了微博突发事件和网络谣言的应对处置机制、微博舆情评价和风险控制机制、国家工作人员“微”能力素质教育培养机制等一系列机制性对策建议。

四

鉴于本项目课题部分研究成果已经应用于实践，本书出版内容涉及的是其中 4 项子课题部分研究成果。

（一）微博对社会稳定的影响及其规律研究

本部分针对微博的正面作用和负面影响、积极效益和潜在风险、现实危害和未来发展等一系列问题，详细论述了微博在结构、时效、传播和内容四个方面的基本规律。在结构上，揭示了微博用户活跃度的“二八定律”以及关联度的“六度空间”理论；在时效上，分析了微博舆论发生、发展、衰退的周期规律；在传播上，探讨了微博舆论扩散的“蝴蝶效应”和“长尾效应”规律；在内容上，阐释了网民信息筛选接受的“群体极化倾向”和“塔西佗陷阱”规律。并在此基础之上，提出了微博治理的宏观对策：一是做好重点微博用户管理、引导和沟通工作，对微博维稳意义重大；二是主动适应、多方参与，提高微博舆情监测、处置和引导能力；三是积极培育多元理性声音，促进微博舆论形成自我净化机制；四是始终注重网上与网下结合，以公开促公平，稳步提高政府公信力。

（二）微博谣言法律责任体系研究

本部分基于网络社会自身的技术特性和全媒体时代信息生产、传播机制的变化，在指出微博谣言直接侵害网络空间和现实空间双层社会秩序基础上，重点对微博谣言法律责任体系的重构进行了分析阐述。首先，在法律上明确了微博空间属于“公共场所”，推动传统法律规范适用于微博空间，将发布微博造谣行为视为法律上的“公然”“当众”行为；其次，重视微博服务商的作用，重构微博服务商法律责任体系，实现微博服务商的民事责任由连带责任向独立责任转化、行政责任由事后审查责任向事先预防责任转化、刑事责任由共犯责任向正犯责任转化；最后，重点制裁微博空间编造、传播虚假信息行为，更新谣言犯罪罪名体系，在网络空间和现实空间中实现寻衅滋事罪的平等适用，并对编造、传播虚假信息制裁体系的罪名扩容。

（三）法治思维下微博治理机制研究

本部分根据微博治理机制更新的时代要求，在法治思维下提出了微博治理机制的具体路径。其一，完善微博用户法律规范，明确权利义务，加强微博用户的信息数据保护，建立健全登记认证制度，全面实行微博用户实名制；其二，加强微博服务商管理，明确微博服务商的内容审查义务和协助配合义务，制定微博服务商处置不当信息的规范；其三，推广和规范政务微博，明确政务微博建构目标，建立政务微博风险控制机制，提出政务微博具体管理规则，并完善政务微博评价机制。

（四）微时代国家工作人员新媒体能力素质教育培训研究

本部分在研究国家工作人员新媒体能力素质基本概念、含义、特点及能力构成基础上，运用问卷调查、个别访谈、案例分析等研究方法，对国家工作人员新媒体能力素质现状、存在问题及原因进行了深入分析，并针对如何提高信息发布、议程设置、互动回应、舆情引导、谣言应对、事件处置等核心能力，创设了基于胜任力模型设计的国家工作人员新媒体能力素质教育培训模式，提炼出教育训练内容，设置相应培训课程，提出通过建立选拔考核评价机制、层级培训机制、定期交流机制、师资培养机制等制度安排，以提升微时代国家工作人员新媒体能力素质和教育培训效果。

本项目课题部分研究成果出版的初衷和意义，在于促进研究成果交流和推进持续研究。应当看到，从传统社会到网络社会随着全媒体时代的发展，微博本身的内在要求和外部需求也在不断地发展变化，进而对社会稳定的影响亦会随之发生变化，微博影响及其对策必然是一个动态的、可持续的研究课题。同时，尽管本项目课题在研究中力求系统全面和精益求精，并数次对研究成果进行修正补充，但微博带来的问题不可能通过一个项目课题的研究都能够解决，应当跟进后续研究，本项目课题部分研究成果的出版有利于促进更广泛的深入研究。

囿于研究能力水平，书中难免有疏漏缺失及不当之处，尚祈读者批评指正。

“微博对社会稳定的影响及对策研究”项目课题组

目　录

第 一 章

微博对社会稳定的影响及其规律研究

微博作为信息时代诞生的一种新媒体，不仅意味着传播形式的革命，也意味着一种社会舆论形成与互动机制的重大变革。作为一种新媒体，微博对社会稳定是把双刃剑，既是难得机遇又是实质挑战，既带来了有利条件也带来了潜在风险，利弊交织、积极因素与消极因素并存。全面分析微博对社会稳定的影响，认清微博与社会稳定机制的互动关系，深入揭示微博时代意识形态维稳的内在复杂性，准确把握微博对社会稳定影响的规律性，做好微博管控，实现网络有效治理，发挥微博对社会维稳的积极作用，具有非常重要的意义。

第一节　微博对社会稳定的影响分析

微博，即微博客的简称，英文为 Miro-blog，是一种通过关注机制分享简短信息的广播式社交网络平台。2006 年诞生于美国的推特（Twitter）是世界上最早的微博。我国主流微博包括新浪微博、腾讯微博等起步于2009—2010 年，2010 年后微博在我国获得了迅猛发展，成为最引人关注的新兴网络媒体。截至 2016 年 6 月，我国微博用户规模为 2. 42 亿，使用率为 34% 。①

微博与传统的博客具有很大的不同。从技术角度来说，微博具有如下三个突出特征：一是内容短小精悍。国内微博的内容限定为 140 字以

---

① 数据来自 2016 年中国互联网信息中心（CNNIC）发布的第 38 次中国互联网发展统计报告。

内，国外推特内容限定为140字符以内，因此相比博客，微博内容简短，不需长篇大论，能够表达出个人每时每刻的思想和最新动态，更显随意性和时效性。二是信息共享便捷迅速。微博可以通过各种连接网络的平台，如电脑、手机、平板等发布信息，不受时间、地点限制。三是具有很强的网络黏性。作为一种基于用户关系的信息分享、传播以及获取的平台，微博用户具有很强的自主性以及选择性，通过“关注”功能用户可以彼此之间成为“粉丝”，确定为“粉丝”后被关注者的信息便会不断地向关注者推送，使得用户之间的黏性越来越强。由于微博的这些技术特征，所以其往往在内容上表现为更多的原创性和草根性，在社会影响上往往能够形成舆论热点，引发社会关注，从而给传统主流媒体的话语主导权带来一定的冲击。

社会稳定，从广义上来说包括政治稳定、经济稳定、社会治安稳定以及文化稳定等。从学理上来分析，社会稳定既包括动态的社会稳定，也包括静态的社会稳定；既包括局部地区的社会稳定，也包括全局性的社会稳定。狭义上的社会稳定，一般是指特定历史阶段、特定区域内的动态的社会政治稳定。因此，从这个角度来说，不存在绝对意义上的稳定，只有相对意义上的稳定。美国著名政治学者亨廷顿认为，社会稳定问题与现代化紧密相关，现代性带来社会稳定，而现代化却滋生不稳定，对于广大处于现代化进程中的发展中国家来说，社会不稳定程度等于社会参与同政治制度化之比，而政治制度化水平又取决于政治制度的适应性、复杂性、自主性和内聚性，对于广大发展中国家来说，之所以出现政治动荡，原因就在于政治制度化水平跟不上社会参与扩大的要求。当前，我国总体社会环境是比较稳定的，但随着经济体制深刻变革，社会结构深刻变动，利益格局深刻调整，思想观念深刻变化，社会矛盾新旧交替、错综复杂，人民内部矛盾引发的群体性事件呈现高发、频发、群发态势，社会的不稳定因素在不断累积和增多。正如习近平总书记所指出的那样，没有稳定的社会政治环境，一切改革发展都无从谈起，再好的规划和方案都难以实现，已经取得的成果也会失去。在新时期，如何做好社会维稳工作无疑是一个重要的时代命题。

从社会传播的角度来看，微博作为一种自媒体具备简单快捷的发布功能和低门槛的草根特性，借助其病毒式网状传播机制，颠覆传统的新闻单向传播特性，使得“人人具有麦克风”成为现实，并能在短时间内快速引发舆论热点，这对于信息传媒和社会舆论来说都不亚于一场革命。据中国人民大学舆论研究所发布的《中国社会舆情年度报告（2012）》称，微博是2011年舆情事件的第一大信息源，占比达20%以上，成为第一大舆论场。同时据《CLC—奥美公关合作白皮书——微时代危机管理》显示，2011年十大危机公关事件有七个是自微博发起。这标志着从2011年开始，微博作为媒体平台的正式崛起，从此微博开始成为影响社会舆论的一股重要力量，并不断改变人们的信息传播和社会交往方式。

微博作为一种传播媒介机制，其对社会稳定来说是把双刃剑，既是难得机遇又是实质挑战，既给社会维稳工作带来了有利条件，也给社会维稳带来了潜在的风险。这种两面性需要从综合立体的视角去看待，理性深入地对其利弊影响加以分析。

一　就国内微博而言，微博具有促进社会稳定的积极作用

微博对社会稳定的积极影响主要集中在三个方面：第一，微博拓宽了民众表达权、监督权的实现渠道，有力促进了社会公平、公开、公正；第二，微博为政府提供了舆论引导疏解机制，特别是政务微博的建设有效促进了政府与民众的沟通；第三，微博提供了多元声音平台，有利于逐步培植理性舆论，消解极端言论，促进社会的动态稳定。正是这些积极因素降低了社会整体性不稳定的风险。

（一）微博拓展了民众表达权和监督权的实现渠道，有力促进了公平、公开、公正

党的十八大报告提出，“建立健全权力运行制约和监督体系”，“加强党内监督、民主监督、法律监督、舆论监督，让人民监督权力，让权力在阳光下运行”。公开是最好的防腐剂，新闻媒体被誉为第四种权力，是保证权力在阳光下运行和把公权力装进笼子里的一种重要手段。通过赋予每个人以麦克风，透明开放的微博在打造阳光服务型政府的征程中，为人民群众监督政府和权力提供了最直接、最畅通的渠道。这种监督虽然并不一定具有法律效力，也并不一定能够直接揭露真相，但是却能赋予每个人监督政府的表达权。因为通过微博，监督政府的主体大大扩展，每个人都是新闻记者，每个人都可以通过微博直接对政府、官员进行监

督。正是因为微博的快速发展，不少官员出现了“谈网色变”，微博已经成为约束官员权力、强化社会舆论监督的重要手段。从这个角度来说，微博拓宽了民众表达权实现渠道，有力地促进了政务公开透明，从而实现以公开促公平公正、以维权促维稳。

微博发挥舆论监督的强大功能，具体表现在以下三个方面：

第一，微博舆论监督主体的大众化。微博的功能设置决定了其草根性，通过微博公众获得一个自主发言的平台，微博的互动性和开放性决定了微博在传播和分享信息的同时，能够快速地形成社会舆论，正是这种舆论给政府和官员带来强大的压力。特别是在反腐领域，通过微博，群众反腐积极性提高，政府的及时反应又增强了群众监督政府与官员的积极性。

第二，微博舆论监督有广泛的影响力。阳光是最好的防腐剂，政府的公开透明和社会舆论的普遍监督是遏制腐败蔓延的重要机制。官员腐败事件经微博曝光，便能快速地一石激起千层浪，微博裂变效果带来消息的迅速传播，引发社会的广泛关注，形成巨大的舆论场，使得腐败事件及时引起有关部门的重视，从而得到透明公开的处理。微博腐败的效应给官员带来了强大的心理威慑力，不少腐败官员都是在微博曝光之后被有关部门处理，微博反腐对政府官员起到了良好的警示作用，促使官员增强工作的责任心和自律意识。

第三，减少了社会反腐成本。在微博诞生之前，腐败大案、要案的查处，社会公众要介入比较难，破获案件要花费纪检监察机关工作人员的大量心血和汗水，工作难度大，耗费大量的人力、财力、物力。微博反腐的出现，调动了网络社会力量来打击腐败，通过微博用户提供的大量信息，有力配合了纪检监察机关对腐败案件的查处，这对政府反腐而言是低成本的。

据公开报道的落马官员中，许多都是被微博曝光后才被查处的。特别是在微博迅猛发展的2011年至2013年，微博反腐成为整个社会的热门词汇。在这两三年时间里，大量的腐败案件都是首先通过微博曝光，然后媒体发酵形成舆论热点，最后纪检部门介入。微博反腐有力地促进了正风肃纪，正是因为微博所具有的强大舆论监督功能，中央“八项规定”实行以来，大量违背“八项规定”的案例不断通过微博向社会曝光，公众通过微博的监督与纪检监察部门的监督形成强大合力，促进了党内各种毒瘤和歪风邪气的清除，维护了公民权益和社会公平正义，有利于社会的和谐与稳定。雷政富不雅视频事件是微博反腐的经典案例。该事件从微博上不雅视频曝出，到重庆市纪检部门宣布免去雷政富职务并立案调查，仅仅花了63小时，足见时间之短。当然，雷政富不雅视频事件之所以能够快速处理，与重庆市纪检部门及时公开面对舆论的态度以及迅速处置密不可分。表1－1列举了一些近几年因为微博监督而被处理的官员。

表1－1　　　　近年来一些因为微博监督而被处理的官员

官员	事件经过	结果
江苏溧阳市卫生局原局长谢志强	2011年6月20日，谢志强发微博和情妇相约酒店开房，聊天记录在微博上直播	次日，谢志强即被免职，接受调查
重庆市北碚区原区委书记雷政富	2012年7月20日下午曝光，艳照事件通过微博迅速发酵。在网友的监督之下，仅过了63小时，重庆市纪检部门即宣布将雷政富免职，并进行立案调查	2013年6月28日，重庆第一中级人民法院一审判决雷政富有期徒刑13年
陕西安监局原局长杨达才	2012年8月28日，微博披露其在陕西延安"8·26"特大交通事故现场露"笑脸"，并佩戴多块奢侈品牌手表，其本人被网友戏称为"微笑局长""表哥"。后陕西省纪委对其展开调查	2013年9月5日，西安市中级人民法院一审宣判：杨达才犯受贿罪、巨额财产来源不明罪，决定执行有期徒刑14年。赃款依照中华人民共和国的相关法律法规没收，上缴国库
国家发改委原副主任、国家能源局原局长刘铁男	2012年12月6日《财经》杂志副主编罗昌平在微博上实名举报刘铁男涉嫌伪造学历、诈骗、包养情妇等	2013年5月12日刘铁男接受调查
广州市城市管理综合执法局番禺分局原政委蔡彬	2012年10月22日，微博曝出广州市城市管理综合执法局番禺分局政委蔡彬拥有20多套房产	10月23日，番禺区纪委对蔡彬进行立案查处，并采取"双规"措施

续表

官员	事件经过	结果
山东省农业厅原副厅长单增德	2012 年 11 月 28 日，网友“风雨过后见彩虹”在微博上发布了一组视频和照片，披露山东省农业厅副厅长单增德与一单身女性保持不正当关系长达6年，如今想甩掉“包袱”，动用警力非法拘禁其情妇	2014 年 7 月 17 日，山东省滨州市中级人民法院对山东省农业厅原副厅长、党组副书记单增德受贿案作出一审宣判，以单增德犯受贿罪，判处有期徒刑十五年，并处没收个人财产二百万元

一般来说，微博反腐主要有以下几种途径：第一种是普通网友的匿名爆料。这种类型的微博反腐往往是在主流媒体发布官员的新闻信息之后，由于其言论、行为、服饰穿戴等方面的不当，在微博上引发围观，进而引起群体声讨的热点舆论话题。第二种是官员的熟人爆料。这种类型的微博反腐主要表现为官员“二奶”、情妇或竞争对手和打击对象等官员利益相关人的爆料，传播路径为利益相关人把官员腐败证据和材料送给知名度较高的微博用户发布或者直接在自己的微博账号上发布，从而引发微博舆情。第三种是微博认证用户的实名举报。这种类型的微博反腐主要表现为微博认证用户通过表明自己的真实身份、罗列官员的腐败行为和具体证据、指定具体的接受举报职能部门等方式来进行微博爆料，在这种类型的微博反腐案件举报者中往往以媒体人士居多，传播路径是认证用户发布官员腐败消息，或者将其推送给纪检监察部门的政务微博并要求回应举报诉求。应该说，每一起腐败案件的曝光，对于社会公众来说都是大快人心的。微博有利于发挥大众反腐的积极性，极大地增加了腐败分子曝光的可能性，使得腐败分子无处遁形，必然能够对腐败起到强大的震慑作用。

微博不仅可以反腐，还在表达公民合法诉求、维护公民正当权益以及促进社会公平正义方面发挥着积极作用。包括浙江的叔侄案、内蒙古的呼格吉勒图案、河北的聂树斌案等，都通过微博扩大了公众关注度，推动了案件的发展。

另外，微博也成为社会公众参政、议政的有效渠道。从 2011 年起，一些草根百姓和知识分子通过微博宣布自荐参选人大代表。在云南曲靖市，市政府官方微博“微博曲靖”在2011年6月17日打破常规，发帖介绍本市一位自荐参选人大代表的公民蔡馥敏。同时，47岁的蔡馥敏开设博客、微博客，关注家庭、教育、医疗、劳动就业等问题。曲靖市委市政府包容基层民主的尝试获得网民认可。近些年来，微博问政的形式更加多种多样。2014年、2015年和2016年，全国两会以及地方两会都把微博当作重要的宣传手段，民众也可以通过微博这种途径直接与两会代表讨论社会热点问题。微博舆论监督有利于社会的风清气正，有利于重构新中国基层政权的神经末梢，融洽官民关系，最终有利于社会的和谐稳定。

（二）微博为政府提供了舆论引导机制，特别是政务微博的建设有效促进了政府与公众之间的沟通

中共十八届三中全会通过的《中共中央关于全面深化改革若干重大问题的决定》指出，要更加注重健全民主制度、丰富民主形式，从各层次各领域扩大公民有序政治参与。决定还提出，推动人民代表大会制度与时俱进，通过建立健全代表联络机构、网络平台等形式密切代表同人民群众联系。与微博发展同步兴起的政务微博，包括政府微博、主流媒体微博、政府官员个人微博等，正是强化政府与公众之间沟通的重要途径，其对于弘扬主旋律、疏解舆论压力具有非常重要的作用。政务微博打开了官民沟通的新窗口，对于维护社会稳定、促进官民关系和谐发挥了重要作用。具体来说，政务微博在推动政府与公众关系沟通和谐方面起到了以下几个方面的重要作用。

1. 政务信息公开

政务微博在我国推进政务公开、构建阳光型和服务型政府的背景下应运而生。政务信息公开作为政府信息公开的重要组成部分，是政务公开的基本内容，对于保障公民政务信息知情权和提高政府工作透明度具有重要意义。政务微博的诞生为政府信息公开开辟了一个崭新的渠道。通过政务微博，各种类别的政务信息源源不断地向公众传播，有力提升了公众对政府工作和政务信息的了解程度。比起传统媒体，政务微博对政务信息的公开更加快速便捷，所含信息量更大，更能满足公众知情权。

与微博迅猛发展同时，政务微博近些年来也是呈现井喷发展态势。

我国政务微博的总数，在近几年来逐年增长，呈现高速发展态势。其中，2011 年 5 万个，2012 年 17 万个，2013 年达到 25 万个，2014 年达到 27.7 万个。根据 2014 年年底出炉的《全国政务新媒体综合影响力报告（2014）》对全国政务微博做的统计，中央国家机关政务微博认证账号达 219 个，累计覆盖人数达 2.7 亿人；省级及以下各级单位的政务微博认证账号超过 19.4 万个，累计覆盖人数达 20.8 亿人。政务微博蓬勃发展，在“第一梯队”的是党政宣传系统、团委系统、公安系统和司法系统。政务微博的影响力日益凸显，是我国电子政务领域深化发展的结果，标志着我国“政务 2.0”时代已经开启。

薄熙来案件通过微博直播，是政务微博信息公开的一个经典案例。2013 年 8 月 22 日至 26 日，薄熙来贪污、受贿和滥用职权案在济南市中级人民法院审理。在这次庭审过程中，济南中院全程实时进行微博直播，在五天的时间里发布微博 150 余条。根据《中国青年报》的报道，数亿人通过微博“围观”了薄熙来案件的庭审实况。济南中院的庭审直播受到了最高人民法院的认可，其被视为 2013 年法院系统的一笔重彩。济南中院的微博直播，不但打消了外界猜测，还开创了一种新的司法信息公开的形式。

2. 公共舆论引导

正如著名新媒体专家谢尔·以色列对微博的特性所做的分析：微博不是用来做单向信息传送的工具，它更像一个电话：一个人说，另一个人听，同时进行回应，双方反复讨论。同时，由于微博有 140 个字的限制，个体发表的往往是碎片化的信息，加之裂变式、病毒式的传播能力，以及微博环境的鱼龙混杂，这些都为网络虚假信息甚至网络谣言的形成与传播创造了条件。因而，政务微博不仅要承担政务信息公开功能，而且承担着及时发布正确信息、积极与网民互动、澄清虚假消息、抵制谣言的功能和使命。

政务微博的舆论引导功能在突发事件中更能得到体现。网络中，大多数网民是被动地接受信息，不发表意见，微博中亦如此。大量的用户关注少数的意见领袖，获取信息并在评论中加以反馈。从某种角度来说，少部分意见领袖决定了微博的传播内容和舆论导向。本来就具有影响力和权威性的政务微博，比普通用户更容易获得粉丝信任，完全可以通过对政务微博的精心打造，使其成为微博舆论中的意见领袖，以引导舆论、澄清事实、疏导网民情绪。

微博舆论引导功能在近些年来的政府两会中得到了更好的体现。2014 年在地方两会中，一些地方政府首次通过官方微博、官方微信等新媒体形式直播会议，增强透明与互动，“无微不至”的变化受到称赞。如 2014 年 1 月召开的云南省昆明市第十三届人大五次会议，首次使用该市人大办公厅官方微博，该微博实时直播部分会议并在整个会议期间及时发布信息，多个市政微博转载，方便公众“旁听”。除此之外，在北京市、菏泽市等地也通过官方微博网络直播的形式对会议进行宣传报道，吸引社会公众的关注。特别是在 2015 年的全国两会中，新媒体更是发挥了重要的正面舆论引导作用，微博、微信、客户端点击量屡创新高，各种图解、漫画、大数据让人一目了然，而且形成了广泛的舆论传播。在媒体融合背景下，中央与地方主要媒体通过融合创新，发挥官方微博、微信优势，在全国两会期间推出更多具有时效性、生动性和更接地气的新闻产品，收到了良好的效果，类似于《9 张图带你读懂政府工作报告》《50 个数字帮你看懂政府工作报告》《20 句话告诉你，政府工作报告这样影响小明的生活》等，受到热转、热评，对于方便公众了解两会、传播两会发挥了很好的作用。政务微博极大地提升了政府部门应对社会舆论特别是新媒体舆论的能力和水平，有利于社会正能量的传播。

3. 政务办公平台

政务微博不仅是一个信息公开和舆论引导的窗口，也是一个直接开展政务工作的办公平台。政务微博办公平台主要体现在实战与政务服务两个方面。首先，利用警务微博办理案件。其实，早在微博刚刚兴起的 2010 年，厦门就有一起利用微博办理案件的例子。2010 年 11 月 23 日，厦门市公安局在官方微博“厦门警方在线”上发布一起女童被害案，引起网友热烈关注，相关微博转发量迅速突破一万，评论 2000 多条，通过收集网友提供的海量信息，数日之后警方迅速破案。这是微博办案的经典案例。其次，政务微博也是政府部门直接服务公众的平台，很多基层政府部门如交管、民政、工商等部门直接通过政务微博开展便民服务，居民的一些政策咨询甚至相关业务办理可以直接在微博上进行。权威消息的发布迈出了官民互动的“最初一公里”，帮助群众解决实际问题则是打通网络问政的“最后一公里”。随着政务微博的进一步发展，正如许多媒体所预测的那样，我国政务微博运营将朝着“信息发布 + 政务服务”的路径不断前进。

正是通过政务信息公开、公共舆论引导和发挥政务办公平台的作用，政务微博成为当前政府部门发挥自身服务职能、改善政府与民众关系的一种重要渠道。其中，最核心的是政务微博的积极开通有效地促进了官方舆论场和草根舆论场的对接，这种效果可以从以下三个方面来观察：

一是通过微博许多民间热议话题成为主流媒体议题。微博中一系列热点话题在党报、电视台等主流媒体上得到探讨和回答，上升为主流媒体议题。例如，APEC 结束后，微博上传出希望长留 APEC 蓝的呼声，《人民日报》等主流媒体纷纷发表环保建言，国家主席习近平也在 APEC 欢迎宴会上致辞表示，希望并相信通过不懈的努力，APEC 蓝能够保持下去。

二是通过微博官方加强了与网民的互动。各级政府积极开设官方微博，这些官方微博架起了民众与政府部门沟通的桥梁。据新华网消息，截至 2014 年 12 月，中国政务微博年发布量达到 1782.3 万余条，同比增长 20.1%，转发评论量达 2.3 亿条，同比增长达 17.5%。

三是注重平等交流，促进两大舆论场亲密化。微博舆论有其自身语言特点。通过微博，官方摆脱严肃、刻板的形式束缚，以平等身份置身于社会舆论场，在宣传内容上加入平民化元素、互联网思维和网络语言，赢得网民好感。习近平总书记的 2014 年新年贺词受到微博舆论一致赞扬，他办公室里的生活照也成为当日微博热议的话题，网民自创的歌曲《习大大爱着彭麻麻》也体现了大家对习近平和彭丽媛的喜爱之情。

（三）微博提供了多元声音平台，有利于逐步消解极端言论，培植理性舆论，促进社会动态稳定

多元有利于培植理性。纷繁复杂的微博舆论场为社会各阶层提供了多元发声平台，人人都有麦克风，人人掌握话语权，只要能够接触网络就可以对社会事件表达个人看法或者诉求，并能迅速向公众传播。正是因为微博这种表达的多元化，才能够吸引不同阶层的人群上网自由讨论，引导网络人群分流、议题分化，同时允许不同声音彼此竞争，让网络的自我净化效能最大化，也有利于把网络舆论能量引向制度化公共参与。

1. 吸引不同阶层的人群上网自由讨论，引导网络人群分流、议题分化

微博舆论往往在一些时事政治问题上形成热点，很容易让网络舆论带有很强的火药味。但由于微博能够吸引不同阶层、不同地域、不同背景的人群，各种社会议题都被吸纳进舆论场，在一定程度上避免了微博议题的单一化，有利于引导微博议题均衡分布、张弛有度，比如增加日常生活、体育娱乐以及社会交往方面的内容，使得各种议题分化，因而能够增加微博舆论的多元性和丰富性。此外，应当鼓励学术文化冷静客观的理性思辨，来影响和引领文化土层相对贫瘠的互联网，让学术理论界、出版界、文艺界等社会文化精英更多地加入微博的讨论中来，给容易陷入网络口水战的微博舆论带来文化品格和人文关怀。同时，网络科普也是培植国民科学理性的重要手段，科学知识的普及介绍更能够驱散社会迷信和舆论偏见。所有这些都有利于增进微博本身的多元性和包容能力。

2. 允许不同声音彼此竞争，有利于培育网络自我净化机制

在微博这样一个极其多元的舆论场中，每天会有数以千万计的博文被推送出来，形成成千上万个社会关注点。正是因为微博领域中群体之间、话题之间、立场之间、观点之间的相互碰撞、争议，微博舆论场才会形成一定的制衡机制，这有利于微博中网民自我管理能力和网络自我净化功能的提升。近年来微博上的“胡锡进现象”特别值得人们思考。《环球时报》总编辑胡锡进进驻微博，致力于“报道多元世界，解读复杂中国”，受到“粉丝”热捧。在热衷于批评政府、质疑权威的微博舆论场上，胡锡进却能发出另类思考的声音，在民粹主义盛行的舆论场上引发争论，但社会理性与共识往往形成于多元价值取向的碰撞。在微博舆论场中，有了偏“右”的于建嵘，也应该有偏“左”的胡锡进。不仅“左”“右”之间，还包括激进与保守、自由与平等、科学与人文等诸多价值观念都能够在微博这个舆论场中试图保持张力，这也是网络舆论场向健康理性方向迈进的标志。这种允许不同声音和不同观点的充分表达和自由讨论的氛围，将有利于网络舆论的生态平衡，这也是微博舆论自我净化机制形成的前提。

3. 利用各种舆论机制把网络舆论能量引向制度化参与

从根本上来说，拓宽公民现实的政治参与途径、健全民主法治，维

护社会公平正义，是实现社会稳定制度建设的治本之策。亨廷顿在其《变化社会中的政治秩序》中认为，在快速变革的社会中，如果政治制度化水平赶不上政治参与的增长，那么这种政治参与必然突破制度框架成为滋生社会失序的动因。根据这一理论，在政治参与热情普遍提高的当下中国，只有不断推进社会主义民主法治建设，吸纳不断扩大的政治参与诉求，才是社会维稳的关键。从现实情况看，通过限制政治参与这种“缩小分母”的方式虽能在短期内稳定社会，但从长远角度看，还是需要提升政治制度化水平以“扩大分子”，积极引导公民理性温和的政治参与，搭建政府公众沟通桥梁。微博虽然不是一种正式的政治参与机制，但微博的开放性有利于促进民与官互议互补，推动政府与民间的健康公开互动，这在一定程度上也是一种扩大公民参与的有效渠道。

随着社会心态趋于积极，微博舆论理性逐步增强，微博舆论和主流媒体进一步走向融合。2014 年 12 月 19 日，由国家语言资源监测与研究中心、商务印书馆和人民网共同主办的“汉语盘点 2014”活动公布十大流行语，“依法治国”位列第一。廉、治、习大大、中国梦、新常态、APEC 蓝等词语也成为入围的年度字词。此后在“汉语盘点 2015”活动中，廉、“互联网 +”分别当选年度国内字、国内词。这表明微博舆论场与主流媒体两大舆论场的议题有一定程度的融合。微博上许多热点话题进入党报、电视台等主流媒体，使人民群众关心的具体问题在官方媒体中得以解释和回答，同样主流的舆论热点也在微博舆论中得到进一步的讨论和传播，官方舆论与民间舆论强化互动，这对于弘扬主流价值观、倡导社会理性进步无疑都具有正面积极作用。

二　就国内微博而言，微博又具有影响社会稳定的潜在风险

微博的快速发展正值我国处于经济转轨、社会转型的特殊历史时期，社会矛盾复杂交织，这一时期的突出特点是经济体制深刻变革，社会结构深刻变动，利益格局深刻调整，思想观念深刻变化，各种潜在苗头性问题、易激化的社会矛盾和易波动的社会情绪等不稳定因素大量存在。正是在这一背景下，微博作为我国互联网更新最快、表现最活跃的信息源头和舆论阵地，对个人权益、公共秩序乃至国家安全稳定始终存在着巨大的风险。

（一）微博的低门槛以及方便快捷的特性，易于网络谣言和虚假信息的制造和传播

不同于报纸、广播、电视等传统信息传播方式，微博凭借其低门槛的社会参与和多样化的发布手段，能够实现信息快速传播，在稳定的“关注”群体机制下，单向度的信息传递变成了双向交流式的公共自由交谈，这虽然为社会舆论自由带来广阔的发展空间，但某种程度上也有潜在的社会风险，特别是网络谣言和虚假信息的制造及传播。一方面，微博为网络谣言和虚假信息的制造和形成提供了土壤。由于微博140字的限制，因而微博内容相对简单，无须对事实进行深入论述，且以主观性的个人陈述为主，很容易陷入断章取义，有利于网络谣言和虚假信息的制造与形成。另一方面，微博具有强大的传播功能，一旦网络谣言和虚假信息形成，微博的快速扩散能力对于提升虚假信息和谣言的传播速度、广度和强度具有极大的推动作用。

从社会责任的角度来看，网络谣言与虚假信息的泛滥，主要可以从三个方面来分析：

首先，网络的匿名性，让很多微博行为无法追究其法律责任，使得不少网民打着各种看似合理的旗号，在微博上散布谣言、传播虚假消息、招摇撞骗，甚至进行诽谤谩骂和人身攻击，严重干扰了网络环境。网络的匿名性虽然保护了公民的隐私，保证了网络言论的自由，在微博反腐案件中也维护了举报人的安全，但也使得微博信息传播呈现无序化状态。

其次，微博上不少网民理性思辨能力缺乏。微博用户素质参差不齐，各类人员鱼龙混杂，尤其是当突发性事件中的敏感话题通过裂变式传播迅速遍布微博舆论场时，参与微博舆论的网民很容易受网络群体情绪影响，很难站在客观公正和理性的角度去看待问题。

最后，少数不法“意见领袖”对微博谣言和虚假信息的助推作用。“意见领袖”是指在人际传播网络中经常为他人提供信息，同时对他人施加影响的“活跃分子”。“意见领袖”既发挥信息传播中介的作用，也在一定程度上发挥信息过滤的作用。由于微博的开放、自由以及碎片化的特点，一般网民对微博舆论形成的影响能力非常有限，少数微博“意见领袖”发表的相关信息和意见，才是舆论热点形成的关键。网民由于微博的认证系统以及“意见领袖”的名人效应，往往对“意见领袖”的观

点和言论较易接纳，一旦从“意见领袖”那里被动接受所谓“有价值”“感兴趣”的信息，很容易失去自我的理性分析和主观判断。大众的盲目追随，使得少数不法“意见领袖”有恃无恐，更给有意混淆视听的一些不法分子提供了可乘之机，他们极力充当“意见领袖”的角色，迷惑社会公众，通过制造微博谣言破坏社会稳定。有关部门对这些所谓的少数不法“意见领袖”如果不加以法律规制，而任由受众盲目追随，扩充其社会民意基础，在突发事件中这些“意见领袖”则容易成为影响社会稳定的一股不安力量。

另外，在当前法律条件下的许多微博侵权，尚无法可依。微博信息监管、把关难度大，依法管理的缺位使得微博成为当前社会治理的薄弱地带。正如李开复曾表示的那样，微博是中国“最透明的媒体”，也是最大的“谣言工厂”。微博舆论中许多群体基于相同或近似的心态、立场、见解与意识形态而汇集。群体中的个体将微博世界中被夸大的信息甚至虚假错误的信息等同于现实世界中的真实情况，将微博上经过添油加醋的“社会问题”完全等同于现实社会中的“痛点”，并将上述情绪、观点与见解在微博舆论场上传播，形成聚合与发酵效应。当然，客观地讲，微博上的各种批评意见和负面情绪发泄属于正常现象，一定程度上也有利于政府及公众正视并促成解决一些社会问题。但值得注意的是，在一些突发事件中网络谣言与虚假信息通过微博进行“病毒式”的扩散、传播，而这种情况又得不到法律规制，会导致社会不和谐因素上升，可能给社会稳定带来威胁。

（二）在意识形态上，微博成为西方意识形态渗透的重点领域，是争夺意识形态主导权的重要战场

正如习近平总书记在全国宣传思想工作会议上所指出的那样，经济建设是党的中心工作，意识形态工作是党的一项极端重要的工作。针对网络安全领域，习近平总书记指出，网络安全和信息化是一体之两翼、驱动之双轮，必须统一谋划、统一部署、统一推进、统一实施。[①] 我们建设网络强国，在全面加强信息化建设、确保信息基础设施安全的同时，必须高度重视构建网络社会治理体系、确保网络意识形态安全，不断提

① 参见 2013 年习近平总书记在全国宣传思想工作会议上的讲话。

高网络安全保障能力。

我们应当对当前微博领域中意识形态问题的严重性保持清醒认识。正如中央文献研究室原主任逄先知指出的那样，当前有这样一种趋势，资产阶级自由化的势头，不但没有减弱，反而在增强。马克思主义者常常处于守势，处于被动地位，甚至失掉话语权。① 当前以微博为代表的自媒体领域中意识形态斗争非常突出，尤该引起高度关注。由于微博本身的快速便捷，各种挑战主流意识形态的言论纷纷涌现，在缺乏相应监管和法律约束机制的情况下，极易炒作敏感话题、扩散负面言论和煽动社会对立情绪甚至社会仇恨心理。

微博在意识形态问题上主要表现在三个方面：第一，西方意识形态在微博中通过各个渠道大肆传播，新自由主义意识形态影响力在最近几年的中国意识形态调查中始终处在第一位。目前，在包括微博在内的许多新媒体中可以看到这样一个现象，越是反对政府、质疑官方的言论往往越有市场；相反，支持、拥护官方的观点，往往受到各种抵制、质疑和挖苦。第二，不少认可西方意识形态的知名学者、微博达人在微博上主动挑战主流意识形态，在微博上一呼百应。第三，在微博领域意识形态的激烈交锋中，我们许多的意识形态工作容易流于形式、疏于表面，难以对微博舆论进行行之有效的意识形态引领。之所以会出现这样的问题，这与当前我们政府部门应对微博、管理微博还存在很大不足有直接的关系。具体原因有很多，如宣传观念陈旧，不能适应新媒体时代的社会舆论环境；针对新媒体时代社会舆论的工作方式有些简单粗暴；在应对突发案事件中报道滞后，不能把握新闻中“第一时间”法则；涉稳舆情掌控不力等。

（三）各类社会利益受损群体受微博等自媒体影响，在外部势力干预下激烈表达利益诉求，存在潜在维稳风险

在中国快速发展的背景下，社会持续向多元化方向发展，各种社会矛盾、社会问题频发。微博为各类社会利益受损群体找到了一种可以相互声援甚至彼此联络聚集的机制。由于微博具有强大的组群功能，在各

---

① 逄先知：《关于意识形态问题的一些看法》（http://news.china.com/domestic/945/20150126/19246564.html）。

大平台上微群的搜索和加入也都非常便捷，一些维权人便在这些微博平台上建立起了大量的微群。以新浪微博为例，目前在新浪微博上注册的以维权为主题的微群有数百个，规模比较大且活跃度比较高的有“公民救助后援”“拆迁律师与媒体互动”“民主自由联盟”“被迫（拆迁征地）维权”等。这些微群都拥有众多的微博用户，形成微群抱团。

通过微群，舆论聚合效应非常明显。2014 年，国内知名的 NGO《中国发展简报》就利用现有的微博、微信平台成立自媒体联盟，将关注《中国发展简报》的人和组织进行有效的关联，使得资源最大限度地得到联合与共享，为国内 NGO 和致力于 NGO 发展的社会人士搭建互联平台。目前，该组织甚至制订计划拟向欧盟基金会申请资金支持。各种类似的微博问题无疑对社会稳定带来非常严重的挑战。

在 2010—2012 年所谓的“茉莉花革命”期间，以推特为代表的社交媒体发挥了重要作用。就突尼斯“茉莉花革命”而言，当时触发热点的问题是所谓“小贩不堪城管粗暴执法而自焚”，随即推特上掀起了一股反对突尼斯政府的浪潮，并动员人们走上街头推翻现政权，当时就有媒体将其称为“推特革命”，因为社交新媒体在其中发挥了至关重要的作用。突尼斯的动荡局势迅速蔓延至埃及，并最终导致埃及穆巴拉克政权倒台。继突尼斯、埃及之后，利比亚、叙利亚等地也相继陷入社会动乱，而推特始终发挥着非常重要的社会动员作用。在“茉莉花革命”之前几个月，摩尔多瓦大选后发生的“颜色革命”也被称为“推特革命”。在“茉莉花革命”爆发后的 2013 年，土耳其和巴西分别爆发骚乱、抗议，在这些骚乱、抗议活动中以推特、脸书为代表的社交媒体都发挥了重要的组织动员作用。

第二节 微博活动规律探究

微博对社会稳定的影响带有规律性。微博作为一种新生事物与其他社会事物一样，体现为一定的社会规律，这些社会规律有的体现在微博结构方面，有的体现在微博实效方面，还有的体现在微博传播及其内容方面。运用科学的方法探究、揭示这些社会规律在微博不同方面中的体现所形成的微博活动规律，对于我们深入认识、把握微博对社会稳定的影响与其内在机制都具有非常重要的意义，也对有效应对微博对社会稳定的影响具有重要的指导作用。下面分别阐述微博在结构、时效、传播和内容四个方面的七项规律。

一　微博结构方面的规律

（一）微博“二八定律”

社会学领域中的“二八定律”，同样体现于微博群体中。1897 年，意大利经济学者帕累托偶然注意到 19 世纪英国人的财富和收益模式中存在特定的规律。在调查取样中，帕累托发现大部分的财富流向了少数人手里。同时，他还从早期的资料中发现，在其他的国家这种微妙关系一再出现，而且在数学上呈现出一种稳定的关系。帕累托通过分析大量具体的事实得出这样的结论：社会上 20% 的人占有 80% 的社会财富，即财富在人口中的分配是不平衡的。同时，人们还发现生活中存在许多不平衡的现象。因此，“二八定律”成了这种不平等关系的简称。

对于微博用户结构来说，我们可以从四个角度来理解其中存在的这种不对称关系。

第一，从活跃度来看，香港大学新闻及传媒研究中心助理教授傅景华进行的一项研究表明，新浪微博上大约有 1000 万用户创造了该平台上 94% 的信息，与此同时，约 2 亿用户大多数时候仅转发这些信息。傅景华通过调查发现，在他调查的账户中，约 58.8% 的账户从 2014 年 1 月 3 日之后就一直没有发过微博消息。如果这一数据真实的话，那么新浪微博 5 亿账户中，就应当有 3 亿用户一直处于僵尸状态，这些用户既没有发布消息，也没有删除他们的消息。另外，傅景华还对微博上发过消息的 2.087 亿用户进行了调查，发现其中约 93.8% 的消息是由 5% 的用户发布的，具体而言，就只有 1040 万用户通过微博发布原创信息，而其他 1.983 亿用户多数是在分享这些核心用户的信息。[①]

第二，同样对于微博群体中的影响力来说，不到 20% 的用户占据了 80% 以上的粉丝和关注度。媒体监测和分析公司 Sysomos 对 1.1 亿用户展

---

① 《新浪活跃度堪忧：仅 5% 用户发原创内容》（http://tech.qq.com/a/20140411/010120.htm）。

开的调查显示，Twitter 上 86% 的行为是由 10% 的用户所发起的。知名人士微博往往被数十万人关注，属于具有“意见领袖”性质的大数量级用户，号召力明显，甚至“一呼百万应”。以“意见领袖”著称的韩寒开微博，仅发一个“喂”字，在短短两天内就被转发 5500 多次，评论 11000 多条。根据中国社会科学院发布的 2014 年《社会蓝皮书》，在新浪微博、腾讯微博中，拥有 10 万以上粉丝的用户超过 1.9 万个，拥有 100 万以上粉丝的用户超过 3300 个，拥有超过 1000 万以上粉丝的用户超过 200 个。到目前为止，新浪微博注册量达到 5.4 亿，个人“橙 V”用户 63 万，机构“蓝 V”用户 50 万。加 V 比例相对于注册量来说甚小。从范围上看，“大 V”显然属于微博名人之列。微博用户的职业状况也呈现集中化的特征。中国互联网信息中心统计的数据显示，微博用户主要集中为企业公司一般职员（管理者）、在校学生、专业技术人员、党政机关事业单位一般职员（领导干部）四类职业群体，占比 77.90%。图 1－1 显示的是不同社会群体发布微博的粉丝和关注度情况。

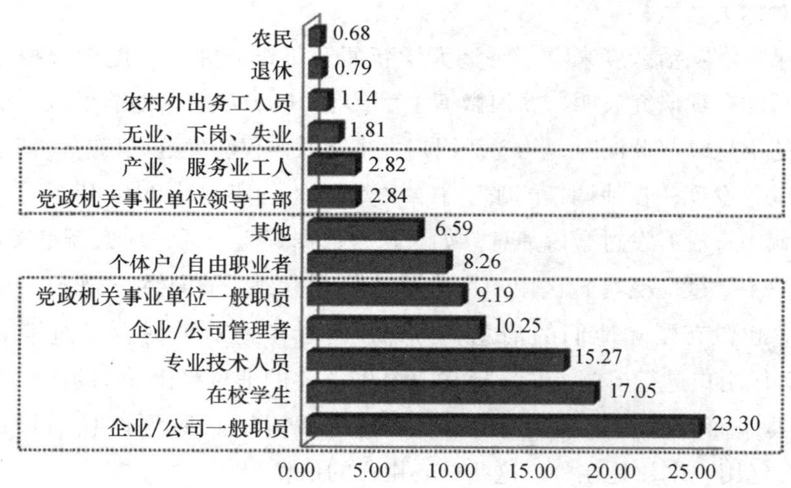

图 1－1　不同社会群体发布微博的粉丝和关注度情况（单位：%）

第三，从总访问次数、总页面浏览量和总访问时长等指标来看，新浪微博的份额已占到 80% 左右，日益形成独占型的格局。图 1－2 显示的是2014年微博客网站监控数据。

网址	总访问次数	总页面浏览量比例	总访问时长比例
全部	100.0	100.0	100.0
新浪微博	79.5	80.8	91.1
腾讯微博	19.4	18.3	7.9
网易微博	0.5	0.4	0.2
搜狐微博	0.5	0.3	0.7
嘀咕网	0.1	0.2	0.1
和讯财经微博	0.0	0.0	0.0
凤凰网微博	0.0	0.0	0.0

图1-2　2014年微博客网站监控数据（单位:%）

第四，在微博舆论场中，"意见领袖"具有特殊的地位。"意见领袖"的概念最早是由传播学学者拉扎斯菲尔德在20世纪40年代提出的，他认为："在传播过程中存在着两级传播，大众传播并不是直接流向受众，而是要通过'意见领袖'这个中间环节，再由他们转给相对被动的一般受众。"其模式为：大众传播——意见领袖——一般受众。在微博时代，"意见领袖"的功能越加凸显，大凡热点话题背后都有"意见领袖"的因素，他们对舆论的兴起、舆论的走势等影响能力越来越大，其引导舆论的能力越来越强。"意见领袖"影响舆论主要体现在以下四个方面：一是议程设置的说服力；二是对传播信息的筛选；三是信息传播的活跃度；四是信息传播内容的影响力。经过2013年8月以来的"净化网络环境，打击网络谣言"专项行动后，微博谣言和虚假信息的大肆传播得到有效遏制，微博舆论场发生变化，微博"意见领袖"发博量整体呈现下降趋势，但是公务员、律师、作家、学者等群体在微博上的活跃度却呈上升趋势。

（二）微博"六度空间"定律

六度空间理论（Six Degrees of Separation）也叫六度分割理论，或小世界理论，最早由20世纪60年代哈佛大学的社会心理学家米尔格兰姆提出。六度分割理论起初来自一个数学猜想，这个猜想假设：任何一个人和其他陌生人之间所间隔的人数不会超过六个。为了证实这一理论，米尔格兰姆设计了一个连锁信件实验。他将一套连锁信件随机发送给居住在美国内布拉斯加州的160个人，信中放了一个波士顿股票经纪人的名字，他在信中要求每个收信人将这套信寄给自己认为是比较接近那个股票经纪人的朋友。朋友收信后照此办理。最终，大部分信在经过五六个步骤后都抵达了该股票经纪人。图1-3显示的是“六度空间”结构示意图。

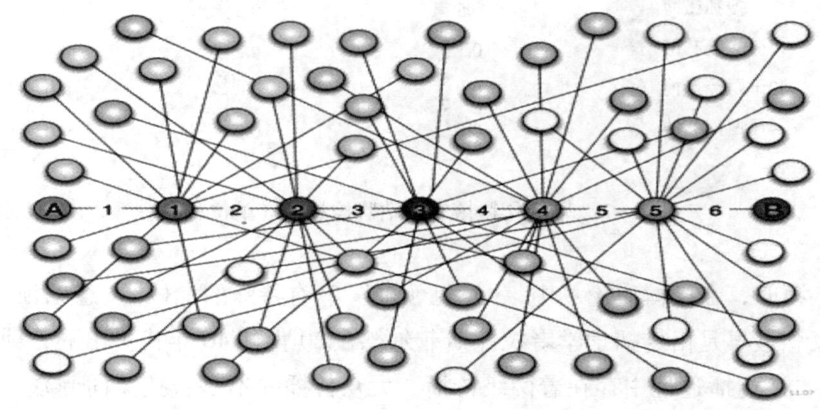

图1-3　“六度空间”结构示意

然而在互联网社交网络兴起之前，“六度空间”理论仅仅是学术上的一般性理论假设。直到出现了互联网社交网络，“六度空间”理论开始受到社会各个方面的关注。事实上，微博等社交媒体正是基于“六度空间”理论而建立起来的。微博上的一个重要功能就是关注功能，微博会显示你关注了多少好友，你的好友又关注了哪些共同的好友，有的社交网络甚至会告诉你是通过谁认识了这些朋友的。受微博技术条件和网民结构的影响，“六度空间”理论完美地在微博传播中得到体现。

刘宏杰等在《基于微博的“六度空间”理论研究》中，通过对微博系统的监控以及对相应微博数据的采集分析，建立了一个微型小社会缩影，并证明“六度空间”理论的真实性。① 刘宏杰等随机抽取100个一级

---

① 刘宏杰、陆浩、张楠、郑晓龙：《基于微博的“六度空间”理论研究》，《计算机应用研究》2012年第8期。

微博博主，观察分析博主间跳数分布，最大为 6 度，最小为直接相连节点 1 度，其中直接相连节点占 1%，跳数为 2 的节点占 2%，跳数为 3 的节点占 41%，跳数为 4 的节点占 45%，跳数为 5 的节点占 1%，不存在跳数为 6 的节点。①

“六度空间”理论在微博中的着眼点在于“信息”引发的社交关系。网民们既关注“信息”，也关注信息中的“人”。因此，在“六度空间”原理下微博实现了人和信息的双层流动，具体表现在以下三个方面。

第一，“六度空间”理论在微博环境下具备了新特征，即人与人之间建立联系更方便，联系建立后是一种持续的信息传递关系，人与人之间的关系距离更近。这种联系通道与信件和电子邮件实验中的联系有着明显不同。其一，微博的联系过程中并没有像邮件那样直接传递信息。在新浪微博中，加关注的时候并没有将直接信息送到目标接收者手中，粉丝与被关注者之间并没有直接的信息内容传递，但却通过间接的方式传递了一个讯息——我关注你了，我成为你的粉丝了，我与你之间的联系已经建立起来了，之后我可以持续关注你的信息了。这一点就达到了“六度空间”的重要目的：在初始投递者与目标接收者之间建立联系。如果目标接收者再反过来关注初始投递者，那么两者之间的互动交流联系就完全建立了。其二，联系建立后，是一种持久的、不间断的联系。在信件和电子邮件中，信息发送方将承载一定信息的载体发送到目标接收者手中的时候，这既意味着一段联系的成功建立，同时也意味着这段联系的终止，但微博一旦关注就建立起了一种持续的信息传递关系。

第二，正是因为这种“六度空间”的作用，微博不仅成为信息传播平台，而且是一个真实的社交平台。从现实当中我们可以看到，之所以新浪微博能够形成现在这种一家独大的局面，一个重要原因就是新浪的用户基础相对腾讯的草根基础显得相对高端一些，更容易成为国内的意见及舆论领袖，因而更能够吸引人们参与网络社交互动的兴趣。另外，起步较早和多年的沉淀也让新浪的用户忠实度及参与度更高。因此，在微博这个真实社交平台上，在名人微博的带动下，新浪微博很容易形成

---

① 此处需要说明的是根据文中算法，查找最小跳数，并非不存在跳数为 6 的联通路径，但因关注的是最小跳数，所以跳数为 6 的节点均已被覆盖。

一个活跃的舆论场。

第三，在“六度空间”理论下，“一切人对一切人”的社交成为可能，理论上任何人之间都可以通过微博成为对方的“粉丝”。微博环境中与陌生人建立联系的前提就是陌生人的基本信息——姓名，因其相对于其他信息更容易获得，所以更容易建立关系。另外，微博可以直接关注陌生人从而建立信息传递渠道，操作简单，无须像 SNS（如人人网）中需要对方同意才能够建立信息传递渠道。在微博中，你可以直接关注娱乐明星或者普通陌生人，不需要通过朋友关系网的传递。联系建立后，被关注者的信息会在关注者（也就是“粉丝”）的主页上显示出来，这样又建立了一种单向性的信息输出，形成一种持续的信息传递关系，当双方都彼此关注后这种信息传输便成为双向。

二　微博时效方面的规律——微博“周期规律”

早在 2006 年，美国就有学者计算出网络新闻阅读的半衰期[①]。他们发现阅读一篇新闻的读者数量随时间指数下降，绝大多数新闻在发布一天半之后就没有人看了。研究人员还发现半衰期的分布遵从指数规律，绝大多数新闻的生命期很短，平均半衰期为 36 小时，虽然也有一些新闻在相当长的时间后仍然有人访问。图 1－4 显示的是微博信息的生命周期曲线图。

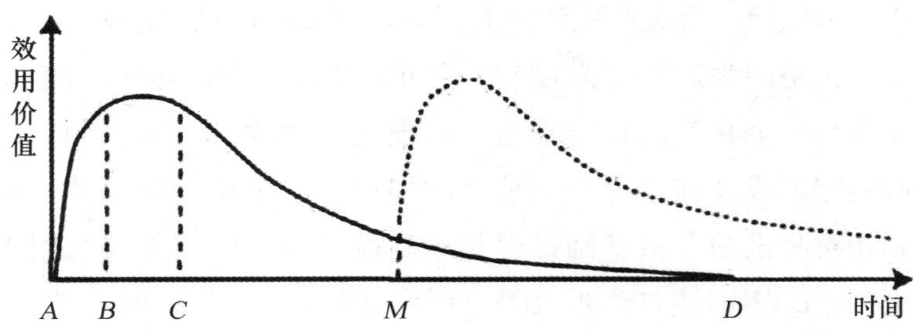

图 1－4　微博信息的生命周期曲线

---

① 新闻半衰期，是借用放射性核素活度中的一个常用术语，用来指一件新闻在访问人数达到最终总访问人数一半时的时间。

不同于一般网络新闻的时间周期，微博在周期规律上有其自身特征。马费成等人在《网络信息的生命周期实证研究》中，从用户体验的角度，将普遍意义上的网络信息的生命周期定义为：网络信息从产生到失去效用价值所经历的各个阶段和整个过程。作者经过大量的实证分析后定性描绘出网络信息生命周期的曲线（见图1－4）。通过深入分析微博舆论热点事件时间周期发现，突发事件微博舆情一般要经历突发事件发生、网民热议、微博舆情产生和传播、政府介入干预、事件平息等阶段，所以突发事件微博舆情对社会的影响一般分为成长期、成熟期和衰退期。① 一般来说，这三个阶段有以下特征：

（1）成长期。突发事件发生后，微博的信源渠道多种多样，既有微博用户的“爆料”，也有来自其他媒体的第一手消息。微博舆论这一阶段开始形成。微博上的消息经过网民，尤其“意见领袖”的转发和评论，引来众多粉丝和观众的围观，通过微博“广播”效应，事件很快就能在微博上形成小范围舆情。

（2）成熟期。随着小范围舆情的发展和扩大，关注事件的主体越来越多，舆情已经不再局限于微博平台，而是开始扩散到其他的媒体空间，包括其他网络媒体以及电视、报纸等媒体。随后，微博、传统媒体、其他新媒体相互交织、互相影响，多方力量汇合，不断推进事件升温升级，形成声势浩大的网络舆情。

（3）消退期。在强大的社会影响力和舆论压力下，一般情况下政府部门会对舆情采取引导措施。权威信息会通过政府部门和传统媒体向公众发布。公众对事件的认识逐步清晰，社会舆论逐渐趋于理性，微博情绪开始平复，舆论进入消退期。但如果政府舆情引导措施不当或者不及时，舆论就会出现反弹或出现衍生舆情，引发微博第二轮的舆论高潮爆发。

微博的成长期、成熟期和消退期这三个阶段的划分只是一般意义上的理论划分。有学者通过规范的研究后测出，新浪微博这一网络结构单

① 马费成、夏永红：《网络信息的生命周期实证研究》，《情报理论与实践》2009年第6期。

元的半衰期为8天，新浪微博热门话题在榜的平均时间是6小时。国外学者对于Twitter热门事件的研究则更为深入，他们定义了活跃期的概念，如果24小时内没有任何关于某话题的微博，则该话题在此24小时内为不活跃，73%的话题只有一个活跃期，15%的话题有两个活跃期，5%的话题有三个。大部分话题的活跃期小于一周，31%的话题的活跃期为1天，只有7%的话题活跃期超过10天，最长的一个话题活跃期高达76天。①

三 微博传播方面的规律

（一）微博“蝴蝶效应”

“蝴蝶效应”（The Butterfly Effect）是指在一个动力系统中，初始条件下微小的变化能带动整个系统的长期的巨大的连锁反应。“蝴蝶效应”的经典表述是，“蝴蝶在热带轻轻扇动一下翅膀，遥远的国家就可能造成一场飓风”。“蝴蝶效应”最早由美国气象学家洛伦兹提出。1963年洛伦兹在美国《气象学报》上发表了题为《确定性的非周期流》的论文。他根据大气运动的规律，建立了一个简化的数学模型，三变量的自治常微分方程组，也就是著名的洛伦兹方程。洛伦兹经过研究发现，当这个方程组的参数取某些值的时候，轨线会变得极其复杂和不确定，具有对初始条件的敏感依赖性，即初始条件最微小的差异都会导致轨线的行为无法预测。1972年在美国科学发展学会第139次会议上，洛伦兹发表了题为《可预测性：巴西一只蝴蝶扇动翅膀，能否在得克萨斯州掀起一场龙卷风》的演讲。他的演讲和结论给人们留下了极其深刻的印象。从此以后，所谓“蝴蝶效应”之说便开始为世人所知。

正如洛伦兹所说的，正是由于“诸多因素的交叉偶合作用机制”才导致复杂系统呈现混沌性行为，在未来各项因素不确定的情况下，容易产生“蝴蝶效应”。“蝴蝶效应”在微博传播中有其鲜明体现。学者韩立新和霍江河曾在《“蝴蝶效应”与网络舆论生成机制》一文中指出网络舆论传播中的“蝴蝶效应”问题，他们将其网络传播的“蝴蝶效应”界定为：它是一种有别于传统媒介的独特的网络舆论生成机制，是在虚拟的公共场域里，在把关人弱化的情况下，网民对一个公共事件发表完全公

---

① 梁芷铭：《基于新浪微博的网络信息生命周期实证研究》，《新闻界》2014年第3期。

开自由言论所形成的一种舆论表征；是在网络舆论初始条件不确定的情况下，进行意见表达时形成的非线性不规则混沌现象，这种意见表达有时由于初始条件绩效的、微妙的偏差，便会引起不可预料的舆论效果，其结果是对议程设置的一种颠覆式的悖论表达。①

用通俗的话来说，微博“蝴蝶效应”表现为：微博事件传播过程，是一个从有序到无序再到新的有序的循环过程，事件传播初期的变量很微小，只是一条简单的信息，呈现出有序的状态；而后演变成为无序的社会“飓风”；等到风暴过后，舆论逐渐降温，回到新的有序状态。微博的“蝴蝶效应”，源自微博事实上议程设置的开放性。微博舆论从事先的微小因素到之后形成的“飓风”，恰似“蝴蝶”翅膀的扇动引起的飓风，而最后新的有序状态，是“蝴蝶效应”中“效应”一词的恰当说明和印证。

“蝴蝶效应”在微博事件传播中的作用越发引人注目，这不仅与微博的快速传播功能密切相关，更与微博在当今社会中扮演的角色密不可分。正如同微博名称所寓意的那样，“微博”在“微量元素”的发酵生长中，逐渐演变成一股“博”大的社会舆论能量，以其特殊的传播形态不仅在信息互动、情感宣泄、民意表达、政府监督、爱心传递、娱乐八卦等功能上有效地改善着人们的物质生活和精神生活，而且还在各种舆论事件的传播与解决过程中促进社会理性的提升。这种依靠无数微博网友集聚的社会舆论能量，改变了传统的舆论监督机制，逐渐影响各级政府的决策，增强了社会正能量，也推动着社会的法治与民主进程。当然，通过“蝴蝶效应”传递的这种社会能量如果呈现负面的表征，那也有可能带来舆论颠覆性的冲击。

微博“蝴蝶效应”可以从另一个原理中得到更加充分的体现，即经济学中的“池塘效应”原理：池塘里的荷叶在第一天长出一片，第二天长出两片，到它掩盖半个池塘，总共要用49天时间。可是荷叶全部掩盖另外半个池塘，仅仅需要一天时间。因为荷叶的增长方式是以几何级数增长的。“池塘效应”提醒我们，当危险的事物呈几何级数增长的时候，一定不能掉以轻心，或许危险就在“明天”。在网络上，信息的扩散一旦

① 韩立新、霍江河：《“蝴蝶效应”与网络舆论生成机制》，《当代传播》2008年第11期。

越过了“47 天生长式样”的临界点，出现在近 1/4 的网站新闻和论坛之后，剩下的时间里，就可能出现这种几何级数增长的爆炸式效果。在很多新闻热点被炒作之前，都有这样一个信息传播的轨迹，这就是新闻的“池塘效应”。

微博的“池塘效应”也可理解为病毒式扩展规律。这意味着关注你的人越多，影响力就越大，就会使更多的人来关注你，呈现出滚雪球式的发展轨迹。相反，关注你的人越少，影响力就越小，因而也就导致更少的人关注你。这种病毒式传播规律在微博突发事件中表现得尤为突出。如国内的钱云会案件，“7·23”甬温线铁路特大交通事故、马航班机失联事件，国外的英国骚乱等事件中都可以看到病毒式扩展规律。

（二）微博“长尾效应”

长尾理论是由美国的《连线》杂志主编克里斯·安德森提出的一个著名概念。长尾理论认为，由于成本和效率的因素，当商品储存流通展示的场地和渠道足够宽广，商品生产成本急剧下降以至于个人都可以进行生产，商品的销售成本急剧降低时，几乎任何以前看似需求极低的产品，只要有人卖，都会有人买。这些需求和销量不高的产品所占据的共同市场份额，可以和主流产品的市场份额相比，甚至更大。这是网络时代兴起的一个新理论，同样也适用于对微博舆论的思考。图 1－5 显示的就是“长尾理论”模型。

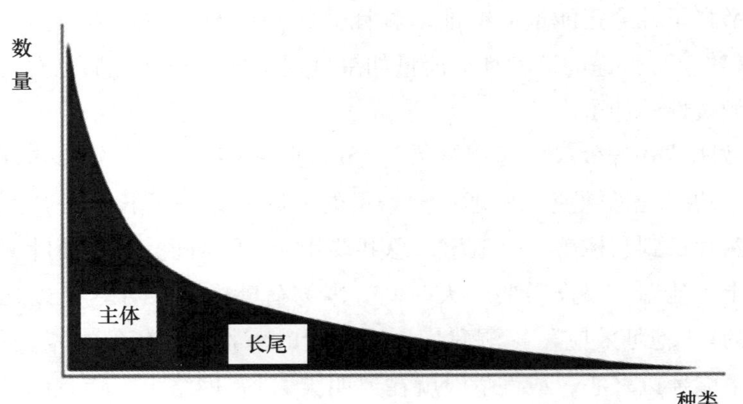

图 1－5 “长尾理论”模型

“长尾效应”在微博中体现为以下两个方面：

第一，随着越来越多的社会大众进入微博领域，这一群体逐渐成为微博舆论报道的“长尾部分”。随着微博日益发展，来自尾部的舆论力量越来越强大，受到传统媒体越来越多的关注，普通民众成为影响舆论走向和事件动向的重要力量，也影响着社会决策，“长尾”的力量开始显现。而与此相反，主流媒体反而会因此受到冲击，不再是真正意义上的“意见领袖”。当原创的微博内容被具有相同兴趣、爱好或价值观的人关注、评论和转发后，信息被广泛流传，其传播的力度会相应延长，甚至会超过主流媒体的话语权，“长尾”牵动“主体”成为可能。

第二，“长尾效应”还体现在微博本身的内部聚合上。如微话题、微群、树洞微博等新的微博功能平台，为微博在一个相对有限的空间内提升微博本身的影响力创造了可能。在社会化媒体与社交媒体中，这一特性体现在互联网信息流上，就是大众热点的信息位于所有信息的高端，是“主体”部分，而较为小众的冷僻信息就位于所有信息的底部，是不太显眼的“长尾”。由于内部聚合作用，微博中兴趣爱好、价值观念等相同的社会群体都彼此关注或者抱团，例如，由于微博具有强大的组群功能，在各大平台上微群的搜索和加入也都非常便捷，一些维权人便在这些微博平台上建立了大量的微群。以新浪微博为例，目前在新浪微博上注册的以维权为主题的微群有数百个，规模比较大且活跃度比较高的有“公民救助后援”“拆迁律师与媒体互动”“民主自由联盟”“被迫（拆迁征地）维权”等。这些微群都拥有众多的微博用户，形成微群抱团。在特定的时空域，通过内部的聚合效应，这些看似零星的话题往往会成为部分社会群体的关注焦点，发挥巨大的“长尾”价值。

除了组建微群外，还产生了许多其他的自媒体抱团形式。国内知名NGO《中国发展简报》就利用现有的微博、微信平台成立自媒体联盟，将关注《中国发展简报》的人和组织进行有效的关联，使得资源最大限度地得到联合与共享，为国内NGO和致力于NGO发展的社会人士搭建互联平台。

四 微博内容方面的规律

(一) 微博“群体极化倾向”

法国社会心理学家勒庞在他的《乌合之众》一书中指出,群体往往是聚集起来的表现为同质均一心理意识的人类群体,他们拒绝理性而复杂的思考,对提供给他们的各种意见、想法和信念,只简单地选择两个极端,要么全盘接受,要么一概拒绝,将其视为绝对真理或绝对谬误。与勒庞理论具有异曲同工之妙的是群体极化的概念。群体极化(group polarization)这个词则最早由詹姆斯·斯托纳在1961年研究群体决策问题时提出。后来,美国学者凯斯·桑斯坦在《网络共和国——网络社会中的民主问题》一书中总结了“群体极化”的概念,他指出群体极化是指团体成员一开始即有某些倾向,在商议后,人们朝偏向的方向继续移动,最后形成极端的观点。

从微博内容的视角来看,微博具有群体极化倾向。由于具有传播快速、便捷的聚集功能,微博很容易将个性化、情绪化的表达集中放大,特别是非理性情绪极易扩散、发酵,群组讨论中网民容易被从众性感染,形成“群体极化”。作为自媒体时代的代表,微博为群体极化提供了条件,使得微博容易在一定程度上成为极端主义的温床。可以从以下三个方面来观察微博群体极化的形成机制。

首先,信息的碎片化。140字以内的传播容易带来语言碎片化和理性缺失。在微博中人们得到的不是信息的全部,而只是只言片语,但在群体立场设定之后,这些带有情绪化的只言片语往往胜过事实本身更能引起群体共鸣。正是因为微博信息的碎片化,虚假消息在微博中满天飞,各种断章取义的理解纷纷涌现,而人们往往不会深入去思考所有的事实真相,只是被一些简单的信息所蒙蔽,偏听偏信,结果一些极端的话语迅速将人分为不同派别,使认同者更加认同、反对者更加痛恨,双方对立更甚,极化程度更甚。

其次,“信息茧房”效应。“信息茧房”效应给我们观察群体极化提供了另一个侧面。在《信息乌托邦》中,桑斯坦提出了“信息茧房”的概念——公众的信息需求并非全方位的,往往是跟着兴趣走,随着时间的推移,会将自身桎梏于蚕茧一般的“茧房”中,对于“茧房”之外的信息一概不知。在使用微博的过程中，大家所关注的都是跟自己兴趣相投、立场相近、意见相吻合的人，转发的都是自身感兴趣的信息，而不会去关注自己不感兴趣的事物。在这个舆论信息空间里，群体内的同质化倾向会越加明显，即群体内的人们会更加接受同类人的立场和价值观念，而人们与群体之外其他群体的差别会不断扩大，产生明显的隔阂。

最后，“沉默的螺旋”假设。1965年，伊丽莎白·纽曼在对联邦德国大选的观察中发现了“沉默的螺旋”效应：人们惧怕遭到孤立，因而选择随从大多数人认可的观点和思维方式。纽曼的“沉默的螺旋”假设认为大众传播有三个特点：共鸣效果、累积效果、遍在效果。这些效果在微博中都能够看到，偏激观点由共鸣到累积再到普遍传播，这就是一个群体极化的过程，也就是“沉默的螺旋”形成的过程。由于偏激观点获得多数人认同，持不同意见者一般情况下会选择沉默，在这种情况下，群体极端倾向则不可避免。

（二）微博“塔西佗陷阱”

“塔西佗陷阱”得名于古罗马时代的历史学家塔西佗，通俗地讲，就是指当公权力遭遇公信力危机时，无论说真话还是假话，做好事还是坏事，都会被认为是说假话、做坏事，而不被公众舆论所接受。在微博时代，“塔西佗陷阱”已经成为各级政府部门需要深入思考和应对的一个现实问题。当前许多舆论热点事件中，一些网民根本不顾事情本身的是非曲直，也不去考虑社会公众利益和公序良俗，而是一味用怀疑和挑战政府立场的方式来参与微博舆论。

公权力的“塔西佗陷阱”可以从微博的以下两个方面来进行观察。

第一，从社会政治参与的视角来看，微博是释放政治参与本能的一种通道。微博为大众社会政治参与提供了可能，各种社会矛盾通过微博涌现在公众面前。特别是对于我们国家来说，经济社会处于剧烈变革阶段，各类社会矛盾相互交织，微博大国就意味着政治微博大国。网络舆论事件频发，已成为民意聚散的一个重要平台和渠道。人们内心想说的心里话，想说的真相，想说的事实，想说的常识，过去没有平台来表达，现在通过微博可以直接地、公开地说了。通过微博，人们可以看到，网民参与社会公共话题讨论的积极性被激发出来了；同样在这种公共话题的讨论中，微博舆论中的一些负面问题也展露无遗。

在2014年东莞“扫黄”事件中，本来东莞“扫黄”应是一件利国利民利社会的事，是大快民心的事，但是央视一播放，结果却是民意“恶评如潮”。过去用在汶川大地震的词“汶川不哭”“汶川挺住”变成了戏谑的“东莞不哭”“东莞挺住”。微博舆论的扭转，完全是主流媒体始料未及的。本来利国利民的事，在一些网民眼里成为不好的事。近年来，类似于这种政府和官员的积极作为反而不被网民理解的事情非常多。陕西省公安厅副厅长陈里在微博上邀农民工吃饭，就被网友批评为“作秀”；安徽省芜湖市副市长詹云超骑车送女儿上学，也被网友大呼“坑爹”。这些事件都反映了微博舆论中一种为反对而反对的倾向，事情本身已经不重要，反对本身才最具有价值。

第二，从政府部门应对微博管理机制上来看，避免微博“塔西佗陷阱”，关键还是看政府的有效作为。切实保障人民群众的知情权、参与权、表达权、监督权，才是走出微博“塔西佗陷阱”的正确道路。正如国家行政学院汪玉凯教授批评的那样，造成微博“塔西佗陷阱”的主要责任不在公众，而在政府部门自身。“事实证明，只愿意听好的、不愿意面对负面信息，出现负面信息后，又不愿意澄清，而是掩饰、辩解，甚至推脱责任的做法是行不通的。”① 虽然公众也有非理性的一面，但是关键问题还是政府如何提升自身公信力，通过实际举措打造阳光型政府和服务型政府，以取信于民。在这个过程中，主流媒体更应当负起责任，面对虚假消息第一时间提供引导、求证的服务，及时澄清社会虚假消息，引导公众理性看待和思考相关事件。只有通过这些努力，才能扭转微博舆论中政府被动的态势，才能走出微博“塔西佗陷阱”。

第三节 实现微博有效管控的路径

根据微博对社会稳定的复杂影响，以及微博影响社会稳定存在的规律，我们积极引导微博服务于社会维稳工作既具有现实的必要性，同时也具有目标的可行性。事实证明，如果没有对微博的有效监督管控，微

① 《网络时代，如何破解“塔西佗陷阱”的舆论怪圈》（http：//news. xinhuanet. com/politics/2012—06/26/c_ 112287300. htm）。

博影响社会稳定的正面积极功能不会充分发挥出来，而其对社会稳定的负面影响则有可能无限放大，甚至成为社会动荡的导火索。北非西亚地区之所以在推特舆论发酵下爆发所谓的“阿拉伯之春”颜色革命，一个重要原因在于这些国家政府面对推特等自媒体毫无招架之力，只能被动接招，最终彻底丧失了推特等自媒体的舆论话语权。积极引导微博服务于社会维稳需要遵循微博本身的规律性，并将这些微博规律具体转化为我们实现对微博监督管理的有效措施，使微博成为社会稳定的积极促进因素。

一　做好少数重点微博用户的管理、引导和沟通工作，对于微博维稳意义重大

微博“二八定律”告诉我们，微博舆论场上存在着一种不平衡关系，这种不平衡关系表现在三个方面：一是微博用户中 80% 以上的用户处于不活跃状态；二是 80% 以上的信息由极少部分微博用户原创；三是不到 20% 的微博用户占据了 80% 以上的粉丝和关注度。微博“二八定律”决定了微博中少数关键用户在很大程度上决定了微博的整体舆论环境，特别是在重要微博热点事件中，少数“意见领袖”的观点能对整个舆论走向发挥关键作用；做好微博领域少数关键用户的管理、引导和沟通工作，对于做好微博维稳工作具有重要意义。

做好少数重点微博用户的管理、引导和沟通工作，必须要依托强大的微博监控力量。必须要重视网络舆论引导和安全管理有关力量建设，特别是对于公安部门来说，要重视网络安全队伍正规化建设，增强社会舆论的掌控力。按照公安部关于网络安全工作规范化建设的要求，健全公安网安队伍，加大网警、网侦装备投入和技能培训，不断增强网络安全民警政治敏锐性和政治责任感，提高网络安全民警应对突发网上舆情的实战能力，特别是重点微博用户的监控能力。提高正面宣传报道的权威性和准确性，切实遏制流言的滋生，有效制止个别发帖者引诱炒作的企图。

针对少数重点微博的网络执法需要把握好两个方面的问题：一方面要运用各种法律手段规范网络行为、打击网络犯罪，切实使微博舆论处于社会主义法治的轨道上；另一方面要保护正常的网络运行，保障网民

正当权益，积极发挥微博舆论监督功能，促进网络快速健康有序发展，使网络更好地服务于社会进步和国家发展。因此，做好少数重点微博用户的管理需要在“依法治网”的原则指引下进行。

党的十八届四中全会提出了建设中国特色社会主义法治体系、建设社会主义法治国家的总目标。“依法治网”是依法治国的题中应有之义，是依法治国在虚拟社会管理中的具体反映。加强虚拟社会管理，加强网络方面的立法是前提条件。当下许多网络失范问题，根本的解决方法是加强依法管网、依法治网，这就需要加快互联网立法进程，使得包括微博在内的网络管理有法可依，违法犯罪有法可治。网络立法的重点是通过立法明确完善相关网络企业的法律责任，使得包括微博在内的各种网络平台能够形成自我管理和自我约束机制。针对互联网企业，要严格落实网络主体责任制，督促其严格信息审核把关，推广网络信息安全巡查员制度，经常性地进行网上重点信息安全检查，发现问题及时纠正和查处，从源头杜绝网络谣言和虚假信息。针对公民的网络言行，应该采取网络舆情宜疏不宜堵的原则，对于一般性的负面言论和批评意见应该给予法律范围内的包容，但对一些恶意传播明显超越宪法和法律范围，特别是危害国家安全和社会公众利益、侵害公民权利的违法行为，要依法予以打击，维护网络的健康秩序。

二 主动适应、多方参与，提高微博舆情监测、处置与引导能力

无论是微博舆论传播的“周期规律”，还是“蝴蝶效应”，都就微博维稳带给我们一个非常重要的启示，那就是在微博舆论热点事件发酵的成长期，如果能够积极回应，就能掌握舆论的主动权。因此，在处置微博热点事件中牢固树立“第一时间”原则非常重要。在实际的操作中，人民网舆情监测室提出了突发事件应对的“黄金 4 小时”法则，这一法则将传统平面媒体报道事件处置的“黄金 24 小时”的第一时间，缩短至微博环境下的 4 小时。这对政府部门来说无疑加大了应对网络舆论的难度，相关部门须在第一时间发现敏感苗头，并尽快落实事件处置主体，及时、准确发布信息，以回应网上质疑，杜绝网络谣言和虚假信息的传播。

积极适应微博等自媒体舆论环境，必须转变观念。观念是行为的先

导，观念的变革是促成管理模式变革的前提。在微博背景下，重视网民沟通、及时回应网民关切是坚持走群众路线在新时代的必然要求。微博里人人都有麦克风，任何人都可以在微博中找到自由发表意见、观点的平台，如果政府部门和官员抱有一种抵触的心态，那么就会脱离人民群众。当前政府部门新闻发言人制度的建设与完善、政务微博的积极发展，以及我国政府在政务公开、党务公开方面的法律法规制定和完善，都体现了这种观念的转变。在未来的微博发展中，只有以一种更加包容、更加开放的心态来拥抱网络、拥抱自媒体，政府部门才能够在这样一个新媒体时代树立自身良好形象，才能够赢得民心。

积极回应微博舆论，必须重视处置预案的制定，加强舆情处置执法规范化。在自媒体时代，舆论处置预案是政府部门应对网络突发事件的一种有效手段。详细而周密的预案，保证了在危机发生时政府工作的有条不紊，掌握主动权。网络安全部门可以借鉴《国家突发公共事件总体应急预案》，将舆论处置分为四级，即Ⅰ级（特别重大）、Ⅱ级（重大）、Ⅲ级（较大）和Ⅳ级（一般）。每一等级都有不同级别、不同范围的力量参与危机应对中，根据危机的等级，调动与之对应的资源和力量进行危机化解。在微博舆论突发事件发生后，政府有关部门应第一时间掌握真实情况，对突发事件造成的社会影响和可能引发的问题进行综合研判，迅速启动相应预案，形成系统的应对方案，适时发布权威信息，回应社会关切，以引导舆论向积极健康的方向发展。

要真正做到对微博舆情的有效掌控，还必须要重视多部门、各系统联动配合，发挥整体合力。当前微博舆论应对难度很大，应整合社会各界力量，形成系统地应对微博舆论的机制。一是积极发挥微博“意见领袖”的作用，特别是名人、名流、领导干部等，他们发出的声音能够吸引更多粉丝的关注，具有较强的社会影响力，能够影响事件的舆论走向。二是在互联网服务商、网站管理员、论坛版主、QQ 群主中发展网上治安员，发挥其他群体难以发挥的作用。三是联合政府各相关职能部门，成立信息化工作领导小组，加强互联网建设，进一步强化党务政务信息公开，了解网络社情民意，鼓励网民建言献策，共同做好网络维稳工作。总之，要加强对微博舆论引导，就必须积极发动一切可以发动的力量，促进微博走向社会共治和社会共享。

三 积极培育多元理性声音，促进微博舆论形成自我净化机制

关于微博舆论的自我净化机制，我们至少可以从两个角度观察这一问题。一方面，微博“六度空间”定律给我们这样的启示：微博具有私人社交和公共媒体的双重功能，理论上任何微博用户之间都能够发生彼此关注的联系，是一个“所有人对所有人”信息平台，具有充分的开放性，微博舆论稳定是一种动态稳定。同样，微博周期规律也告诉我们，在微博舆论场中，各个舆论热点此消彼长，舆论环境具有不断自我更新的机制。另一方面，微博“群体极化”规律又在告诉我们，微博舆论场上温和的言论往往不太受关注，而越是激进大胆的言论越能吸引人的眼球，人们容易基于自身立场在微博上发表看法，社会舆论容易走向两极对立，一旦微博“群体极化”的舆论形成之后，任何理性的言论要发挥作用都异常艰难。综合从这两个角度观察，面对复杂的微博舆论环境，我们需要积极培育多元理性声音，促进微博舆论形成自我净化机制，稀释“群体极化”带来的负面影响。

当前微博舆论引导工作中特别要强调政务微博的重要作用。习近平总书记指出：“宣传思想工作是做人的工作的，人在哪儿重点就应该在哪儿。”政务微博是微博的重要组成部分，对于唱响主旋律、弘扬主流价值观起到了非常突出的作用。中国最早的政务微博是2010年2月开通的“平安肇庆”公安微博。根据《2013年中国微博客评估报告》，中国政务微博数量2011年比2010年增长了776%，2012年比2011年增长了249%，2013年比2012年增长了46%。时至今日，政务微博仍然处在一个发展、调整和提高的过程中。就目前而言，活跃度、传播力和引导力是三个最常用的政务微博综合测评要素。[①] 在竞争日趋激烈的舆论环境中，政务微博要获得自身的良好发展，需要在活跃度、传播力和引导力三个层面上进行发展战略选择，进一步促进政务微博总体的合理布局。

政务微博在全国呈现蓬勃发展的态势，但是各地政务微博水平不一，有的政务微博办得有声有色，粉丝数百万，具有较强舆论引导能力；有

---

① 如人民网舆情监测室在2011年、2012年、2013年所发布的中国政务微博报告，活跃度、传播力和引导力三项成为政务微博影响力排行的测评依据。

的则“门前冷落鞍马稀”，疏于管理，活跃度不高。当然，针对不同的政务微博发展状况应该有不一样的发展策略。对于基层部门中活跃度不高的政务微博，应坚持宁缺毋滥，确有必要运营的政务微博必须配备专人负责，加强管理与考核，调动其积极性。地市级公安机关政务微博普遍存在传播力不强的问题，这需要加强机制建设，摆正位置，强化互动，转变话语系统，凸显特色，增加微博人气，提高微博传播力和引导力。还要重点打造一批具有办公平台功能的核心政务微博，引领全国政务微博向深度发展，推进政务机制变革，这需要政务微博强化创新与服务能力，实现政务微博网上、网下结合，积极推进公共行政服务方式的转变与改进。通过形成省级政务微博为龙头，地市级政府部门政务微博为主体，基层部门和公务员个人政务微博为支撑的政务微博发展局面，打造未来政务微博的梯形扁平化格局。

根据微博自身发展的规律，我们还应该积极培育一些社会理性发声平台，鼓励政府官员以公民个人形式参与微博舆论，倡导社会主流价值观，提升公众对社会非理性言论的鉴别力和对极端言论的抵御能力。在多元理性声音的相互作用下，微博舆论的自我净化机制将大大增强，以有效地维护社会舆论动态稳定。

四　始终注重网上与网下结合，以公开促公平，稳步提高政府公信力

微博“塔西佗陷阱”告诉我们，当公权力遭遇公信力危机时，无论说真话还是假话、做好事还是坏事，都会被认为是说假话、做坏事，而不被公众舆论所接受。微博维稳不仅要关注网上说什么，更重要的是网下做什么，微博维稳必须将网上因素和网下因素结合起来。其中，政府公信力是避免“塔西佗陷阱”的关键变量。面对自媒体时代，政府需要转变舆论管控思维，主动公开透明和打造阳光型政府，才能在自媒体时代稳步提升政府公信力。

首先，微博维稳必须要将网上因素与网下因素结合起来。网上因素不能脱离网下因素，处理微博舆论事件如果单独从微博本身来看待和应对那就是简单思维。现实当中，很多微博舆论事件都是因为政府部门在舆论处置上从一开始就陷入被动，要么是漠视民意导致信息淤塞而使事件急速放大，要么是忽视微博自媒体的舆论发酵而导致官方媒体自说自

话。总结这些经验，必须要保障人民群众的知情权、参与权、表达权、监督权，这是微博自媒体条件下社会管理必须遵循的一项指导原则。特别是要在平时建立社会公众知情权、参与权、表达权和监督权的权利保障机制，建立社会主流媒体与公众之间的信任关系。公开透明不仅是防腐剂，而且是良好的官民关系的润滑剂，如果网下能够做到公开透明，自然网上舆论趋向理性平和。

其次，微博维稳必须注重政府公信力的提升。正如国家行政学院汪玉凯教授批评的那样，造成微博“塔西佗陷阱”的主要责任不在公众，而在政府部门自身。“事实证明，只愿意听好的、不愿意面对负面信息，出现负面信息后，又不愿意澄清，而是掩饰、辩解，甚至推脱责任的做法是行不通的。”根本的化解之道还在于如何提升政府公信力，政府不仅需要公开透明，还需要建设一个诚信政府，政府的诚信是政府公信力的基石；此外，打造廉洁高效的服务型政府也是提高政府公信力的题中应有之义。当然，在微博舆论格局下，政府部门还必须转变思维和行动方式，更加适应互联网的“杂音”和社会公众监督的“玻璃房”环境。面对互联网无尽的挑刺的“杂音”，政府应改变以往简单的舆论防堵思维，用更加包容、阳光的心态和切实有效的行动应对微博舆论所产生的各类事件，从这个角度来说，微博给各级地方政府带来的不仅是“人人都有麦克风”的现实挑战，而且还是集中展示政府新形象与实现社会管理创新的良好机遇。

第二章

微博谣言法律责任体系研究

借助于网络技术和计算机技术，人类社会正在经历着信息爆炸式增长，网络空间蕴含的庞大信息资源是整个社会的宝贵财富。网络空间从来没有这么多的科学技术知识，从来没有这么多的文学艺术作品，同样也从来没有这么多的网络谣言和虚假信息。人们基于各种目的，借助于社交网络平台制造和传播着各种谣言。“有的为了争取眼球，获得点击率；有的是竞争对手之间的互相打压；有的是为了发泄不满情绪；有的谣言是发布者想恶搞一下试试网络的效果。当然也不排除有些人出于各种目的有意制造重大谣言，造成社会恐慌，甚至达到个人或利益集团的目的，故意抹黑竞争对手，甚至制造政治谣言。”① 杂乱无序成为社交网络话语场的最大特点，对整体社会秩序造成冲击。同社交网络无序杂乱相对应的，是相关领域法律准备不足，特别是以微博为代表的新媒体谣言治理法律责任体系尚不完备。完善微博谣言的法律责任体系，是法治思维下治理微博的关键一环，更是当前微博谣言防控的首要课题。

第一节　微博谣言的危害性根源——现实空间和网络空间的相互映射

尽管微博谣言只在网络空间中传播，但在信息社会背景下，网络社会和现实社会相互交织、融为一体。在传统现实社会中谣言很难传播到整个社会范围，而微博谣言则可以利用网络优势迅速地充斥整个网络空

① 杨滨：《谣言就这样产生》，《北京晚报》2013 年 7 月 30 日第 5 版。

间，进而映射到整个现实社会。借助于网络的虚拟优势和技术优势，谣言在网络空间和现实空间双层空间相互映射的过程，同样是谣言的影响范围、持续时间和破坏性的增幅过程，网络谣言开始呈现出传统社会不曾具有的重大破坏性。

一 微博谣言的传播特征：基于内容指向和破坏方向的考察

微博空间中的谣言呈现泛滥的状态，各种类型的谣言层出不穷，甚至出现了关于“微博谣言的谣言”，谣传微博空间1/3都是谣言。[①] 基于微博所具有的传播特性，影响力较大的谣言普遍是从社会关注热点切入，承载了社会对灾害事件、社会治安、社会道德的忧虑和对腐败、贫富不均、公权力滥用的愤怒，吸引了大众眼球，绑架了社会的仁爱、正义之心。

（一）微博谣言的内容指向——现实社会热点问题

2013年9月，国内多家知名网站联合发起的“北京地区网站联合辟谣平台”发布了2013年十大典型辟谣案例。从整体来看，谣言的指向主要集中在以下四个方面：其一，社会道德水平的严重下滑。如“婴儿汤”“中国在联合国全球国民素质道德水平调查及排名的评比中排在160名之后”等谣言。其二，社会治安的极端混乱。如“大巴被劫持”“假冒执法人员入室抢劫”等谣言。其三，公权力的肆意滥用。如“四川万源县17岁学生被城管打死”“三峡水电站被私有化”等谣言。其四，灾害事件的严重危害。如“清原水灾死亡人数上千”“辽宁抚顺水灾”等谣言。[②]

有学者总结了近几年网络谣言的分类，从中亦能发现，网络谣言一方面遵循新闻传播的特点，以吸引眼球，跟随社会热点，制造话题为表象；而另一方面，更值得警惕的是，网络谣言普遍会引发社会秩序的混乱，对整个社会秩序造成严重破坏。表2-1显示的是网络谣言分类与后果。

---

① 佚名：《关于“微博谣言”的谣言》，《东方早报》2013年6月27日第A23版。

② 程绩：《网络辟谣平台发布十大案例》，《新闻晚报》2013年9月6日第A1版。

表2－1　　　　　　网络谣言分类与后果①

网络谣言分类	行为	后果
网络政治谣言	主要指向党和政府	让公众对国家秩序、政治稳定、政府工作产生怀疑和猜测
网络灾害谣言	捏造某种灾害即将发生、夸大已发生灾害危害性	引起公众恐慌
网络恐怖谣言	虚构恐怖信息或危害公众安全事件信息	引发公众恐慌，引起公众对政府管理不满
网络犯罪谣言	捏造一些骇人听闻或令人发指的犯罪信息	引起公众愤怒、恐惧，对政府、政府工作人员或某些群体不满，影响当事人的声誉
网络食品产品安全谣言	捏造或夸大某类食品或产品存在质量问题	引起公众抵制，导致生产者、销售者损失
网络个人事件谣言	针对某些个人编造吸引眼球的虚假信息	侵害当事人隐私、给当事人造成负面影响甚至经济损失

因此，微博空间中几乎不存在“善意的谣言”，谣言误导公众普遍通过扩大社会的阴暗面，削弱公众对民族、国家、社会的认同和信任，直接或间接地扰乱网络空间秩序，进而在信息时代破坏整个社会秩序。

（二）微博谣言的破坏方向——双层社会的整体秩序

信息网络技术可以说是人类社会创造的最具有活力的技术，网络技术的发展推动着网络的代际转型，网络空间对于人类社会的价值亦在不断地提升，最早网络空间作为现实社会空间中一种新型通信工具出现，随着网络空间的不断发展和成熟，承载的内容日益丰富，人们已然习惯于将网络空间视为人类社会开辟的同传统现实空间并行的“第二空间”。而随着网络社会的进一步深化，网络空间和传统现实空间已然不再具有

① 佚名：《网络造谣为何涉寻衅滋事罪》（http：//news. xinhuanet. com/newmedia/2013—08/28/c_ 125263031_ 2. htm，最后访问日期：2017年7月20日）。

清晰的界限，而是互相交织、互相影响，不再存在所谓的“第二空间”。人类社会迈进了一个统一的全新的“信息社会空间”，整个社会结构是现实社会和网络社会重合、叠加的双层社会，网络场域本身是当前社会的重要组成部分，任何网络场域的行为都会在现实场域产生映射和影响。对于秩序而言，微博上的网络谣言冲击的微博空间公共场所秩序具有双重维度，微博空间的“信息秩序”在“信息社会”也是一种应当予以关注和保护的特定秩序。

借助于网络空间中信息高速、全社会流转的特性，微博空间中的虚假信息会迅速地蔓延到整个信息社会空间之中，在信息时代人们依赖各种信息进行行为决策，谣言具有了以往时代都未曾有过的巨大破坏性。一方面，微博成为骚乱分子之间的信息共享平台和宣传平台，骚乱分子通过微博来集结人群进行打砸抢活动，并号召更多不明真相的群众走上街头进行抗议，加剧了社会的动荡；另一方面，微博成为谣言的传播平台，在伦敦骚乱期间，微博空间中谣言四起，许多民众误信微博的谣言，认为自己所在的社区正在或马上要遭受骚乱分子的袭击，纷纷报警，致使伦敦的大部分警力并未能投入打击骚乱分子中，而是用来安抚那些受到谣言惊吓的普通民众。有鉴于此，英国首相卡梅伦提出要对部分微博账户进行关闭，甚至有国会议员提出议案，建议在骚乱期间，应当关闭全部微博平台。①

网络谣言的范围不限于个人诽谤、商业诽谤、虚假恐怖信息，其他谣言也严重扰乱了网络公共秩序。换言之，网络空间也是公共场所，网络谣言直接破坏正常的舆论生态，误导网民和干扰正常的舆论环境，不仅影响人们获得真实信息的自由和效率，还妨害他人传播真实信息的自由和效率，完全可以和可能被认定为造成公共场所秩序混乱。正常的社会生活秩序在信息时代包括获得他人善意发布的真实信息的约定与共识，这是信息时代对于保障社会正常进行的极为重要的“信息秩序”。“如果不在一定程度上认为说谎和虚假不合规范，那么社会将变成一群各自独

---

① Martin Beckford，“Louise Mensch MP Calls for Twitter and Facebook Blackout During Riots”，http：//www. telegraph. co. uk/news/uknews/crime/8697850/Louise-Mensch-MP-calls-for-Twitter-and-Facebook-blackout-during-riots. html.

立、互不交流的实体，因为交流需要语言，而语言只在人们说真话的基础上起作用——说谎本身是寄生性的活动，它可能存在只是因为我们正常情况下说真话。”① 因此，利用突发公共事件造谣危害政府公信力、诋毁道德楷模、恶意攻击慈善制度等行为，属于在网络公共空间恶意制造虚假的、新的社会热点，使不特定人或者多数人在获得或者传播信息的过程中不能自由、有效地进行活动，造成网络秩序严重混乱的有害行为。

二　微博谣言的危害性表现：网络特性和信息变革引发的谣言扩大现象

基于网络自身的技术特性和全媒体时代信息生产、传播机制的变革，谣言的扩大化和现实危害，成为一个令人不得不关注的现实问题。

（一）网络谣言肆虐的传播规律原因：超时空性和无限转发

不同于现实社会的信息传播，网络信息的传播特点，表现在两个方面。

1. 信息传播的超时空性

在现阶段，网络自身的超时空特性使得虚假信息不再受制于有限的时间、地点，也使得虚假信息的扩散具有了无限延展的可能性。与传统编造、传播虚假信息的媒介和平台相比，网络的传播速度、传播范围得到了无限的放大，影响和涉及的范围也无限地扩大，网络上的虚假信息可以快速和无限制地被传播与复制，可以在瞬间触及全世界可以上网的各个角落。正是这一特性，使得包括谣言在内的虚假信息的编造、传播者日益青睐网络，使网络成为造谣、传谣者便捷的造谣平台和绝佳的传谣犯罪工具，网络谣言成为一个社会毒瘤，侵蚀着新闻自由，搅动着社会正常生活。

2. 信息传播的无限转发

网络谣言的肆虐，除了造谣者的“妖言惑众”，还有传谣者的间接推动。网络谣言一经发布，往往会迅速引起集体围观，经过成千上万网民的以讹传讹，使谣言出现“裂变式”快速传播，导致“真理还没有穿上

---

① Law Reform Commission of Canada, “Limits of Criminal Law—Obscenity: A Test Case”, *Working Paper*, 1975.

鞋子的时候，谎言已经走遍了全世界”。面对网络谣言，一些社会公众往往是怀着“宁可信其有，不可信其无”的心态，不去辨别信息的真伪，就将相关信息转发给亲朋好友，甚至为了引起对方重视而进行二次加工以后重新发帖，不自觉中成为网络谣言的“二传手”，某种程度上加速了网络谣言的传播和膨化。而职业造谣者则往往是在自己编造的谣言被转发之后，快速删除自己的“谣言源”以追求免责，因为他们充满着经验和自信：传播已经开始而且永无停止的可能性。

因此，在网络空间中，谣言就像滚雪球一样被网民在无意间发酵、夸大，基于类型的不同，可能会引发了社会恐慌，也可能会给不特定的个人、行业甚至是社会秩序、国家利益、民族利益带来严重负面影响和实际损害结果。①

（二）网络谣言肆虐的成本原因：低门槛和低成本

网络造谣的横行和造谣案件的快速增加，与网络造谣的低门槛性和低成本性也有着密切关系。

第一，从低门槛的角度来看，网络的平民化使得发布虚假言论的门槛较低。一个 BBS 就是一张报纸，一个论坛就是一个讲堂，一个微博就是一个报纸、广播台甚至是电视台，在人人都可以通过网络将声音扩散到全世界的今天，大规模造谣、传谣的门槛已经降低到几乎没有。

第二，从低成本的角度来看，表现在两方面。一方面，经济成本较低。谣言扩散的广度和速度取决于用于传播谣言的载体，在过去，谣言只能依赖于广播、电视、报纸等传统媒体才能被传播和放大。而对于传统媒体而言，信息生产机制是先过滤，后生产，依靠行业准入机制和新闻审查机制，对于信息真实性的审查相对严格；同时，信息制作的过程也是信息成本的产生过程，客观上形成了信息准入的高壁垒，一般公众根本无法成为信息的大规模生产源和发布平台。但是，网络中的信息生产、发布特点是先生产、后过滤，甚至边生产、边过滤抑或是只生产、不过滤，信息生产成本几乎为零。另一方面，违法成本较低。造谣、传谣的违法成本过低，囿于网络犯罪技术侦查投入量的严重匮乏、相关学理研究的滞后以及法不责众的社会文化心理，大量网络造谣行为在事后

---

① 于志刚：《制裁谣言的罪名体系需扩大》，《法制日报》2012 年 2 月 4 日第 7 版。

没有能够进入司法程序中进行查处和制裁，无法对于网络造谣、传谣者形成有力的威慑，回顾近年来的网络造谣事件，大多以行政拘留或者公开道歉告终。

因此，网络在赋予造谣者传声器和麦克风的同时，对应的违法制裁措施却没有及时设置和跟进，导致网络造谣者面对偏低甚至几乎为零的违法成本往往是有恃无恐。虽然最近的司法文件与司法实践对于网络空间中的媒体行为大为关注，但其是否适用仍需继续探究，它的实际效果还应仔细检验。

第二节　微博谣言法律体系建构的宏观背景——“双层社会”中场域的互通

伴随着信息技术的发展，“双层社会”中网络空间已然形成并不断成熟。例如，微博在人们的工作和生活中，已然扮演了不可忽视的角色。根据中国互联网络信息中心（CNNIC）于2014年1月发布的《第33次中国互联网络发展状况统计报告》，微博在2013年的用户规模为28078万，网民使用率为45.5%；2012—2013年手机网民各类应用的使用率中手机微博占39.3%；2013年微信聚集了语音以及二维码扫描输入功能，带动了网民使用这些新的输入方式，并在搜索信息时使用；使用手机浏览的网站类型中微博占42.6%；各种网络营销方式的使用率中微博营销推广占20.7%。

网络空间如微博再造了一个生活和工作平台，传统法律条文中的“场所（场、场合）、地域”等场域也会延伸至网络空间如微博。对此，理论上应当承认其延伸适用于网络中的场域如微博的可能性，实践中应当探索其认定的一般标准，并进行具体的说理。特别要注意的是，网络空间中的场域仍要坚持与行为的时间同一性，但对空间同一性的要求则大为降低。

一　微博空间法律属性的界定：“双层社会”背景下的公共场域

在人的行为进入网络空间如微博之后，与之相适应，现实社会中的法律规则也应当随着人的活动空间的延伸而同时进入网络空间如微博。

网络场域对于法律适用具有时代性的需求。日新月异的网络技术如微博和网络资源总是容易被违法犯罪人率先利用。网络空间如微博是第二空间，拥有无限的潜力。不论是一对多的网络违法犯罪模式，还是多对一的网络违法犯罪模式，抑或是多对多的网络违法犯罪模式，都昭显了网络空间对违法犯罪人群而言的巨大潜能，而这恰恰是对网络空间如微博乃至传统社会场所的巨大冲击。在信息时代，不少违法犯罪行为都可以在网络空间全部完成，还有违法犯罪行为可以实现线上和线下互动、传统空间和网络空间过渡。网络空间如微博的存在，使得传统违法犯罪行为由“现实空间”一个发生平台增加为“现实空间”和“网络空间”两个发生平台，行为既可以是全部过程都发生于网络空间如微博，也可以同时跨越网络空间和现实社会两个平台。① 但是，网络空间的行为，包括违法犯罪行为，仍然只是现实空间中人类活动的延伸，差别在于表现形式不同。因此，伴随人类社会与人类行动向网络空间如微博中的延续，人类社会的法律规则必然要延伸到网络空间如微博之中。网络空间如微博作为人类活动的“第二空间”和“第二社会”，现实社会中的法律规则体系延伸到网络空间不仅是必然的，也是必需的。② 而这项突破的关键问题集中在法律中场域及其秩序的再认定。

网络场域如微博对于法律的适用具有实际需求。在上述时代性背景之下，我们必然面临以下实际问题：“网络空间如微博”是否可以认定为“空间”“场所”，进而对于具有公共性质的“网络空间如微博”认定为“公共场所”，进而对于一些形成一定规模的网络平台如微博认定为公共场所？对于鼓动、利用或者蒙骗普通网民，或者利用微博“水军”在这些平台上实施不良的微博言行，影响微博空间中或者现实社会的正常活动和秩序的，是否认定为扰乱了相关社会秩序、公共场所秩序，情节特别严重的行为是否可以认定为聚众扰乱社会秩序罪、聚众扰乱公共场所

① 于志刚、郭旨龙：《信息时代犯罪定量标准的体系化构建》，中国法制出版社 2013 年版，第 28—31 页。

② 于志刚：《“双层社会”的形成与传统刑法的适用空间——以两高〈网络诽谤解释〉的颁行为背景的思索》，《法学》2013 年第 10 期。

秩序罪、寻衅滋事罪等妨害秩序的罪名?[①] 特别是在网络如微博社会不断成熟的今天，微博场域和微博群体不断丰富和完善，必须对于它们的正常活动予以法律保障。例如，网络社交平台、网络问政平台、社会组织收集民意与调查社会现实的网络平台的出现，要求在该平台上的活动遵循一定的规则，以保证相关活动的正常进行，否则就会涉嫌聚众扰乱社会秩序罪、聚众扰乱公共场所秩序罪、寻衅滋事罪等罪名。在整体上网络社会已经成为成熟的生活和工作平台的“生态环境”之下，以此为背景，甚至不排除一定组织在“网络空间”的一定区域或者行业内，如微博，形成非法控制或者重大影响，严重破坏经济、社会生活秩序，以强势技术形成“技术暴力”“技术控制力”的“网络如微博黑社会”，这都是需要警惕、预防的，更是需要思索的。

笔者以为，在某种意义上说微博作为违法犯罪空间正当其时。这是指微博越来越成为人们生活乃至工作的重要平台，也频频成为违法犯罪人群的活动空间，表现为两种空间。一是显性的违法犯罪空间。例如，在刑法条文中，有不少明确指向“场所”“场”“场合”“区域”等场域，如果这些犯罪要适用于微博空间，那就意味着必然将微博空间作为犯罪空间。在许某聚众扰乱公共场所秩序案中，行为人分别在其网易微博和腾讯微博上发过“7 月 5 日上午九点半教育部请愿，欢迎围观”的消息。当然，此类案件的办理中司法机关其实还是坚持要求扰乱传统物理空间的秩序混乱，也就是认为微博上的聚众只是预备行为。与此形成对比的是，寻衅滋事罪的适用认可了微博空间作为独立犯罪空间的地位。又如，行为人秦某某造谣传谣三千余条，其中在网上炮制虚假新闻、故意歪曲事实的行为被认定为“在公共场所起哄闹事，造成公共场所秩序严重混乱”。二是隐性的违法犯罪空间。这主要是指微博作为诽谤行为的平台，但却被一般认为微博此时是作为违法犯罪工具。其实，诽谤和其他网络谣言都是利用网络作为虚假信息犯罪的违法犯罪空间；上述秦某某案中的网络谣言行为被分别认定为寻衅滋事和诽谤就是明证，不可能微博诽谤中微博是犯罪工具，而微博寻衅滋事中微博是犯罪空间，这不符合法

① 于志刚、郭旨龙：《“双层社会”与“公共场所秩序严重混乱”的认定》，《华东政法大学学报》2013 年第 3 期。

律适用的一致性要求。

二 微博空间“场域”的认定标准：双层空间的并行和融合

信息时代，网络空间如微博的“场域”属性越来越突出，特别是到了“双层社会”形成和不断成熟的阶段，这一特征正成为网络空间如微博的主要属性，而其传统的“虚拟性”正相应地在不断式微。虽然说整个网络空间可以在一般意义上被视为一个“场域”，但是具体案件涉及的都是特定的“场域”，不能将整个网络空间如微博的“场域”属性一般性地应用到具体案件中的“场域”的判断。

（一）网络空间作为“场域”的一般判断标准

网络空间作为法律的“场域”的可能性判断，可以有实质和形式两个判断标准。

1. 实质上的标准是违法犯罪行为可以在该网络空间完成

这是指利用网络就能完成整个违法犯罪过程的犯罪。主要是指利用网络发布违反法律规定的信息的行为。例如传播淫秽物品、利用邪教组织破坏法律实施，以及大规模不当转发他人“具有独创性的微博”[①] 涉嫌侵犯著作权等。此外，各种网络煽动型犯罪，如发微博煽动暴力抗拒法律实施的，[②] 也属于此种类型。此时，完成网络上的行为，违法犯罪行为就实施完毕。这是网络空间作为“场域”的常态。

2. 形式上限定在传播行为领域

根据既往司法文件，网络空间违法犯罪适用的传播行为是淫秽电子信息传播行为、侵权作品信息网络传播行为、诽谤信息网络传播行为[③]。归纳概括之后，这些行为领域统统属于信息传播行为领域。那么，网络空间作为“场域”是否可以推广到所有信息传播行为领域呢？从形式分

---

① 袁定波：《独创性微博受著作权法保护》，《法制日报》2013 年 1 月 26 日第 5 版。

② 练情情：《发微博造谣获刑一年半》，《广州日报》2011 年 7 月 6 日第 3 版。

③ 参见 2004 年《关于办理利用互联网、移动通讯终端、声讯台制作、复制、出版、贩卖、传播淫秽电子信息刑事案件具体应用法律若干问题的解释》、2010 年《最高人民法院、最高人民检察院关于办理利用互联网、移动通讯终端、声讯台制作、复制、出版、贩卖、传播淫秽电子信息刑事案件具体应用法律若干问题的解释（二）》、2010 年《关于办理侵犯知识产权刑事案件适用法律若干问题的意见》、2013 年《关于办理利用信息网络实施诽谤等刑事案件适用法律若干问题的解释》等。

类上看，承认这种可能性应当是合适的。淫秽电子信息传播行为是因为电子信息被自然地认定有害而违法，侵权作品信息网络传播行为则是因为侵权作品信息被法定禁止而违法，两者都属于信息真实仍违法的情形；而诽谤信息网络传播行为是因为诽谤信息不真实而违法。所以，从分类上来说，信息传播行为之所以违法，要么是因为真实信息被法律所禁止，要么是因为虚假信息被法律所禁止，而禁止的目的是通过限制和消灭传播来实现的，这就意味着需要在法律上认同网络“场域”的信息传播效应。这反映的是网络“场域”与传统空间中“场域”并行不悖的关系。

需要思考是，对于违法犯罪行为不能完全在网络空间中完成的，是否也能作为法律上的“场域”。这是指需要其他行为进行配套才能完成的违法犯罪行为，单纯利用网络进行信息传播不能完成全部违法犯罪行为的情形。换言之，网络传播行为只是预备行为或者虽然属于实行行为但只是实行行为的一部分。这种情形又分为以下两种：

第一，其他行为在传统物理空间中进行，如在网络上发布销售假冒注册商标的商品等违法商品的信息，然后在线下完成交易，当然也有特殊“商品”如伪造国家机关证件、印章、伪造公司、企业、事业单位印章、伪造居民身份证、伪造武装部队印章等官方信件，此种发布交易信息的行为可以推定为已有实行行为；还有预备行为，如发微博约人后予以非法拘禁的行为。

第二，其他行为也可以在网络空间中进行。这主要是发布诈骗、敲诈勒索信息后，财物的获取也在网上完成的情形；也包括在互联网上开设赌场，而通过网络微博发帖招募会员的情形。鉴于“双层社会”中传统空间和网络空间交叉融合的现状和趋势，应当认为网络空间中进行传播领域的预备行为和实行行为的“场域”也能认定为刑法上的“场域”。这反映的是网络“场域”与传统空间中“场域”交叉融合的关系。

（二）网络空间作为“场域”的具体判断分析

对于网络空间的“场域”属性具体判断，已有学者提出，并不是说所有的网络空间场所都属于公共场所，网络空间同样存在私人空间和私人场所。对于网络公共场所的界定应当把握传统公共场所的本质特征，即可以满足公众部分生活需求的开放性公用场所，对于封闭、半封闭的网络空间，就难以定性为公共场所。例如，微博具有开放性，实际上是一个自媒体，相当于传统的报纸等媒体面对的是不特定或者多数人，属于网络空间中的公共“场域”；而微信就是朋友之间的即时通信工具，即使是具有公开转发功能的“朋友圈”，如果其好友只从熟人当中添加，也只是限于私人之间的非开放圈子，不能认定为网络公共场所。

但是，微信在一定条件下也可算是网上的一个公共场所，即当其对象不再是封闭的特定人群时。对于超出私人之间非开放圈子访问的微信则应当考虑认定为网络公共空间的可能性：其一，即使非微信公共号，也存在超出私人通信范围的微信。微信添加朋友的途径既有搜号码、扫一扫，也有从 QQ 好友列表添加、从手机通讯录添加等。《最高人民法院、最高人民检察院关于办理利用互联网、移动通讯终端、声讯台制作、复制、出版、贩卖、传播淫秽电子信息刑事案件具体应用法律若干问题的解释（二）》第三条规定：利用互联网建立主要用于传播淫秽电子信息的群组，成员达三十人以上或者造成严重后果的，对建立者、管理者和主要传播者，依照《刑法》第三百六十四条第一款的规定，以传播淫秽物品罪定罪处罚。这里的群组包括 QQ 群。而这里的传播犯罪就是扰乱社会管理的犯罪：“刑法规定的传播淫秽物品犯罪主要是两个要件：一个要件是要求在公共的场所进行传播；第二个要件是情节严重，比如，多次传播、数量比较大、传播人数比较多，甚至后果比较严重。一般的朋友之间、夫妻之间、亲属之间，一方面不属于公共领域，另一方面数量、人数、后果都不会那么严重。我们认为这种情况不按犯罪处理；但是这种情节，如果影响比较大的，也是属于违法行为。”① 所以，当微信好友从 QQ 好友列表中添加，以及从其他途径添加时，完全有可能进入的是不特定或者多数的陌生人，此时就并非是特定且少数的封闭私人圈子了，特别是其对添加好友请求默认同意的情况下，编造、散布虚假或者有害信息的概率大大上升。其二，查找微信公共账号，如输入关键词“地震”出现数十个公众账号，此时也完全可能通过编造、散布虚假、有害信息来扰乱网络公共空间秩序。这样的公众号已经完全属于对不特定或者多

① 参见佚名《淫秽电子信息犯罪司法解释的权威解读》（http://www.legaldaily.com.cn/zbzk/content/2010—02/28/content_2093758.htm?node=7012，最后访问日期：2017 年 7 月 20 日）。

数人开放的网络“场域”了。

因此，将网络空间如微博中的行为视为在法律上“场域”中的行为，既有适用领域上的一般符合，又有具体判断上的说理。但如果将所有网络中的行为都视为在公共场所的行为，则可能产生不适当的应用。例如，赌“场”在网络空间中的存在必然是依托于一定的网络平台的，只有该特定的平台才应当受到法律的关注，并在技术上予以必要处置。所以，在具体的案件中，需要判明法律上所要求的“场域”的具体种类，是“场所”还是“场合”，抑或是“区域”，并且是否限定为“公共”属性，结合相关法律条款的立法目的，考量其延伸适用于网络空间如微博是否必要、是否合适。

三　微博空间“场域”的适用规则：基于一般规则和特殊规则的考察

对于“双层社会”背景下传统法律条文中的各种“场域”如何适用于网络空间如微博中的新型“场域”，应当首先明确法律上“公共”场所（场、场合）、地域的规定情况，并对其含义进行一般性的分析；在此基础上，对于常态性的网络“场域”进行一般性的适用，然后论述其他特殊“场域”的特殊问题。

（一）适用前提：法律上各种“场域”的规范性分析

法律上的“场域”的具体表述分为“场所”“场”。分析法律上的“场域”，应当以“场所”为基本起点，因为“场所”在法律上最为普遍、最具有代表性，学界对此认识较为成熟，且司法实践对此问题较为常见。

“场所”的传统含义是活动的处所，必须有一定的场地加上人的行为。而对于“处所”的理解，则难以限定为必须具有墙壁甚至顶棚的建筑物，不能与刑法上“户”的认定相混淆。入“户”犯罪中的“户”必须是具有一定的封闭性的构筑物。但作为“场所”的处所则不需要，例如广场，这种平面的处所也可认定为刑法上的“场所”。2013 年“两高”《关于办理寻衅滋事刑事案件适用法律若干问题的解释》第五条规定：“在车站、码头、机场、医院、商场、公园、影剧院、展览会、运动场或者其他公共场所……”该规定也确认了这一观点。虽然该规定列举的场所大多都是封闭性较强的处所，但仍有不少露天的处所。

之所以对“场所”进行这样宽泛的解释，是为了使其与“场”的解释趋于一致。“场”在法律中主要体现为各种词语的组合，如“市场”“赌场”“商场”等。可以发现，这里的“场”和“场所”在表现形态上并无实质区别，只是这里的“场”一般限定为特定的用语，也就是限定一定场地上的人的行为的种类。如“市场”限定该场所的活动种类为交易活动，而“赌场”则限定该场所的活动类别为赌博活动，而“商场”则限定该场所的活动类别为商业活动。也可以说，这里的“场”是从事特定行业的场所。在这里，活动类别的重要性远远超过了“场”的认定。换言之，只要该类活动可以发生在一定的空间范围内，那么该空间范围就是这里的“场”。

而“场合”则在此基础上提出了更多的要求。“场所”仅仅限定为一定的空间，而“场合”却是空间与时间共同限定的，是在特定空间的基础上提出特定时间的限定。当然，这里的时间不应当作平义解释，认定为事件过程长短和发生顺序的度量，而应当作广义解释，包括一定场所空间之外的一切具体情况。例如，在公共场合侮辱国旗、国徽的，此时认定这里的场合的核心要素并不是特定的场所，而是在该场所进行某一行为当时的其他具体情况，也就是不特定多数人的实然性。“行为必须发生在……不特定人或者多数人有目共睹的场合。”①

“区域”也出现在刑法、治安管理处罚法等法律中。例如，刑法分则中黑社会性质组织在一定区域或者行业内，形成非法控制或者重大影响；治安管理处罚法中的行政区域等。从整体上来看，“区域”的范畴大于具体的“场所”，侧重于指代较大范围内的地理空间；从后者来看，亦是如此。

至于法律在“场所”或者“场合”的前面加上“公共”的限定，在构成要件形式上是为了区别于私人的“场所”和“场合”，而在法益保护的实质上则是限定侵害特定的法益的特定行为方式的伴随情况。换言之，只有在这种特定伴随情况存在的条件下，特定行为方式才能侵害特定法益应受到法律处罚的程度。例如，《刑法》第一百三十条规定的“非法携

① 张明楷：《刑法学》，法律出版社2011年版，第945页。

带枪支、弹药、管制刀具、危险物品危及公共安全罪"，"非法携带枪支、弹药、管制刀具或者爆炸性、易燃性、放射性、毒害性、腐蚀性物品，进入公共场所或者公共交通工具，危及公共安全，情节严重的，处三年以下有期徒刑、拘役或者管制"。如果该场所并非具有"公共"特征，则携带进入的行为，不可能危及不特定或者多数人安全的程度。

（二）一般规则：法律上各种"场域"进入"网络空间"

确定了"双层社会"网络空间"场所"的一般属性和法律上"公共"场所（场、场合）、地域的一般含义之后，可以认为，法律上的"公共"场所（场、场合）、地域能够原则上在"双层社会"延伸适用于网络空间如微博。

1. 法律上的"场所"在"网络场域"如微博中的适用

对于法律上的"场所"，只要发生在传统社会空间中的该种行为能够发生在网络空间如微博中，就应当认定发生在该网络空间如微博中的行为也能适用该法律规范。例如，聚众扰乱社会秩序、聚众扰乱公共场所秩序、聚众斗殴、寻衅滋事等行为。聚众扰乱公共场所秩序罪，包括"聚众扰乱车站、码头、民用航空站、商场、公园、影剧院、展览会、运动场或者其他公共场所秩序"，这里的商场、公园、影剧院、展览会、运动场完全可以搬到网络上，不管活动是完全在网络上进行，还是线上、线下交互进行，此时网上相关场所的秩序也应当得到刑法的保护。至于聚众扰乱社会秩序罪，相对于聚众扰乱公共场所秩序罪而言，其适用范围更加广泛，只要是致使网上的工作、生产、营业和教学、科研无法进行的，都可以认定为聚众扰乱社会秩序罪规定的行为。

而聚众斗殴行为延伸至网络空间如微博，似乎有点不可思议。但这仅仅是对网络行为认识不全的结论。其一，应当认定到，聚众斗殴不要求对人身造成伤害，对于聚众斗殴的违法行为和情节较轻的聚众斗殴罪并不要求有造成人身伤亡的可能性，寻衅滋事行为中侵害的对象不仅仅是人身，也有对公私财物的侵害，其本质特征是对正常社会生活顺利进行的干扰。其二，聚众斗殴发生在传统空间时，伴随着双方肢体的接触，的确经常会出现人身伤亡的情形。但是，随着人类行为的空间延伸至网络空间如微博这个"第二空间"，聚众斗殴行为也在发生变化。例如，双方网络攻击行为有些类似于传统法律中的聚众斗殴行为，应当存在一定的成立犯罪范围。[①] 在此，笔者认为，一方使对方遭受重大的财产损失，或者使危害后果伤及其他无辜的网络用户时，此类双方网络攻击行为应当认定为网络中的“斗殴”行为。这种行为首先是扰乱了遵循合理程序解决纠纷和寻求利益的网络秩序，其次才是对其他的财产等权利造成侵害。即使限定聚众斗殴行为必须有对于人身安全的威胁可能，随着谷歌眼镜对于眼睛这一人体器官的亲密接触，以及未来芯片等智能装置的嵌入人体，网络攻击行为对于人身的危害，也将是自然而然的。

至于寻衅滋事行为，除了第一项限于既有网络技术如微博无法“殴打他人”而难以延伸适用，剩余三项都有可能发生在网络空间如微博中：对于“（二）追逐、拦截、辱骂、恐吓他人”中的后两种行为，司法解释早有规定：2013 年“两高”《关于办理利用信息网络实施诽谤等刑事案件适用法律若干问题的解释》（以下简称《网络诽谤解释》）的第五条第一款只是规定了“利用网络”辱骂、恐吓他人的定性规则：“利用信息网络辱骂、恐吓他人，情节恶劣，破坏社会秩序的，依照《刑法》第二百九十三条第一款第（二）项的规定，以寻衅滋事罪定罪处罚。”但是，对于在“网络空间”中实施的类似行为，则没有触及。然而，《刑法》第二百九十三条第一款第（二）项的原条款的规定是四者并列，也就是说，《网络诽谤解释》的规定，意味着司法机关认为“追逐、拦截、辱骂、恐吓”他人的四类行为之中，“利用网络”实施的行为只可能有“辱骂、恐吓”两类，“追逐、拦截”两类只可能发生在现实社会之中，根本不可能发生“利用网络如微博”实施的可能性，更不会出现在“网络空间如微博”中实施的可能性，这是问题的根本所在。但是，“流量劫持”恰恰就是“网络空间”中拦截他人的表现形式之一，不仅具有发案的普遍性，而且具有现实的危害性。因此，在传统法律中的寻衅滋事行为延伸进入网络空间之后，网络空间的“追逐、拦截”行为应当和“辱骂、恐吓”行为一样，能够依照寻衅滋事行为进行制裁。除了“流量劫持”（将用户访问强行导向或经过其他网页）等网络空间中的“拦截”行为之外，网络空间中的“追逐”行为适用于寻衅滋事行为，不仅有必要性，而且切合司法现实所需，客观地讲，

---

① 于志刚：《传统犯罪的网络异化研究》，中国检察出版社 2010 年版，第 99 页。

国外相关研究中早已有关于“Cyber Stalking”的研究，也就是对于在网络如微博上跟踪骚扰、不断纠缠行为的法律制裁。[①]

对于此类行为，其中的发信息以恶害相威胁的行为固然可以认定为“恐吓”，但以其他网络活动方式使他人为其安全担忧的行为，[②]则可能认定为“追逐、拦截”。因此，确认网络空间如微博中发生的“追逐、拦截”行为可以像“辱骂、恐吓”行为一样按照寻衅滋事行为进行制裁，这是可行的选择，也是一种合理的解释。对于“（三）强拿硬要或者任意损毁、占用公私财物”更是不难理解，网络空间如微博中的财物和资源不断增生，此类行为也必然相伴而生。对于“（四）在公共场所起哄闹事，造成公共场所秩序严重混乱的”，则在北京市朝阳区宣判的“秦某某”寻衅滋事案中得以确证，其编造和散布各种谣言，造成网络空间信息传播秩序严重混乱。

2. 法律上“场”在“网络场域”如微博的适用

同样，对于法律中的“场”更是如此，只要在网络空间如微博中能发生该类特定活动，如赌博活动、战争活动，就应当认定为网络空间如微博是法律上的“赌场”和“战场”。对此，司法适用者基本不存在疑问。例如，在赌博活动中，认定网络赌场为法律上的赌场：2010 年最高人民法院、最高人民检察院、公安部《关于办理网络赌博犯罪案件适用法律若干问题的意见》中规定：“利用互联网、移动通讯终端等传输赌博视频、数据，组织赌博活动，具有下列情形之一的，属于刑法第三百零三条第二款规定的‘开设赌场’行为……”，此处列举的情形与认定赌“场”并无实质联系，而正是“利用互联网、移动通讯终端等传输赌博视频、数据”的特定活动使相关的网络空间自然成为赌“场”。同样地，“没有网络安全就没有国家安全，没有信息化就没有现代化。”[③]随着国家安全概念的扩容，战争概念也将随之扩张，《刑法》第四百五十一条规定

① Emma Ogilvie，“The Internet and Cyberstalking”（http：//192. 190. 66. 70/media_ library/conferences/stalking/ogilvie2. pdf）.

② Susan P. Limber，etc.，“Cyber Bullying：What is it and why should we be concerned?”（http：//www. hazelden. org/cyberbullying）.

③ 佚名：《习近平：没有网络安全就没有国家安全》（http：//news. sina. com. cn/o/2014—02—28/011929582778. shtml，最后访问日期：2017 年 7 月 20 日）。

了战时的概念："本章所称战时，是指国家宣布进入战争状态、部队受领作战任务或者遭敌突然袭击时。"而网络战成为这里的战争也将是未来的选择。此时，相关网络空间如微博也就自然成其为"战场"。这种解释已经有了军事理论上的观点支持，如"走进科普世界丛书"之一《高科技与现代战争》共分为："高科技与现代陆战"，"高科技与现代海战"，"高科技与现代空战"，"高科技与现代信息战"，"高科技与现代特种战"五章。①

3. 法律上"区域"在"网络场域"如微博的适用

许多部门法将法律规范的适用限定在一定的"区域"，那么，微博空间能否成为相关法律规范所界定的区域？答案同样是肯定的。以刑法上的"区域"为例，刑法上的"区域"，总则上涉及管制的执行与缓刑的适用，可以限制进入特定的场所和区域。对于一些进行网络如微博违法犯罪的惯犯或者少年犯，我们的确可以限制其进入网吧等特定场所。但是，我们要知道，现在已经不是台式计算机时代，甚至不是个人计算机时代，而是移动互联网时代，限制行为人进入特定上网场所毫无意义。那么，是否可以限制行为人上网呢？显然不妥。信息时代利用信息网络如微博获得信息已经成为一项基本的公民权利，如果全然剥夺了该权利，显然不符合公法上的比例原则。但是，限制其在信息网络如微博上进行违法犯罪又是管制执行和缓刑适用所必需的，此时就应当通过对"区域"在网络空间如微博中的扩张来解决这个矛盾：行为人可以利用信息网络如微博，但是不得进入特定的网络区域如微博。这里的特定网络如微博区域主要是依据内涵的活动类型来划分的。如果该活动类型与行为人既往的违法犯罪有密切联系，就应当禁止其进入该特定网络区域。例如，与其犯罪行为不可分割的网上交易平台、支付平台、游戏平台、交友平台。"从法律上说，禁止令本身并不是一项刑罚制度，而是类似于一种保安处分措施。它与管制和缓刑配套适用，有助于管制和缓刑取得更佳的刑罚效果。"② 在"双层社会"，将禁止令的适用适当延伸至网络空间如微博，

---

① 至于军事法上的实际规定基础，在美国等时刻关注国土安全、信息技术发达的国家应当也是有的。但军事法属于特别而又"冷门"的部门法领域，在此不再展开。

② 陈兴良：《刑法的刑事政策化及其限度》，《华东政法大学学报》2013年第4期。

对于改善管制和缓刑的适用效果也是必要的。至于分则中的“区域”则涉及黑社会性质的组织犯罪。既然网络空间如微博中连“战场”的概念都能延伸适用，那么黑社会性质的组织犯罪也不在话下。在一定网络空间区域如微博，形成非法控制或者重大影响也是可能的。信息时代利用技术优势进行常态的、有组织的不正当竞争行为，就可以认定为黑社会性质的组织犯罪。如若不然，则可以求救于与“区域”并列的行业，认定行为人在网络空间如微博中的一定行业，形成非法控制或者重大影响。其实，面对着网络空间中的“跨界”现实，也就是不同传统行业交叉融合在一起的趋势，与其认定为“行业”控制，不如认定为“区域”控制。

4. 其他法律上“场域”在“网络场域”如微博的适用

另外需要注意的是，即使法律条文中没有“场所（场、场合）、地域”之类的表述，由于其行为方式的特殊性，也可能内含场所的认定。例如，吸毒行为、卖淫行为中的场所同行政法和刑法相关法律规范适用紧密相连。此时就涉及场所的认定。在“双层社会”，提供吸毒场所也发生了变异：传统社会中提供吸毒场所是为他人提供传统的物理空间；而在网络社会，为他人提供吸毒场所异化为通过全视频网络工具为多人提供同时吸毒交流的机会。对此，也应当认定为提供吸毒场所，认定为容留吸毒。此种情形中的场所只能存在于网络空间，离开了网络空间完全不可能进行，属于网络作为犯罪空间的情形。再如，在网络视频秀场进行淫秽表演的行为。又如，主持聊天室进行现场淫乱活动。上述所列行为都仍然具有同一时空性。而后将论及的网络直播情形，其实是再造了一个网络空间中的场所。因为，其现实空间中的场所不能认定为“公共”场所，而其再造的网络“场所”因其能为不特定人或多数人所自由进入而被认定为“公共”场所，由此加重其刑罚，网络“场所”有了其法律意义。类似地，对于集会、游行、示威，其本身固然可以发生于网络空间如微博，但因其本身难以发生“破坏社会秩序的后果”，所以难以认定为犯罪。但是，在特定情形下，如果导致国家机关、单位、团体的网站不能正常运行的，则可能认定为犯罪。至于集会、游行、示威拍照后上传至网上的行为，如果该照片是真实的，那么上传行为不应当受到处罚，其在现实空间的行为可依法处理。如果该照片是虚假的，上传行为虽不构成编造、传播虚假、恐怖信息，但却可以根据最新的《诽谤司法解释》认定为最后一种寻衅滋事行为。

（三）特殊规则：行为的具体时空性与网络的一般“场域”性

以上论述一般性地解决了法律上“公共”场所（场、场合）、地域在“双层社会”能否适用的问题。但是，具体案件总有其特殊性，虽然该类行为可能发生甚至完成于特定网络“场域”如微博，具体案件有可能因其本身特性而不能在该网络“场域”进行或完成。

1. 时间上的异样：网络直播与录制后网络转播如何认定

对于在公共场所的违法犯罪行为，首先应当一般性地承认可以发生在网络空间如微博当中。当然，限于我国现阶段的部分法律概念界定，例如强奸，仅限于性器官的直接接触，在现阶段无法发生于网络空间如微博中。[①] 但是，随着社会观念的变化，不排除强奸的外延扩张而猥亵的外延缩小的情形。例如，我国台湾地区的相关法律规定只要涉及行为人或者被害人任何一方的生殖器的进入或者结合，就可以认定为性交。[②] 此时其“猥亵”的范畴就小得多了。

对于此类性爱行为，是网络直播还是录制后网络转播，对于认定该性爱是否发生于公共场所，影响重大。网络直播，也就是将强奸或者强制猥亵的行为实时传输到网上的行为，都应当认定为在公共场所犯罪。刑法之所以对此类犯罪规定为加重处罚，是因为其客观上对被害人造成了更大的伤害，主观上反映了行为人更大的罪过。而网络直播的行为不仅仅在形式上再造了一个犯罪现场，而且在实质上符合上述立法目的，应当认定为在公共场所犯罪。或许有人会说，这种问题纯属庸人自扰，哪里会有人将自己的犯罪过程同步到网上让人发现的。但是，笔者对此不以为然。现在没有发现的罪情不代表实际没有发生，更不代表将来不会发生。事实上，这种情形也是符合情理的。例如，犯罪人自以为用化装、蒙面等方式可以不被认出，或者甚至不怕被认出，因为其不计后果或者已想好逃往何处。其实，近来，刑事程序法上的场所延伸现象也已

---

① 于志刚：《传统犯罪的网络异化研究》，中国检察出版社 2010 年版，第 26 页。

② 许玉秀：《新学林分科六法——刑法》，台湾新学林出版股份有限公司 2006 年版，第 A35 页。

出现。检察机关搞“远程提审”、法院系统搞“远程开庭”，媒体也进行了广泛宣传，甚至引来叫好声一片。所谓“远程提审”就是承办检察官无须进入看守所，而是坐在办公室通过网络视频系统，对犯罪嫌疑人进行讯问。所谓“远程开庭”就是被告人在看守所，法官和公诉人均在办公室，“控、辩、审”三方不见面，而是通过网络视听系统，实现互动。[①]不管根据证据法上的直接言词证据规则最终认定该种模式是否合适，这至少从另一个侧面表明，在“双层社会”，同一个行为可以同时发生在或进行于现实空间和网络空间中的不同场域。类似地，对于在现实空间中焚烧、毁损、涂画、玷污、践踏国旗、国徽，不为其他不特定人或者多数人所发现，但直播至网络空间如微博的，也应当认定为在公众场合侮辱国旗、国徽。

但是，对于网络转播，也就是将犯罪过程录制，在犯罪行为结束后，放置于网上传播的，不应当认定为在公共场所犯该罪而加重其刑罚。因为，该公共场所与其犯罪行为不具有时间上的同一性。但是，应当认定其后续行为另外构成传播淫秽物品的行为，给予行政处罚，情节严重的可以单独成立犯罪，数罪并罚。当然，直播的行为也同时是传播淫秽物品的行为，淫秽物品不仅包括各类文件形式，而且包括视频流形式。[②]但该行为已经为加重犯所包容，所以不再重复评价了。

2. 空间上的异样：网络现场与网络转场如何认定

上述网络直播和网络转播的情形都只涉及网络中的某一个特定场所，如微博，可以称之为网络现场。但是，现实情形是极其复杂的，网络空间中的场所，不仅仅有网络现场，还存在于网络转场。也就是由网络空间中的一个场所现时转至另一个场所。例如，在传统物理空间中强制猥亵妇女时在线网络直播也可能认定为在公共场所当众强制猥亵；如果猥亵行为本身发生在网络空间中，如强制妇女或诱骗儿童在网络公共社交软件平台中，如微博、公共聊天室、QQ 群、YY 语音等，进行猥亵行为的，应当认定为网络现场，因为该行为本身就是在网络场所中进行；即

---

① 李勇：《警惕检察创新的不良倾向》，《法制日报》2014 年 4 月 23 日第 10 版。

② 视频流形式的淫秽物品的定量问题现有司法解释未能涉及，需要进一步研究。参见于志刚、郭旨龙《信息时代犯罪定量标准的体系化构建》，中国法制出版社 2013 年版，第 89—91 页。

使猥亵行为在封闭的网络平台中进行，如二人QQ视频，但同步到其他公开的网络如微博平台直播的，此时发生了网络如微博的场域转换即“转场”，也应当将同步到公开的网络平台如微博的行为认定为在公共场所犯罪。

由上可见，在“双层社会”，法律“场域”的认定中时间上的同一性具有决定性的意义，而空间上的同一性则原则上不做要求。既可以由现实空间现时转至网络空间如微博中的“场域”，也可以由网络空间如微博中的某一“场域”转至网络空间中的另一“场域”，这些场域都可认定为行为的“场域”。

3. 外部环境上的异样：微博空间中“当众、公然”的认定

行为实施时是否具有“当众、公然”的情节，是许多违法犯罪行为界定和危害性判断的重要标准。而当微博空间成为传统法律规范中的“场域”时，微博空间中的行为“当众、公然”的认定，也就成为准确评价微博空间中许多违法犯罪行为的关键步骤。例如，认定在公共场所强制猥亵、侮辱之后，应当认为，行为人在网络场所中如微博犯罪，只要能够为不特定或者多数人发现，就应当认定为“当众”犯罪。而认定标准是，该场所是否能够为不特定或者多数人所自由进入进行相关活动。例如，微信朋友圈里的互动活动，只有经过彼此认证的好友，才能进行，并非不特定或者多数人能自由进行，难以认定为“当众”犯罪；但对于微信公众号，由于关注者只要关注，公众号就默认同意，所以公众号与关注者的互动是不特定或者多数人可以自由进行的，可以认定为“当众”。换言之，对于“当众”的理解关键是“众人”的现实性与“当面”的可能性，也就是网络空间如微博中特定场所事实上存在不特定多数人，并且该不特定多数人有发现该犯罪行为的可能性即可。对于“公然”，也是可以如此认定。例如，侮辱、诽谤可以发生在网络空间如微博中，而网络空间如微博中的传播机制也决定了该行为必然为不特定或者多数人所知，也就认定为“公然”犯罪。

信息技术的发展，总是在为人类扩展自由的同时，又为违法犯罪行为所用。网络空间如微博是人们生活和工作的第二个“场域”，人们可以在此场域实现与传统场域活动的互动，也可在此场域独立进行一些活动。法律规范必须正视这一重大的社会背景变化，在针对微博空间中的违法

犯罪行为建构法律责任体系时，应当对传统法律规范条文中规定的各种“场域”进行“双层社会”背景下的适当扩张，才能实现对于微博空间违法犯罪行为的准确界定和评价。

第三节 微博谣言法律责任体系的“短板”——服务商法律责任体系的建构

同社交网络当前的无序杂乱相对应的，是相关领域法律准备的不足，特别是在社交网络服务商行为的规范化和法律责任的体系化层面，现有法律规范存在较大的缺陷。社交网络服务商作为微博平台的实际运营者，对于微博空间中信息的制造和传输，有最强的认识和最有效的管控权利与义务。能力和责任往往是伴生的，社交网络服务商客观上为所有的微博谣言提供了平台和技术支持，但本应当在微博谣言预防和制裁领域发挥重要作用的社交网络服务商，目前却呈现出边缘化和弱化的态势。重构社交网络服务商的法律责任体系，是在法治思维、法治方式下治理微博的关键一环，更是当前微博谣言防控的首要课题。

一 社交网络服务商的重新定位：全媒体时代微博谣言的“守门人”

信息时代是一个“All to All”的时代，所有人都是信息的生产者、发布者和消费者，以自媒体为代表性特征的全媒体时代的来临，引发了信息传输和生产的时代变革，[①] 而微博谣言也摆脱了传统的谣言治理机制，呈现出日益泛滥的严重趋势。在全媒体时代，社交网络服务商应当接替传统社会中的大众媒体，成为新的“守门人”，承担防控微博谣言的责任。

社交网络服务是信息时代的基础网络服务之一，欧盟将信息社会服务提供者分为六种：电子商务平台（e-commerce platforms）、网络支付门户（internet payment gateways）、社交网络（social networks）、搜索引擎（search engines）、云计算服务（cloud computing service）、应用商店（ap-

① 于志刚：《全媒体时代与制作、传播虚假信息的制裁思路》，《法学论坛》2014年第2期。

plication stores）。[①] 而具体来看，社交网络服务，即为一群拥有相同兴趣与活动的人提供具有记录个人数据、私人通信、用户链接、用户检索、信息广播基本功能的网络平台的服务。[②] 微博就是典型的社会网络服务，在信息时代背景下，以微博为代表的自媒体的巨大能量开始爆发，而这种能量可以是正面的亦可以是负面的。作为微博平台的提供者和管理者，微博社交网络服务商对于微博的管理、监督和指引，尽最大可能消除微博的负面影响，将起到关键的“守门人”作用。

“守门人”理论又称“把关人”理论，起源于心理学家库尔特·卢因（Kurt Lewin）建构的名词“守门人”，20 世纪 50 年代，大卫·怀特（David White）延伸到新闻传播领域，随后“守门人行为”（gatekeeping）成为新闻传播学的重要理论，“守门人行为”即新闻媒体在从消息来源获得大量资讯后经编辑筛选、删减的过程。[③] “守门人行为”实际上使新闻媒体获得了社会宣传的主导权，许多研究已然证明，“守门人行为”即便不进行信息的原创，仅从消息来源处对信息进行整合，就可以决定传播信息的价值取向，无论新闻媒体多么强调尊重消息来源，确保还原社会真实情况和持客观立场，但实际上都会受到所谓的“新闻价值”和“新闻判断”的影响对信息进行再加工，而加工和引导后的信息，往往体现了“守门人”的价值。[④] 有学者指出，微博空间中谣言的蔓延，同“守门人”的“消失”有直接关系。“在传统媒体中，新闻的真实性和客观性是最为重要的把关标准之一，信息的发布需要经过记者、编辑等专业新闻工作者的重重把关，其可信度和真实度都比较高。网络的兴起使得把关机制有所削弱，微博本身的特性又加剧了‘把关’的消弭速度。所以，

---

① Article 3（8），ANNEX Ⅱ，COM（2013）48 Final（http：//eur-lex. europa. eu/legal-content/EN/TXT/PDF/？uri = CELEX：52013PC0048&rid = 1）.

② S. Lohmann et al.，“Visual Analysis of Microblog Content Using Time-Varying Co-occurrence Highlighting in Tag Clouds”（http：//www. vis. uni-stuttgart. de/ ~ lohmansn/publications/MicroblogAnalyzer. pdf）.

③ White David Manning，“The Gatekeeper：A Case Study In the Selection of News Lewis”，*People，Society and Mass Communications*，London：Hrsg，1964，pp. 160 – 172.

④ Berkowitz，D.，“Refining the Gatekeeping Metaphor for Local Television News”，*Journal of Broadcasting & Electronic Media*，1990（34），pp. 55 – 68.

微博在占据信息发布制高点的同时，也为谣言的产生提供了条件。"[①] 但实际上，以微博为代表的自媒体开启了新的全媒体时代，这种全媒体时代看似个体的"发声"可以自由地不受任何限制，但微博本身作为网络空间的事物，无法脱离网络的虚拟性和技术性本质特征，微博的发声必须要借助于一定的网络技术支持，而提供这种支持的正是社交网络服务商，在新的全媒体时代，"守门人"并未消失，社交网络服务商已然成为新的"守门人"。[②] 与传统的"守门人"所不同的是，社交网络服务商本身只提供平台而自身不主动传播信息内容。但是，鉴于社交网络服务商本身掌控着信息平台，有权力决定信息发布的方式、信息发布的人群以及信息的删除。因此，其"守门人"的实质未变，相应的社交网络服务商应当承担起应当承担的"守门人"职责。

二 社交网络服务商的法律责任分析：整体上附属于"用户责任"

基于微博用户所实施的编造、传播虚假信息类型和情节的差异，社交网络服务商亦存在承担民事法律责任、行政法律责任和刑事法律责任的可能性。但是，社交网络服务商在微博谣言的法律防控体系中，却并没有处于主体地位。法律将更多的关注集中在微博用户身上，而社交网络服务商的法律责任亦整体附属于"用户责任"。

（一）社交网络服务商的民事责任——基于"服务用户"侵权的连带责任

在民事责任层面，对于微博平台中侵害个体民事权利的谣言，提供微博平台服务的社交网络服务商可以承担侵权责任。具体来看，根据《侵权责任法》第三十六条的规定，社交网络服务商在两种情形下承担民事责任：其一，"被动通知但未制止"微博用户利用微博平台制造、传播虚假信息侵害他人民事权利时，如果侵权人通知该微博社交网络服务商删除、屏蔽虚假消息或限制、停止制造、传播虚假信息微博用户服务等

---

① 朱松梅、任雁：《微博谣言产生的原因和辟谣机制——以 2011 年日本震后谣言为例》，《青年记者》2011 年第 17 期。

② Eng Paul，Julie Tilsners，"Up All Night with the Internet"，*Business Week*，1994（2），p. 14.

必要措施，而社交网络服务商未及时采取必要措施，对于通知后虚假信息造成的扩大部分损害同侵权微博用户承担连带责任。其二，“主动获知但未制止”社交网络服务商知道其微博用户利用其网络服务传播虚假信息、侵害他人民事权益时，未能主动采取删除、屏蔽虚假消息或限制、停止制造、传播虚假信息微博用户服务等必要措施的，同侵权微博用户承担连带责任。

（二）社交网络服务商的行政责任——基于“事后监管”义务违反的违法责任

在行政责任层面，对于微博平台中的谣言，行政法规对于社交网络服务商设定了一定的义务，对于不履行相应义务的社交网络服务商需要承担一定的责任。《互联网信息服务管理办法》第十五条规定了互联网信息服务提供者不得制作、复制、发布、传播散布谣言，扰乱社会秩序，破坏社会稳定的信息，同时第十六条又规定了“互联网信息服务提供者发现其网站传输的信息明显属于本办法第十五条所列内容之一的，应当立即停止传输，保存有关记录，并向国家有关机关报告”。2013 年全国人大常委会《关于加强网络信息保护的决定》第五条亦规定，“网络服务提供者应当加强对其用户发布的信息的管理，发现法律、法规禁止发布或者传输的信息的，应当立即停止传输该信息，采取消除等处置措施，保存有关记录，并向有关主管部门报告”。因此，社交网络服务商一旦发现其微博用户制造、传播扰乱社会秩序，破坏社会稳定的虚假信息的，应当履行在整个微博平台删除该信息，限制或停止对制造、传播该虚假信息微博用户的服务，保持虚假信息的来源、转发数量、浏览数量等记录，向有关主管机构报告的行政义务。如果违反了该义务，根据《互联网信息服务管理办法》第二十三条的规定，视情节的轻重，社交网络服务商需要承担责令改正、吊销经营许可证和关闭网站的行政责任。

（三）社交网络服务商的刑事责任——基于“技术帮助行为”的犯罪责任

在刑事责任层面，对于微博空间情节严重的编造、传播虚假信息的行为，社交网络服务商同样有可能承担刑事责任。根据《关于办理利用信息网络实施诽谤等刑事案件适用法律若干问题的解释》（以下简称《网络诽谤解释》）的规定，在微博空间明知是虚假信息而制造、传播的可以成立诽谤罪、寻衅滋事罪，而该解释第八条进一步规定："明知他人利用信息网络实施诽谤、寻衅滋事、敲诈勒索、非法经营等犯罪，为其提供资金、场所、技术支持等帮助的，以共同犯罪论处。"由此可见，社交网络服务商为微博空间的编造、传播虚假信息的行为提供了"场所"和"技术支持"，无疑具有成立共同犯罪的空间要件。但是，社交网络服务商成立共同犯罪，承担刑事责任依然有一个前提，即"明知"，而此处的"明知"应当是指明知具体的微博用户实施了编造、传播虚假信息的行为。鉴于微博平台空间信息庞杂混乱的现状，社交网络服务商必然能够预见和认识到，微博空间中存在大量地利用其服务实施编造、传播虚假信息的行为，但这种概括的认知不能视为明知，社交网络服务商必须是对具体微博用户行为的明知。

三　社交网络服务商法律责任体系的缺陷：三重法律责任的全部评价不足

以"用户责任"为中心治理微博谣言，忽视了当前网络社会中起到主导作用的社交网络服务商的行为规范和责任认定。社交网络服务商在法律责任层面的从属地位，导致无法对其行为进行独立的评价，而最为显著的缺陷则体现在，"用户"的责任不存在或者无法确定时，属于从属地位的社交网络服务商的责任亦无法确定。

（一）社会信息的无限延展引发的民事责任评价困难

在信息时代，社会信息具有无限的延展性，信息不再受限于地理和特定的人群，而是在不同的现实场域和虚拟场域之间进行快速的流转，虚假信息亦是如此。因此，信息时代谣言开始具有了以往时代所不具有的重大破坏性，而虚假信息在不同的现实空间和虚拟空间中的流转和在虚拟空间中不同场域的流转，给当前的社交网络服务商的民事责任认定带来困难。

社交网络服务商对微博空间中的谣言承担民事责任的前提，是利用其服务的微博用户实施了民事侵权行为。然而，由于信息的无限延展性，虚假信息的编造行为和虚假信息的传播行为往往是分离的，极有可能出现微博空间中充斥着虚假信息，给他人的民事权益带来损害，但微博用户不知道自己实施了侵权行为的情况。例如，某微博用户，未经核实查证将其他网络空间的信息发布到微博空间中，结果该信息属于虚假信息并侵害了他人的民事权利，在该微博误以为该信息为真实信息时该用户是否具有民事过错？2014 年 8 月 21 日颁布的《最高人民法院关于审理利用信息网络侵害人身权益民事纠纷案件适用法律若干问题的规定》第十条规定："人民法院认定网络用户或者网络服务提供者转载网络信息行为的过错及其程度，应当综合以下因素：（一）转载主体所承担的与其性质、影响范围相适应的注意义务；（二）所转载信息侵害他人人身权益的明显程度；（三）对所转载信息是否作出实质性修改，是否添加或者修改文章标题，导致其与内容严重不符以及误导公众的可能性。"根据司法解释的精神，微博用户的转载行为并不必然具有民事过错，成立民事侵权，而当微博用户本身不构成侵权时，即便社交网络服务商明知该消息属于虚假信息，故意违反《侵权责任法》第三十六条第二、三款的义务，但由于微博用户未利用其服务实施侵权行为，依然无法认定社交网络服务商的民事责任。

（二）忽视"守门人"事先限制义务造成的行政责任缺失

社交网络服务商对于微博谣言的防控，可以通过两种方式实现。

第一，事先的限制。由于新媒体中蕴含的信息量远远大于传统媒体，在全媒体时代，每天数千亿的消息被制造和传输，在网络空间中流转，社交网络服务商无法实现像传统媒体那样，对于通过自身平台发布的消息内容进行事前的全面审查，但是社交网络服务商同样可以事先对消息的发布进行一定的限制，借助技术手段可以轻易对特定的信息和用户进行限制和跟踪。

第二，事后的审查。传统媒体一旦通过新闻渠道发布信息后，"守门行为"就基本完成，例如报纸刊发之后，报社无法再将每一份报纸的内容进行修改，只有在极为特殊的情况下，传统媒体才会对已经发布的信息进行一定的事后救济。而同传统媒体不同的是，社交网络服务商的事后审查同样是重要的"守门行为"，社交网络服务商可以根据用户发布的内容，来决定是否对该信息进行一定的处理。具体来说，主要包括以下几种方式：其一，对用户发布的内容进行推广，扩大该信息的影响；其二，对于用户发布的内容进行删除，在社交平台中消除该信息；其三，对发布特定信息的用户，进行限制发言甚至删除账号等方式进行处罚。

在全媒体时代，社交网络服务商作为新的“守门人”，应当成为保证微博空间信息发布和传播有序的主导力量。而目前我国的行政法律对于社交网络服务商义务和责任设定，集中在事后义务和事后责任。强调社交网络服务商“发现”微博用户违规行为后，才履行行政法义务，进而产生行政责任。实际上，依然是片面地强调社交网络服务商的行政责任的附属性，认为其责任应当依托于“用户”的责任，在“用户”尚未发布信息、未产生法律责任时，社交网络服务商的行为都不能产生行政责任。需要指出的是，全媒体时代的“守门人”尽管在“事前审查”层面不可能像传统媒体时代的“守门人”那样全面审查，但是，同样具有一定的进行事前限制的能力，而这种事前限制对于微博空间谣言的防控具有重要价值。目前，关于社交网络服务商行政责任的认定，仅有事后审查，完全忽视了事先的审查，“自废武功”式地放弃了能够对微博平台谣言起到重要防控的事前限制，是社交网络服务商行政责任设定中的明显缺陷。

（三）网络共同犯罪形态异化引发的刑事责任认定尴尬

上文已述，目前社交网络服务商在微博谣言犯罪中刑事责任承担方式，同样需要依托于微博用户的谣言犯罪，主要是以帮助犯的形式参与到共同犯罪之中，依然是不承认社交网络服务商行为的独立性，不单独进行刑法评价。需要注意的是《网络诽谤解释》第八条中的规定究竟属于法律的提示性规定还是承认“片面共犯”的司法解释。如果是提示性规定《网络诽谤解释》，社交网络服务商成立共同犯罪行为，依然要依照传统的共同犯罪理论进行认定。如果是承认“片面共犯”，则不需要再受传统共同犯罪理论的制约，最典型的就是，只要社交网络服务商“明知”，那么无论是否同利用微博平台实施犯罪行为的微博用户有意思联络，都可以成立共同犯罪。笔者认为，根据司法解释的精神和社交网络平台的特性，《网络诽谤解释》的规定应当属于在一定程度上承认了“片面共犯”。在信息时代，借助于虚拟性和技术性，犯罪人之间的联系越来越便捷的同时亦越来越松散，但是技术帮助行为对犯罪的重要性却明显提升，“片面共犯”理论可以解决，越来越多的共同犯罪无明显主观意思联络的难题，在一定程度上缓解了传统犯罪网络异化对刑事法律体系带来的冲击，应当允许适当地运用。

然而，即便是《网络诽谤解释》引入了“片面共犯”理论，但依然无法完全解决社交网络服务商的刑事责任尴尬。为平台内全部的传播谣言行为提供技术支持和引导，是社交网络服务商在微博谣言犯罪的危害性方面的集中体现，社交网络服务商可以通过一定的引导和后台操作，实现谣言的大范围传播，给社会秩序带来巨大的冲击和破坏，这是社交网络服务商帮助行为具有严重社会危害性的重要原因。然而，现实问题是社交网络服务商可以同时帮助多个微博用户进行谣言传播，但每个单独的微博用户并不必然成立犯罪。社交网络服务商的帮助行为所帮助的每一个单独的微博用户的传谣行为可能达不到犯罪的危害性程度，但是由于社交网络服务商帮助行为可以实现一对多的帮助行为，多个危害行为的累加，会对整个社会造成严重的危害。例如，《网络诽谤解释》第二条规定了“诽谤多人，造成恶劣影响”属于《刑法》第二百四十六条诽谤罪的严重危害社会秩序和国家利益的行为。那么当社交网络服务商故意放任微博用户诽谤他人，如果仅放任微博用户诽谤一人的，对于单一用户微博诽谤多人的行为进行限制和禁止时，由于单一的微博用户都不成立严重危害社会秩序和国家利益犯罪，因此，可能都不成立犯罪，那么社交网络服务商的共同犯罪刑事责任自然无从谈起，但是实际上微博平台中可能成千上万的人被诽谤，社会影响极为恶劣，社会危害性巨大，而起到重要帮助和推动作用的社交网络服务商却无法被追究刑事责任。

四　社交网络服务商责任体系的重构：以“平台责任”为中心的独立评价

随着网络社会的不断深化，传统的法律规则的滞后和缺陷也日益明显。网络立法更新将是未来立法的长期任务，我国会陆续出台网络法领域的一系列法律法规，如电信法、网络安全法、电子商务法、个人信息保护法、互联网信息服务法、电子政务法和未成年人网络保护条例等。其中，以微博为代表的新媒体谣言治理，减少和预防微博平台谣言，净化网络空间，维护社会整体秩序，将是立法的重要内容，而以此为契机，应当填补现有社交网络服务商法律责任体系的缺陷，重新构建以“平台责任”为中心的社交网络服务商行为独立评价的法律责任体系。

现有的微博谣言治理体系中，社交网络服务商的法律责任从属于微博用户法律责任，重“用户”轻“平台”实际上是“舍本逐末”，为了更为有效地预防和制裁微博谣言，有必要重构社交网络服务商的法律责任体系，首要任务就是实现社交网络服务商法律责任评价的独立化。

（一）社交网络服务商民事责任的重构：由连带责任转向独立责任

《侵权责任法》已经从原则上规定了社交网络服务商可以单独承担民事责任，第三十六条规定了“网络用户、网络服务提供者利用网络侵害他人民事权益的，应当承担侵权责任”。但是，由于法律在进一步责任承担中规定了“用户利用其服务实施了侵权行为为前提”，导致社交网络服务商的独立责任没有具体适用依据。实际上，针对微博空间谣言，社交网络服务商承担民事责任的情形可以分为两种情形。

第一，社交网络服务商直接实施了利用用户发布虚假信息，侵犯他人合法民事权利。例如，对特定的侵害他人名誉的虚假信息进行推广，造成虚假信息范围扩大，他人名誉的受损，此时，如果具体虚假信息来源不确定，完全可以直接基于民事法的基本原则，直接要求社交网络服务商承担独立的侵权责任，而不再去寻找具体侵权的微博用户，对于被侵权人来说亦是更为经济、有效的方式。因为，相比较躲在虚拟身份背后的微博用户，合法备案的社交网络服务商显然更适合作为被告。

第二，社交网络服务商违背了法定义务，未能对微博空间中虚假信息进行处置引发的民事责任。目前司法实践中，对于社交网络服务商的法定义务主要集中在知道其服务用户侵犯他人权益后采取措施的义务，实际上还是要依托于用户的行为。当前的社交网络服务商法定义务过于单一。然而，不依托于用户行为，社交网络服务商也应当履行技术安全保障、信息管理义务、报告义务等。由于未履行上述义务，客观上造成微博空间的虚假信息侵犯他人民事权利，同样应当承担相应的民事责任。当然，要真正实现对于社交网络服务商民事责任的独立评价，仍有一系列的具体法律问题需要修正或增补，如社交网络服务商独立承担民事责任时过错的认定，社交网络服务商法定义务的明确化、体系化，等等。最终才能实现，当社交网络服务商运营的微博空间出现了虚假信息侵犯他人民事权益时，无论该空间内的微博用户是否成立侵权，都应当存在对社交网络服务商追究民事责任的空间。

（二）社交网络服务商行政责任的重构：事先限制责任和事后审查责任的并重

目前对于社交网络服务商而言，由微博谣言引发的行政责任，都是在其服务用户发布、传输虚假信息后才成立的，即只有社交网络服务商不履行法定的事后审查义务，才会成立行政违法，而对于同样重要的预防、阻断谣言的事先限制义务的违法行为却不能引发任何的行政责任。

因此，社交网络服务商行政责任重构的第一步，应当是填补事先限制责任的不足。通过立法的方式明确社交网络服务商的事先限制义务，主要应当包含以下三个方面：其一，对于发布内容进行限制的义务，如利用计算机程序对微博用户发布内容中包含特定的“关键词”进行禁止，使之无法通过微博平台进行发布；其二，对于发布人员限制的义务，如未满足社交网络服务商要求的用户，禁止或限制其发言；其三，对于发布信息行为进行标记的义务，根据发布次数、转发数量、发布内容等因素，对特定的微博发布信息进行记录、定位，方便事后审查。

一旦社交网络服务商违背了上述义务，不用考察其服务用户的行为，直接承担相应的行政责任。同时，未来的立法应当进一步明确社交网络服务商的事后审查义务，目前的事后审查义务以社交网络服务商“发现”用户编造、传播谣言为前提，社交网络服务商往往可以通过主张未能“发现”而逃避责任。因此，有必要引入“推定明知”制度。例如，对于微博空间中粉丝达到一定数量的“大V”，被转发达到一定次数的信息，应当推定社交网络服务商明知其内容，督促社交网络服务商加强对微博空间中信息的管理。虽然社交网络服务商对微博空间中发布的全部信息都进行查阅是不现实的，但是集中于特定用户和特定信息的跟踪是完全可以实现的，这亦是社交网络服务商应当承担的社会责任。

（三）社交网络服务商刑事责任的重构：技术帮助行为的实行化

应当指出的是，相对于民事责任和行政责任，社交网络服务商的刑事责任承担，已然具有一定的独立性。《网络诽谤解释》承认了社交网络服务商可以成立“片面共犯”，可以视为一个突破。由此可见，责任成立最为严谨的刑事责任，反而走在了社交网络服务商行为独立评价的前列，从一个侧面亦可以看出，社交网络服务商民事责任和刑事责任评价的滞后。

必须指出的是，目前我国正处于社会转型期间，社会利益多元化，在一定领域各种矛盾依然十分突出，实践中不乏社交网络服务商基于自身的错误价值观刻意打压真实信息、推动虚假信息传播的行为，对于此类行为，必须予以有效的刑事制裁。社交网络服务商具有巨大的能量，例如美国学者的调查发现从 2009 年的罗马尼亚民众骚乱，到 2009 年至 2010 年的伊朗选举抗议，再到 2010 年至 2011 年的突尼斯民众抗议，再到 2011 年的埃及革命，推特公司都在其中起到了重要的推动作用。① 因此，法律规范绝不能放任社交网络服务商肆意而行，必须建立健全的法律规范体系和法律责任体系，而刑事责任则是最后的保障。

然而，正如上文所言，“片面共犯”可以解决，社交网络服务商同实施实行行为的用户缺乏共同犯罪意思联络的问题。但是，社交网络服务商通过“一对多”实施的、具体微博用户不成立犯罪的、整体危害性却巨大情形下的社交网络服务商的刑事责任却无法被追究。对此，其他相关犯罪的司法解释或许可以作为参考。2010 年最高人民法院、最高人民检察院《关于办理利用互联网、移动通讯终端、声讯台制作、复制、出版、贩卖、传播淫秽电子信息刑事案件具体应用法律若干问题的解释(二)》第六条规定，电信业务经营者、互联网信息服务提供者明知是淫秽网站，为其提供互联网接入、服务器托管、网络存储空间、通讯传输通道、代收费等服务，并收取服务费，以传播淫秽物品牟利罪定罪处罚。实际上，遵循技术帮助行为实行化的司法解释思路，可以解决社交网络服务商只能在共同犯罪下成立的刑事责任评价的尴尬。但是，通过司法解释实现的实行化，依然存在着类推解释和对帮助行为双重评价之嫌，立法更新途径应当是最优的选择。第十二届全国人民代表大会常务委员会第十六次会议审议通过并于 2015 年 11 月 1 日实施的《刑法修正案(九)》第二十九条规定：“在刑法第二百八十七条增加二条作为二百八十七条之一、二百八十七条之二，第二百八十七条之二规定，明知他人利用信息网络实施犯罪，为其犯罪提供互联网接入、服务器托管、网络存

① Ethan Zuckerman，“Could Tunisia Be the Next Twitter Revolution?”（http：//www. theatlantic. com/daily-dish/archive/2011/01/could-tunisia-be-the-next-twitter-revolution/177302/，最后访问日期：2017 年 7 月 20 日）。

储、通讯传输等技术支持，或者提供广告推广、支付结算等帮助，情节严重的，处三年以下有期徒刑或者拘役，并处或者单处罚金。”① 这一规定显然也是遵循了帮助行为实行化的思路，未来如果获得正式立法通过，将成为制裁社交网络平台犯罪的重要罪名。

第四节　微博谣言法律责任体系的“重心”——微博谣言犯罪的预防和制裁

快速网络化的中国社会，近几年面临着挥之不去的“网络雾霾”或者说“舆论雾霾”现象，那就是网络空间中的造谣传谣。盘点 2013 年十大流行语，“大 V”榜上有名：从秦某某到周禄宝，还有一些乐于传谣的网络“大 V”，他们利用网络便利，借着造谣、传谣形成所谓“影响力”，进而谋取不当利益，殊途同归而成了危害社会的“大谣”。网络谣言成为中国网络空间的独特“风景”，“谣翻中国”不仅成为一些网络“意见领袖”或者“网络推手”的追求目标，而且成为一种产业链化的盈利手段。网络谣言的数量、类型和指向对象日益增多，对于社会利益、民族利益和国家利益的冲击、实际危害日益扩大，有些公众怀疑一切信息的真实性成为一种常态心理。某些谣言已经不再是事实和真相之间的差异，它可能彻底改变甚至摧毁一个民族、一个社会固有的道德观念、价值取向和行为规范，也可能冲击、危害到具体的、现实的国家、民族利益和社会秩序，甚至产生了可能引发或者说形成现实空间中的群体性事件乃至社会动荡的危险。因此，加大对于网络谣言的法律制裁，对于危害严重的网络谣言追究刑事责任就变得非常必要了。

一　传统刑法中制裁谣言的罪名体系及其短板

传统刑法中用于制裁谣言等虚假信息的罪名体系清晰而简单：第一，针对特定个人、商业单位、商品的谣言，在制裁思路上设计了两个罪名：一是诽谤罪（实际上包括侮辱罪），制裁的是针对特定个人的诽谤性、侮

---

① 中国人大网公告：《刑法修正案（九）》（http：//www. npc. gov. cn/npc/xinwen/lfgz/flca/2014—11/03/content_ 1885029. htm，最后访问日期：2017 年 7 月 20 日）。

辱性言论，因此，谣言如果是针对特定个人的声誉毁损的，可以根据具体情节定性为侮辱罪或者诽谤罪；二是损害商业信誉、商品声誉罪，制裁的是损毁特定公司、企业信誉，或者特定公司、企业的特定商品声誉的行为，因此，针对某一特定公司、企业及其产品所编造的谣言，可以定性为损害商业信誉、商品声誉罪。第二，针对不特定个人、单位、产品的谣言，目前，在罪名设计上，只有“编造、故意传播虚假恐怖信息罪”一个罪名，用以严厉制裁意在制造社会恐慌情绪，扰乱社会秩序的行为。第三，战时的谣言犯罪罪名体系。对于军人在战时谣言惑众的，有专门的罪名即“战时造谣惑众罪”；对于非军人在战时造谣惑众的，则有“战时造谣扰乱军心罪”。因此，造谣、传谣无罪，是个纯粹的错误认识。①

但是，以上罪名体系中的巨大真空地带在于，针对不特定个人（含群体）、单位、产品的谣言等虚假信息，无论是在现实社会中还是在网络空间里，都没有恰当的罪名予以制裁，这一缺憾成为现有罪名体系在打击网络造谣方面的致命“短板”。以此为背景，司法机关尝试寻找和套用新的罪名去解决网络造谣案件的定性问题，北京市公安机关对于“秦某某”等人以寻衅滋事罪定性就是一种尝试，被称为“司法实践的一次突破”②。进而，最高人民法院发布了《网络诽谤解释》的司法解释对于这一罪名套用规则予以认可，由此在短时间内引发了全国范围内超过100起按照寻衅滋事罪立案侦查的网络造谣、传谣案件。可以推测的是，其中的多数案件最终将会没有疑问地按照寻衅滋事罪定罪处罚。

在司法解释颁行之初，按照寻衅滋事罪定罪处罚的司法规则，曾经引起了巨大质疑，问题集中在两个方面：以“寻衅滋事罪”严厉制裁日趋蔓延的网络造谣行为，究竟是这一传统口袋罪的“袋口”向网络空间中的再次张开和扩大？还是传统社会中产生的法律规则向网络空间中的合理延伸？

---

① 于志刚：《“双层社会”的形成与传统刑法的适用空间——以两高〈网络诽谤解释〉的颁行为背景的思索》，《法学》2013年第10期。

② 佚名：《网络空间也是公共场所》，《法制时报》2013年8月23日第3版。

二　寻衅滋事罪用于制裁谣言行为的背景：网络在网络犯罪中的地位演变

从网络在网络犯罪中的地位来看，网络犯罪可以分为三个阶段：第一个阶段，是网络作为犯罪对象，它本身受到犯罪分子的关注，计算机信息系统、网络本身快速地成为犯罪分子的攻击对象。第二个阶段，网络作为犯罪工具，这一阶段网络犯罪中的“网络”开始变得仅仅具有工具属性，极少再作为犯罪对象出现，此种背景下的网络犯罪，实际上就是利用网络实施某些传统犯罪，它和传统犯罪没有差别。第三个阶段，网络作为犯罪空间，近几年来，网络社会快速形成，人类社会进入了网络社会和现实社会并存的“双层社会”阶段，网络在网络犯罪中的地位，也从作为犯罪对象、犯罪工具进入了一个全新的阶段——网络空间成为一个犯罪的空间，成为一个全新的犯罪场域。

在第一阶段和第二阶段虽然网络犯罪的类型实际上没有发生变化，都是传统犯罪的网络化，二者的差异在于：网络作为“犯罪工具”的第二阶段，利用网络、计算机实施的传统犯罪，基本上只是网络因素、计算机信息系统因素介入传统犯罪而已，网络只是犯罪的一个手段。但是，在第三阶段，网络作为一个犯罪空间，开始出现一些完全不同于第二阶段的犯罪现象，它成为一些变异后的犯罪行为独有的温床和土壤，一些犯罪行为离开了网络，要么根本就无法生存，要么根本不可能爆发出令人关注的危害性，如网络空间中的编造、传播谣言行为。此类犯罪行为本质上仍然是传统犯罪，它属于传统犯罪的网络异化，虽然有可能套用传统的罪名体系，但是，如果不进行较大强度的扩张解释，传统的罪名根本无法适用于滋生于网络空间中的此类犯罪行为。

2013 年《网络诽谤解释》这一司法解释出台的历史贡献，或者说在理论上真正值得关注的问题，是它开始摸索网络犯罪第三阶段的司法难题。这一解释第五条规定“利用信息网络辱骂、恐吓他人，情节恶劣，破坏社会秩序的”，“编造虚假信息，或者明知是编造的虚假信息，在信息网络上散布，或者组织、指使人员在信息网络上散布，起哄闹事，造成公共秩序严重混乱的”，按照寻衅滋事罪定罪处罚。也就是说，它开始尝试解释在“寻衅滋事罪”之中，网络空间能否视为“公共场所”，以及寻衅滋事罪中的“公共秩序”在网络空间中的具体体现问题。

客观地讲，在当今“双层社会”的背景下，网络空间已经成为人类活动的“第二空间”，几乎和现实空间一样给人们提供了相同条件的活动场所，网络已不仅仅是社会信息交流和传播的媒介，更逐渐成为普通公众生活必不可少的一部分，极大地增加了公众的认知范围和活动领域。网络空间不仅实际地成为人类活动的“第二空间”，也成为供公众从事社会生活的重要场所和“第二社会”。因此，对于在治理网络谣言专项行动中引发争议的中心问题即“网络空间”应如何理解？它是否属于刑法意义上的“场所”？进而能否加上修饰词“公共”而使网络空间成为“公共场所”？客观地讲，即使不进行上面所说的“双层社会”客观形成的解释，仍然是可以理解的，过去相类似的司法解释实际上都得到了公众的认同。例如，无论是2005年最高人民法院、最高人民检察院《关于办理赌博刑事案件具体应用法律若干问题的解释》，还是2010年最高人民法院、最高人民检察院、公安部《关于办理网络赌博犯罪案件适用法律若干问题的意见》，都明确将赌博网站与传统的、物理性的赌博场所统一视为刑法中的“赌场”。因此，以寻衅滋事罪制裁网络空间中的编造、传播谣言行为，在解释学上和法理上是没有问题的。但是，目前需要明确的问题是“造成公共秩序严重混乱”的判断标准，这是目前影响案件办理的核心问题。

三　寻衅滋事罪用于制裁谣言行为的“歧视”与“偏爱”：过度指向“自媒体”

寻衅滋事罪用于制裁网络空间中的造谣、传谣行为，是在制裁编造、传播虚假信息的罪名体系存在缺憾和制裁真空地带的大背景下，司法解释顺势而为，根据网络在网络犯罪中的地位演变得出的司法结论。但始料未及的是，迄今为止的司法实践都倾向于将“以寻衅滋事罪定罪处罚”的司法规则适用于作为自媒体的“散户”（也就是说，“大V”[①]“水军”

① “大V”，一般指的是在微博上十分活跃并拥有众多粉丝的公众人物，通常把粉丝超过50万的微博用户称为网络“大V”。“大V”几乎都是网络上的“意见领袖”，有着不容小觑的号召力和影响力。参见佚名《盘点2013年十大流行语》（http：//news. xinhuanet. com/politics/2013—12/20/c_ 125886796_ 5. htm，最后访问日期：2017年7月20日）。

等“网络新闻个体户”），以及网络公关公司或者说网络口碑公司，同时，与这一定罪规则相关的罪名适用规则也存在着此类“偏好”：对于自媒体“散户”和网络公关公司、网络口碑公司的恶意造谣、利用传谣进行敲诈勒索、非法经营等行为，按照敲诈勒索罪、非法经营罪等罪名定罪处罚。分析最高人民法院、最高人民检察院发布的《网络诽谤解释》可以发现，不管是针对谣言构成诽谤、损害商业信誉、商品声誉的“本身恶意行为”，还是针对非法经营、敲诈勒索的“目的恶意行为”，都主要针对的是自媒体时代的“大V”责任、网络公司责任，从出台背景来看，在于利用新媒体平台实施编造、传播谣言犯罪的日益猖獗。

不仅司法文件有如此“偏见”，司法实践也一直对“新闻个体户”与“网络口碑公司”“青睐有加”。例如，2005年10月，南京大学陈堂发副教授一纸诉状将中国博客网告上法庭。原告在中国博客网上发现一个名为“长套袜”的博客网页上有一篇《烂人烂教材》的文章，指名道姓地对他进行“辱骂和攻击”，此案被称为“中国博客第一案”，打击的就是“网络新闻个体户”。2013年，北京警方经过缜密侦查，成功摧毁北京口碑互动营销策划有限公司（以下简称口碑公司）等6个公关公司勾结部分中介和网站工作人员，从事有偿提供删除信息服务的非法经营犯罪“网络”，抓获涉嫌非法经营罪、对非国家工作人员行贿罪、非国家工作人员受贿罪的违法犯罪嫌疑人数十名，涉案金额1000余万元，此案针对的即是“网络口碑公司”这样的新兴“网络信息发布单位”。2013年，面对“网络谣言漫天飞舞”、网络谣言直接“落地”严重影响现实社会秩序的背景，公安机关在全国范围内开展了打击网络造谣违法犯罪行为的专项行动，有关造谣违法犯罪的案件频现报端，引发了全社会的公众关注：“秦某某”“立二拆四”等人因涉嫌寻衅滋事罪和非法经营罪被北京警方刑事拘留，“中石化女处长牛郎门”谣言炮制者被上海警方刑事拘留……在短短两个月左右的时间内抓获大量网络造谣违法犯罪行为人。例如，山西省刑拘49人、批捕23人，河南省批捕131人，陕西省22人被批捕，浙江省行政处罚68人……这些数据，一方面反映了司法机关打击网络造谣等涉网违法犯罪案件的决心和力度，但另一方面也不免令人产生“矫枉过正”的感觉，给后续的司法审判环节在定罪依据等方面留下了巨大的压力。

无论目前对于“新闻个体户”“网络口碑公司”的“司法偏爱”是否属于“矫枉过正”，应当引发关注和深度思索的一个问题是：现行司法解释和司法实践对于传统媒体发布虚假信息、造谣传谣的关注力度远远不如对于“自媒体”的关注。那么，是否在自媒体时代，传统媒体编造、传播虚假信息的刑事责任问题就不再值得关注了呢？或者说，两类媒体是否存在着“刑法面前人人平等原则”的适用问题呢？

回顾过去几十年，无论是源于传统媒体的信息生产、发布机制，还是源于中国信息管理的特有机制，传统媒体在中国作为合法登记的“大户人家”，在编造、传播谣言等虚假信息方面发生率极低，受到刑事追究的案件更为稀少，在偶发的案件之中，罪名的适用也必然是慎之又慎的。但是，网络时代和全媒体时代的到来，让传统媒体编造、传播信息的偶发事件被无限放大，引发全社会的关注；同时，传统媒体网络化倾向的逐渐强化，也让传统媒体实施编造、传播谣言的可能性大为增加。2013年“新快报事件”或者说“陈永洲事件”就是典型一例：经调查，从2012年9月26日至2013年8月8日，新快报记者陈永洲等人在未到中联重科公司进行实地调查核实的情况下，捏造虚假事实，通过其媒体平台发表关于中联重科的负面文章共18篇，其中陈永洲署名的文章14篇。2013年6月，中联重科公司曾就此事专门派员前往新快报社进行沟通，要求报社到中联重科公司进行实地调查和了解真实情况，停止捏造、污蔑和诋毁行为。但新快报社和陈永洲不顾中联重科公司的要求，仍然继续发表关于中联重科公司的负面文章，中联重科公司被迫报案。经公安机关侦查，认定嫌疑人陈永洲捏造并散布虚伪事实，损害中联重科公司的商业信誉，给中联重科公司造成重大损失，涉嫌损害商业信誉罪，于10月19日批准对于犯罪嫌疑人陈永洲采取刑事拘留的强制措施。[①] 由于此案指向是特定的公司，因此，在定罪上涉及的罪名无非是“非国家工作人员受贿罪”和“损害商业信誉罪”两个罪名。但是，如果此案指向的是“不特定”的公司或者个人，对于陈永洲和新快报是否能够同样按照“寻衅滋事罪”定罪处罚呢？

---

① 丁文杰等：《〈新快报〉记者被刑拘事件追踪》（http：//news. xinhuanet. com/legal/2013—10/23/c_ 117844467. htm，最后访问日期：2017年7月20日）。

从中国媒体的演变过程来看，媒体经历了“公有事业单位”到“私有企业单位”再到“新闻个体户”的变化历程，而且现在处于三者共存的状态。但是，目前的司法格局是，司法实践和司法解释重点关注的仅仅是“散户”“新闻个体户”们编造、传播虚假信息的行为。由此引发的思索就成为：“传统媒体”和“自媒体”两者适用的罪名体系之间是否应当、是否可以在全媒体时代实现贯通呢？

四　全媒体时代制裁编造、传播虚假信息的基本思路与未来方向

中国媒体在过去20年内经历了由公到私、由单位到个体的结构变迁（传播行为主体则经历了从“传统公有事业单位”到“传统私有企业性质单位”再到“新型网络私有企业”再到“新型网络新闻个体户”的变化历程，且形成共存状态），信息生产和传播机制也经历了由审核、备案到自由发布的阶段。对于媒体实施的编造、传播虚假信息的行为，在制裁思路上应当着重考虑以下两个方面。

（一）寻衅滋事罪在全媒体时代的平等适用：基于行为性质而非行为主体

客观地讲，制裁传统媒体的内容违法的罪名体系（煽动颠覆国家政权、民族仇恨、民族歧视、煽动暴力抗拒法律实施等煽动型罪名，以及诽谤、损害商业信誉、商品声誉、编造、传播虚假恐怖信息等编造、传播虚假信息型罪名），当然可以而且必须适用于制裁“自媒体”的同样行为。但是，对于传统罪名进行扩张解释，用于严厉制裁“自媒体”的传统罪名（例如，在网络空间中编造、传播谣言按照“寻衅滋事罪”定罪处罚），由于此类罪名本身就是在传统媒体时代出台的，只是在全媒体时代开始在另一个侧面受到关注。因此，原本制裁传统媒体时被长期忽视的此类罪名，既然可以在面对“自媒体”时焕发出新的活力，那么，对于在全媒体时代的传统媒体而言，此类罪名当然要适用于传统媒体实施的同类犯罪行为。

当然，将“寻衅滋事罪”用于制裁传统媒体实施的编造、传播虚假信息行为，也可能存在一些理解上的误区和障碍。最大的问题是，由于《网络诽谤解释》只适用于“利用信息网络实施”的犯罪行为，因此，“寻衅滋事罪”这一罪名对于传统媒体而言，在平等适用于现实空间和网

络空间时就有了问题：就目前而言，仍然可以按照“寻衅滋事罪”追究传统媒体在网络空间中编造、传播谣言的刑事责任，但是，无法制裁传统媒体在现实空间中的传统纸媒、音频媒体、视频媒体上编造、传播谣言的行为。对此，笔者认为，虽然司法解释规定了自身的时空效力范围是“利用信息网络实施”的案件，但是，全媒体时代不是“传统媒体”和“自媒体”的二元并存和对立，更不是传统媒体与网络平台的完全割裂和对立，而是多种媒体类型的同时存在，是传统信息发布平台和网络发布平台的共存。尤其应当指出的是，对于在全媒体时代的传统媒体而言，传统媒体和网络平台媒体之间的互动和内容互换异常迅速，达到了超乎寻常的速度，现实空间中的传统纸媒、音频媒体、视频媒体上的信息，往往是“自媒体”的主要信息来源，是二者的重合部分。因此，信息或者说谣言由“现实空间中的传统纸媒、音频媒体、视频媒体”跳转、平移、转换到“自媒体”等网络信息平台上的时间间隔几乎可以视为零；同时，传统媒体也基本上都有了自身的网络“版本”，任何一个报纸、广播电台、电视台，都有自己的现实版和网络版，信息发布在传统纸质、音频和视频平台的同时，会同步或者稍稍晚一点自动在自身的网络“版本”上予以发布。因此，尽管司法解释本身存在着“时空范围”上的适用限制，但是，这一点在司法效果和理论上丝毫不会影响到“寻衅滋事罪”适用于制裁传统媒体编造、传播虚假信息行为的准确性，这一罪名完全可以适用于传统媒体实施的同类犯罪行为。换言之，传统媒体无论是在现实空间还是在网络空间中编造、传播谣言等虚假信息的，都要承担起应负的刑事责任。应当强调的是，在确定《网络诽谤解释》适用范围时，应当更为关注“行为性质”“行为结果”，而不是“行为主体”。

（二）问题的根本解决之道：编造、传播虚假信息制裁体系的罪名扩容

追根溯源，在通过理论解释解决了“寻衅滋事罪”适用于传统媒体和自媒体之间的“平等适用”问题之后，一个更值得重视和研究的根本性问题是，全媒体时代编造、传播虚假信息的刑事制裁在罪名体系上存在的缺陷必须解决。

1. 现有罪名体系的缺憾：刑法视野中的“虚假信息”范围过于狭窄

如前所述，现行刑法中制裁编造、传播虚假信息的罪名体系存在一

个明显的缺憾：针对非特定个人、单位、产品等的谣言，无论后果多么严重，只要谣言没有被定性为“虚假恐怖信息”，就无法进入刑法的打击半径。例如，对不特定个人，而是针对特定人群的造谣、传谣行为无法制裁，如“5000名警察列队参加婚礼”，“某刑警学院某级缉毒警察全部牺牲”，等等；针对不特定单位，或者是不属于任何一个单位的某一类产品，或者任何其他类型的造谣、传谣行为实际上无法制裁。但是，由于部分虚假新闻影响过于恶劣，实际上是采取了过度“扩张解释”的打“擦边球”的方式。例如，北京电视台“纸馅包子”虚假新闻事件。然而，每年大量出现的其他针对地方特产等的虚假信息，仍然无法予以制裁，如“广元蛆虫柑橘”事件，等等。①

基于以上分析可以发现，现有罪名体系的缺憾实际上已经直接聚焦在一个点之上，能够进入刑法视野中的“虚假信息”的范围过于狭窄，仅仅局限于“虚假恐怖信息”。面对网络空间中“汹涌澎湃”、具有强大冲击力、侵蚀力和破坏力的虚假信息，现行刑法典中用于制裁“虚假信息”的罪名体系应当予以增容性完善，这是问题解决的根本之道。具体的建议是：修订“编造、故意传播虚假恐怖信息罪”，将这一罪名的适用范围予以扩大，从仅仅制裁“编造、故意传播”虚假的“恐怖信息”，扩展到制裁“编造、故意传播”所有的“严重危害社会秩序和国家利益”的虚假信息。笔者认为，此种扩展的立法依据是客观存在的，在针对特定个人的诽谤罪、侮辱罪之中，如果诽谤、侮辱行为已经“严重危害社会秩序和国家利益”，则诽谤罪、侮辱罪由“告诉才处理犯罪”转化为“公诉犯罪”；那么，在针对不特定人群、单位、产品等的谣言之中，如果谣言客观上已经“严重危害社会秩序和国家利益”，则对于这一谣言的制裁由行政制裁提升为刑事制裁，应当是可以接受的。

2. 另一个视角：“寻衅滋事罪”和“编造、故意传播虚假恐怖信息罪”之间的关系

对于编造、传播“虚假信息”的案件，按照寻衅滋事罪处罚的标准，是“严重扰乱公共秩序”。根据《网络诽谤解释》第五条的规定，编造虚假信息，或者明知是编造的虚假信息，在信息网络上散布，或者组织、

---

① 于志刚：《制裁谣言的罪名体系需扩大》，《法制日报》2012年2月4日第7版。

指使人员在信息网络上散布，起哄闹事，造成“公共秩序严重混乱”的，以寻衅滋事罪定罪处罚。但是，如果属于虚假的“恐怖信息”，达到“严重扰乱社会秩序”标准的，则按照编造、故意传播虚假恐怖信息罪定罪处罚。

在“严重扰乱社会秩序”和“严重扰乱公共秩序”基本可以画等号的基础上，可以发现，如果是编造、故意传播“严重危害公共秩序”的虚假而不是“恐怖”的信息，就定性为“寻衅滋事罪”；如果是虚假且“恐怖”的信息，则定性为“编造、故意传播虚假恐怖信息罪”。由此可见，在制裁“编造、传播虚假信息”这一问题上，“寻衅滋事罪”和“编造、故意传播虚假恐怖信息罪”之间，实际上是一个“兜底型”罪名和“专用罪名”的关系。客观地讲，寻衅滋事罪在传统空间中就是一个“口袋罪”，虽然伴随着“网络在网络犯罪中的地位演变”这一背景，可以用于制裁“网络空间”中编造、传播虚假信息的行为，但是，实际上它仍然是缺乏制裁“严重危害社会秩序和国家利益”的虚假信息（且非恐怖信息）的编造、传播行为的一个“不得已而为之”的解释。因此，与其让两个罪名之间存在这样一种奇怪的互补关系，且引起广泛的质疑和争议，从而引发为网络时代“公共秩序”如何判定的司法难题，不如将《刑法》第二百九十一条的“编造、故意传播虚假恐怖信息罪”中的虚假信息类型予以扩展，扩大为“严重危害社会秩序和国家利益”的“虚假信息”。

除了能够对于罪名关系的复杂问题予以简单化处理之外，修订《刑法》第二百九十一条“编造、故意传播虚假恐怖信息罪”的客观效益至少还有两点：第一是这一罪名扩容的必要性在传统媒体“一家独大”的时期并不凸显。因为传统媒体的信息生产、传播机制是要求事先过滤的，所以“严重危害社会秩序和国家利益”的虚假信息是基本上不可能大行其道的。但是，在全媒体时代，“全民皆记”，信息生产和传播机制发生了根本变化，过滤机制的前在性荡然无存，“严重危害社会秩序和国家利益”的虚假信息完全可能而且是已经开始泛滥于网络空间。然而，却限于“虚假信息”的“恐怖”限定要求而引发的制裁瓶颈和解释危机，实际上可以成为刑法在信息时代考虑自我调整的一个必要节点和难得契机。第二是这一罪名扩容解决了“平等适用”刑法的基本要求。“刑法面前人人平等原则”在适用上的要求之一，是立法内容在原则上能够以相似的可能性适用于不同主体，而不能“偏爱”某些主体，或者“歧视”其他行为主体。扩容这一罪名，可以解决前述论及的差异化甚至是两极化罪名适用问题。

第五节 微博谣言罪名体系的扩展——微博犯罪罪名体系的整体性重构

根据中国互联网络信息中心（CNNIC）于2014年1月最新发布的《第33次中国互联网络发展状况统计报告》，微博在2013年的用户规模为28078万，网民使用率为45.5%；2012—2013年手机网民各类应用使用率中手机微博占39.3%；2013年微信聚集了语音以及二维码扫描输入功能，带动了网民使用这些新的输入方式，并在搜索信息时使用；使用手机浏览的网站类型中微博占42.6%；各种网络营销方式的使用率中微博营销推广占20.7%。

由上可见，微博在人们的工作和生活中，依然扮演了不可忽视的角色。令人忧心的是，微博这一网络应用在成为人们工作和生活的重要平台的同时，也正为违法犯罪行为人所利用，成为微博犯罪的犯罪对象、犯罪工具和犯罪空间。微博犯罪不仅可以危及公共安全，也可危及国家安全；不仅有害于公民的人身权利，而且还有害于公民的财产权利；不仅可对正常的市场秩序产生冲击，也可对稳定的社会秩序进行挑战。所以，系统地总结信息时代的微博犯罪，分析和反思对微博犯罪的刑法应对策略，不仅为维护人们的正常生活和工作所需，也为刑法的贯彻施行所需。

一 微博犯罪的基本类型分析

面对纷繁复杂的微博犯罪，要分析其基本类型，就应当厘清微博犯罪上位概念的时代背景，那就是“网络犯罪的类型演变和当前态势”①。

① 于志刚、郭旨龙：《“双层社会”与“公共场所秩序严重混乱”的认定》，《华东政法大学学报》2013年第3期。

网络犯罪发展到今天，其基本的类型经历了网络作为犯罪对象的网络犯罪、网络作为犯罪工具的网络犯罪和网络作为犯罪空间的网络犯罪的演变轨迹。在当前形成了三种基本类型并存的基本态势：网络作为犯罪对象的网络犯罪虽非主流但依然存在，网络作为犯罪工具的网络犯罪正是主体部分且不断变异，网络作为犯罪空间的网络犯罪迅猛增长且日趋重要。在此网络犯罪类型的演变和当前态势的时代背景下，可以对微博犯罪的基本类型进行系统和有效的梳理。

（一）微博作为犯罪对象依然可能

在当前阶段，微博作为犯罪对象依然可能，但不再是案件的主体部分。微博作为犯罪对象意味着正常的微博活动应当受到刑法的保护。2011 年《最高人民法院、最高人民检察院关于办理危害计算机信息系统安全刑事案件应用法律若干问题的解释》中集中规定了计算机和网络作为犯罪对象时的定罪量刑问题。具体到微博作为犯罪对象，可能出现的情形主要有三种。

1. 非法获取计算机信息系统数据

该司法解释第一条规定："非法获取计算机信息系统数据或者非法控制计算机信息系统，具有下列情形之一的，应当认定为刑法第二百八十五条第二款规定的'情节严重'：（一）获取支付结算、证券交易、期货交易等网络金融服务的身份认证信息十组以上的；（二）获取第（一）项以外的身份认证信息五百组以上的……"微博账号可能成为这里的"第（一）项以外的身份认证信息"。信息时代的微博是重要的信息传播工具，无论是单纯为了传播特定信息，还是出于营销目的而传播信息，都可能存在通过信息技术手段非法获取他人微博账号的行为。此时应当认定为非法获取计算机信息系统数据行为，如果行为人的行为达到"五百组以上的"入罪标准，就应当作为刑事案件处理。当然，从不同的角度看待微博数据，也可能得出侵害微博数据行为的不同定性结论。例如，非法获取微博用户个人信息的，可能触犯非法获取公民个人信息罪。

2. 破坏计算机信息系统功能、数据或者应用程序

该司法解释第四条规定："破坏计算机信息系统功能、数据或者应用程序，具有下列情形之一的，应当认定为刑法第二百八十六条第一款和

第二款规定的‘后果严重’……（二）对二十台以上计算机信息系统中存储、处理或者传输的数据进行删除、修改、增加操作的……（四）造成为一百台以上计算机信息系统提供域名解析、身份认证、计费等基础服务或者为一万以上用户提供服务的计算机信息系统不能正常运行累计一小时以上的……”第二项规定的定量标准是针对微博用户的计算机而言的，如果行为人对用户计算机上的微博数据和应用程序进行攻击，造成该项规定的后果的，就认定为破坏计算机信息系统数据或者应用程序，以破坏计算机信息系统罪论处；第四项规定的定量标准是针对微博服务提供商的计算机而言的，如果行为人对服务商计算机的功能、数据或者应用程序进行攻击，造成该项规定的后果的，也应以破坏计算机信息系统罪论处。

3. 掩饰、隐瞒犯罪所得

该司法解释第七条规定：“明知是非法获取计算机信息系统数据犯罪所获取的数据……而予以转移、收购、代为销售或者以其他方法掩饰、隐瞒，违法所得五千元以上的，应当依照刑法第三百一十二条第一款的规定，以掩饰、隐瞒犯罪所得罪定罪处罚。”该条对应的是上述第一种情形，是微博作为犯罪对象的犯罪链条的下端。具体而言，明知是非法获取计算机信息系统数据犯罪所获取的微博账号而予以转移、收购、代为销售或者以其他方法掩饰、隐瞒的，就涉嫌该罪。所以，对于接收大量不明非法账号的行为人而言，其行为无疑要经受该条的“考验”，标准就是其是否“明知”这些微博账号的来源性质。

（二）微博作为犯罪工具最为常见

微博作为犯罪工具最为常见，是指进入司法程序的微博犯罪几乎都是这一类型。犯罪行为人在微博诞生之初，就迅速发现了这一全新犯罪工具的潜能，不断花样翻新地利用起来。微博作为犯罪工具的犯罪可以分为两种。

1. 完全可以在微博上完成的犯罪

这是指利用微博就能完成整个犯罪过程的犯罪，主要是利用微博发布违反法律规定的信息的行为。例如，传播淫秽物品；再如，利用邪教组织破坏法律实施：将从境外明慧网上下载的大量“法轮功”组织的图文、图片及视频上传于其在互联网上开设的“腾讯”微博个人主页中，以公开方式供网民浏览；又如滥用职权发布信息：如薄熙来案中发布王立军接受“休假式治疗”的微博是不是滥用职权成为争议焦点之一，以及大规模不当转发他人“具有独创性的微博”[①] 涉嫌侵犯著作权罪的。此外，各种微博煽动型犯罪，如发微博煽动暴力抗拒法律实施的，[②] 也属于此种类型。

2. 需要其他行为进行配套才能完成的犯罪

这是指单纯利用微博进行信息传输不能完成整个犯罪行为的情形。换言之，微博行为只是预备行为或者虽然属于实行行为但只是实行行为的一部分，若就此截断其行为链条，只能认定为犯罪预备或者犯罪未遂或者犯罪中止，而不可能认定为犯罪既遂。这种情形又分为两种：第一，其他行为在传统物理空间中进行。如在微博上发布销售假冒注册商标的商品等违法商品的信息，然后在线下完成交易，当然也有特殊“商品”，如伪造国家机关证件、印章，伪造公司、企业、事业单位印章，伪造居民身份证，伪造武装部队印章等官方信件，此种发布交易信息的行为可以认定为实行行为；还有预备行为，如发微博约人后予以非法拘禁的行为。第二，其他行为也可以在网络空间中进行。这主要是指发布诈骗、敲诈勒索信息后，财物的获取也在网上完成的情形；也包括在互联网上开设赌场，而通过网络微博发帖招募会员的情形。

（三）微博作为犯罪空间正当其时

微博作为犯罪空间正当其时，是指微博越来越成为人们生活乃至工作的重要平台，也频频成为犯罪人的犯罪空间。

1. 显性的犯罪空间

在刑法条文中，有不少明确指向“场所”“场”“场合”“区域”等场域，如果这些犯罪要适用于微博空间，那就意味着必然将微博空间作为犯罪空间。例如，在许某某聚众扰乱公共场所秩序案中，行为人分别在其网易微博和腾讯微博上发过“7 月 5 日上午九点半教育部请愿，欢迎围观”的消息。当然，在此类案件的办理中，司法机关介入的前提还是要有扰乱传统物理空间的秩序混乱，也就是认为微博上的聚众只是预备

① 袁定波：《独创性微博受著作权法保护》，《法制日报》2013 年 1 月 26 日第 5 版。

② 练情情：《发微博造谣获刑一年半》，《广州日报》2011 年 7 月 6 日第 3 版。

行为。与此形成对比的是寻衅滋事罪的适用，认可了微博空间作为独立犯罪空间的地位。例如，在秦某某案中，行为人造谣、传谣三千余条，其中在网上炮制虚假新闻、故意歪曲事实的行为，被认定为“在公共场所起哄闹事，造成公共场所秩序严重混乱”。

2. 隐性的犯罪空间

这主要是指微博作为诽谤行为的平台，但却被一般认为微博此时是作为犯罪工具。其实，诽谤和其他网络谣言犯罪，都是利用网络作为虚假信息犯罪的犯罪空间，只是其罪行条款中没有明确提到上述“场域”而已。例如，在秦某某案中的网络谣言行为被分别认定为寻衅滋事和诽谤，但是微博不可能在诽谤中是犯罪工具，而在寻衅滋事中是犯罪空间，这不符合法律适用的一致性要求。

二 微博犯罪的罪名体系分析

分析微博犯罪的基本类型，是为了在整体上把握微博犯罪的罪情变化与当代态势。但是，对于微博犯罪的研究最终还是应当落实到微博犯罪具体案件的办理当中才有意义。上述对微博犯罪的基本类型的分析间接地、部分地触及了微博犯罪的罪名体系问题。这一问题仍需要直接而全面的分析。

（一）微博犯罪的罪名体系概况

微博的产生意味着媒体主体变化，导致媒体结构变迁、信息生产和传播机制变化，而相应的立法变化与司法罪名适用也历历在目。[①]

微博犯罪刑事责任罪名体系的适用总结。微博媒体时代的罪名体系更为庞杂，原来在传统媒体时代不常适用于媒体行为的罪名，如非法经营、敲诈勒索、强迫经营乃至寻衅滋事，在微博媒体时代却“大行其道”。表 2-2 显示的是微博时代的微博犯罪罪名适用体系。

---

① 于志刚：《全媒体时代与制作、传播虚假信息的制裁思路》，《法学论坛》2014 年第 2 期。

表2－2　　微博时代的微博犯罪罪名适用体系

行为性质	具体罪名	罪名归属	适用情况
内容行为	诽谤罪，侮辱罪，损害商业信誉、商品声誉罪，编造、传播虚假恐怖信息罪	侵犯公民人身权利罪，破坏社会主义市场经济秩序罪，妨害社会管理秩序罪	延续至今，仍可大量适用
	煽动颠覆国家政权罪，出售、非法提供公民个人信息罪，煽动民族仇恨、民族歧视罪，煽动暴力抗拒法律实施罪，传播淫秽物品罪，战时造谣惑众罪	危害国家安全罪，侵犯公民人身权利、民主权利罪，妨害社会管理秩序罪，军人违反职责罪	延续至今，仍可少量适用
图利行为	非法经营，强迫交易，敲诈勒索	破坏社会主义市场经济秩序罪，侵犯财产罪	至今方可大量套用
其他行为	寻衅滋事	妨害社会管理秩序罪	至今方可大量套用

相比之下，传统媒体时代出台的罪名（煽动颠覆国家政权罪，煽动民族仇恨、民族歧视罪，煽动暴力抗拒法律实施罪，诽谤罪，损害商业信誉、商品声誉罪，编造、传播虚假恐怖信息罪）针对的是其行为本身的恶，固然能够对传统媒体的失范行为进行刑事规制，但在新型微博媒体时代也能适用于新形式的传播行为；同理，传统媒体时代出台的针对目的性恶的行为，如受贿罪（包括非国家工作人员受贿）、虚假广告罪等，也能延伸适用于新媒体时代的微博传播行为。至于《刑法修正案（七）》增设出售、非法提供公民个人信息罪（要求单位工作人员）、非法获取公民个人信息罪也是延续至今仍可套用。表2－3显示的是微博时代的传统媒体罪名适用体系。

表2-3　　　　微博时代的传统媒体罪名适用体系

行为性质	具体罪名	罪名归属	适用情况
内容行为	诽谤罪，侮辱罪，损害商业信誉、商品声誉罪，虚假广告罪，编造、传播虚假恐怖信息罪	侵犯公民人身权利罪，破坏社会主义市场经济秩序罪，妨害社会管理秩序罪	延续至今，仍可少量适用
	煽动颠覆国家政权罪，出售、非法提供公民个人信息罪，煽动民族仇恨、民族歧视罪，煽动暴力抗拒法律实施罪，传播淫秽物品罪，战时造谣惑众罪	危害国家安全罪，侵犯公民人身权利、民主权利罪，妨害社会管理秩序罪，军人违反职责罪	延续至今，仍可少量适用
图利行为	受贿罪，单位受贿罪，非国家工作人员受贿罪	贪污贿赂罪，破坏社会主义市场经济秩序罪	延续至今，仍可大量适用

这些罪名是在传统媒体时代出台的，这本身就说明其对传统媒体的微博行为也是可以适用的。在新媒体时代大量适用这些罪名的背景“照耀”下，这些原本为传统媒体所忽视的罪名，反而应当而且可以焕发出新的活力，在微博时代适用于传统媒体利用新媒体进行的一系列失范行为。换言之，应当认为，传统媒体在网络空间中利用微博造谣的，传统媒体仍然要负刑事责任，该网络谣言司法解释仍然适用于传统媒体行为群体，不仅仅用于微博“散户”、网络公司等新媒体主体。毕竟比起行为主体，罪名的适用更加关注行为性质。

（二）微博犯罪罪名适用分析

对于上述罪名体系中具体罪名的适用，许多情形下只要查清全面事实即可准确适用。例如，编造、传播虚假恐怖信息的行为：“自来水里的避孕药”，“舟山人头发里汞超标”，“南京猪肉含铅超标”，“惠州猪肝铜超标”，等等，诸多不实微博背后，牵出的是一个“环保专家”与网络“大V”相互“合作”，借“科普”之名，行编造、传播虚假信息之实，从而扩大人气影响，为自己的净水产品打开市场的恐慌营销骗局。[①] 对此类恐慌营销骗局的定性应该不难理解。但是，微博犯罪的情形千奇百怪，总有一些案件的定性困扰办案人员，或者因定量问题影响违法与犯罪之间的定性。

1. 定性的关键：对刑法条文罪状中的“关键词”进行微博时代背景下的适当解释

对于微博犯罪的准确定性，需要对刑法条文罪状中的“关键词”进行微博时代背景下的适当解释。

（1）微博作为犯罪对象时的“关键词”解释。这主要涉及的是微博承载的财产利益犯罪定性问题。信息时代的社交网络日益发达，其核心资源即为好友数量和粉丝数量。随着粉丝数量的增长，用户的发言有越来越多的转发和评论。希望更多互动和关注是买粉的最直接原因。而买卖粉丝是有潜在风险的，购买了粉丝的微博用户，就应当更加谨慎地发布微博，避免侵犯他人的合法权益。因为一旦侵权，粉丝数量也是对方可以举证侵权伤害程度的因素，不管粉丝来源如何。在电商信用领域，网店商家买卖微博粉丝，毫无疑问涉嫌欺诈经营。同时这也是伤害用户体验的行为。与虚拟货币等网上交易相比，僵尸粉买卖的经济价值并不是很大，团伙也比较小，现在还没有人专门联合警方对此进行刑事打击。[②] 但是，不排除未来对买卖粉丝行为进行刑事打击的可能性，而且针对和利用粉丝的行为不仅仅限于买卖。类似的人人好友、QQ 好友等好友数量也成为新时代的“香饽饽”，在信息传播等领域十分关键。例如，在新浪微博中，“关注”是指你关注的人，而“粉丝”则是指关注你的人。在登录微博后，右侧头像下方会显示你关注的人数和关注你的人数。你“关注”的人越多，则你获取的信息量相对越大。你的“粉丝”越多，则表明你发表的微博可能会被越多人看到。[③] 通过对这些微博资源进行财产

---

① 《“环保专家”董良杰涉寻衅滋事被拘，师从薛蛮子》（http：//news. xinhuanet. com/yuqing/2013—09/29/c_ 125467642_ 2. htm，最后访问日期：2017 年 7 月 20 日）。

② 《揭微博僵尸粉买卖乱象：明码标价团队运营》（http：//news. sohu. com/20130315/n368968122. shtml，最后访问日期：2017 年 7 月 20 日）。

③ 于志刚、郭旨龙：《信息时代犯罪定量标准的体系化构建》，中国法制出版社 2013 年版，第 197—198 页。

化的解释，就可以认定为相关的财产犯罪。

（2）微博作为犯罪工具时的“关键词”解释。这主要涉及的刑法关键词是“经营”。对于网络水军、网络公关公司通过信息网络中的微博有偿提供删除信息服务，或者明知是虚假信息，通过信息网络有偿提供发布信息等服务，自然融入“互联网信息服务市场管理秩序”①，应当认定为微博时代刑法上的“经营”活动，如果未依照行政法规《互联网信息服务管理办法》办理相关许可，应当认定为非法经营。该办法第三条规定：“互联网信息服务分为经营性和非经营性两类。经营性互联网信息服务，是指通过互联网向上网用户有偿提供信息或者网页制作等服务活动。非经营性互联网信息服务，是指通过互联网向上网用户无偿提供具有公开性、共享性信息的服务活动。”第七条规定：“从事经营性互联网信息服务，应当向省、自治区、直辖市电信管理机构或者国务院信息产业主管部门申请办理互联网信息服务增值电信业务经营许可证（以下简称经营许可证）。”认定为非法经营之后，根据《最高人民法院、最高人民检察院关于办理利用信息网络实施诽谤等刑事案件适用法律若干问题的解释》第七条，个人非法经营数额在五万元以上，或者违法所得数额在二万元以上的，单位非法经营数额在十五万元以上，或者违法所得数额在五万元以上的，应当定罪处罚。

（3）微博作为犯罪空间时的“关键词”解释。这主要是将微博解释为刑法上的“公共场所”，将微博秩序解释为“公共场所秩序”。根据《中华人民共和国公共场所管理条例》规定，公共场所是提供公众进行工作、学习、经济、文化、社交、娱乐、体育、参观、医疗、卫生、休息、旅游和满足部分生活需求所使用的一切公用场所及其设施的总称。根据传统的关于公共场所的定义，不难发现它仅仅限于实体的、现实的人类活动空间。② 但是，在网络社会不断成熟的今天，网络场域和网络群体不断丰富和完善，必须对于它们的正常活动予以法律保障。微博空间和微

---

① 戴长林主编：《网络犯罪司法实务研究及相关司法解释理解与适用》，人民法院出版社2013年版，第195页。

② 于志刚：《“双层社会”的形成与传统刑法的适用空间——以两高〈网络诽谤解释〉的颁行为背景的思索》，《法学》2013年第10期。

博用户就是这种情形之一。因此，在“网络空间”可以认定为“空间”“场所”的共识背景下，对于具有公共性质的“微博空间”认定为“公共场所”，可以形成共识；进而对于一些形成一定规模的微博平台认定为公共场所，对于鼓动、利用或者蒙骗普通网民，或者利用网络水军在这些平台上实施不良的网络言行，影响网络空间中或者现实社会的正常活动和秩序的，应当认定为扰乱了相关社会秩序、公共场所秩序，可具体认定为聚众扰乱社会秩序罪、聚众扰乱公共场所秩序罪、寻衅滋事罪等妨害秩序的罪名。

2. 定量的需求：结合微博技术特性适用合理的立案追诉标准

结合微博技术特性，在立法或者司法解释对信息传播行为未明确要求情节严重的入罪条件时，在采用信息技术进行传播的情形中一般可以认为是规定了行为犯，适用一次行为的标准。例如，常见的微博传播虚假信息进行诈骗的情形包括招摇撞骗罪，但其刑法条文表述只有行为，而无其他要求，实践中行为人在网络空间中招摇撞骗也适用一次行为的标准。例如，一“警花”发微博天天陪领导吃喝，还配发自己穿制服和黑丝袜的照片，一时间吸引了无数关注，其中也招来一片质疑，而殊不知这名“警花”只是个模特，发布的也是一些艺术照。北京市丰台区人民法院经审理认为，王某冒充警察招摇撞骗，最终以招摇撞骗罪判处王某有期徒刑九个月，缓刑一年。[①] 据悉，王某也是因冒充警察发帖获刑的第一人。因冒充警察而被定罪量刑的早已有之，并不鲜见，但王某大概是“获取”此罪最“容易”的。以往的冒充警察的罪犯，或为了炫耀，或为骗财、骗色，往往要买假警服、买伪造的证件，还要走出去，扮作警察的样子，让人相信自己是警察。要完成一个冒充警察的犯罪流程，起码也得好几天。而王某此次犯罪，不过上传几张照片，写上几句文字，手快的话，几分钟就可搞定。坐在电脑前冒充警察，与传统的此类犯罪相比，可谓省时、省事、省钱，但危害却不小，王某的这条微博从发出到删除，时间不长，累计被转发500余次、评论300余次。网络是个好东

① 《模特假冒警花微博发黑丝照 因招摇撞骗罪判缓刑》（http://news.china.com.cn/shehui/2012—11/27/content_27234641.htm，最后访问日期：2017年7月20日）。

西，但也“害人”，它使得一些犯罪行为变得很简单。[①] 可见信息时代网络违法犯罪的社会危害性很容易达致应受刑罚惩罚的程度，但刑罚并不因为这个事实而降低对行为人的要求，而是一体适用同等的定罪量刑标准。在此案中，即使没有吸引无数关注也可入罪。因为利用信息技术传播虚假信息已经被作为从重、加重情节。例如，2011 年最高人民法院、最高人民检察院《关于办理诈骗刑事案件具体应用法律若干问题的解释》规定，通过发送短信、拨打电话或者利用互联网、广播电视、报刊等发布虚假信息，对不特定多数人实施诈骗的，可予从严惩处，还规定这也可以是加重量刑的因素。所以，利用信息技术传播虚假信息的完全可以发展成入罪标准。

对于微博谣言犯罪，也就是微博空间作为犯罪空间的犯罪，总结前述编造、故意传播虚假信息入罪的案例在现实社会中引起的反响，可以认为这种犯罪就是：在现实空间中引起政府机关等公共机构采取排险、辟谣等措施，实际影响政府的正常社会管理工作的。例如，董良杰在微博中称“南京猪肉含铅量超标”，南京官方紧急辟谣，而惠州农业部门被迫回应“50%猪肝铜超标”中的饲料是合格的。或者导致社会公众疑惧而影响其正常生活、工作的。例如，善于“以谣博名”，通过“恐慌营销”赚取真金白银的“环保专家”的名头发布虚假信息，再加上“大 V”转发，使不实言论在网上迅速扩散和发酵，导致对于环境污染的疑虑、恐慌情绪在网民中蔓延；或者引发多个传统新闻媒体报道的；或者致使他人遭受经济损失，数额较大的，应当解释为网络谣言导致公共秩序的“严重”混乱。[②]

三 结论：微博犯罪的刑法应对策略微调

“可以通过调整和完善现有的制度和监管架构对微博进行监管，而没有必要专门针对微博进行管制立法。”[③] 总结以上论述，可以发现，未来

---

① 王建琦：《网络时代有些犯罪很“容易”》，《法制晚报》2012 年 11 月 27 日第 A03 版。

② 《“环保专家”董良杰涉寻衅滋事被拘，师从薛蛮子》，《法制晚报》2012 年 11 月 27 日第 A03 版。

③ 吴峻：《微博需要什么样的法律制度》，载李林主编《中国法治发展报告 No. 10 (2012)》，社会科学文献出版社 2012 年版，第 142 页。

需要根据微博犯罪罪名、定性和定量上的整体反思对刑法应对策略进行系统微调。

（一）微博犯罪罪名体系总结与具体适用分析

可以发现，其定性上的核心问题是刑法适用平等如何贯彻，如何从罪名体系根本性地解决该问题。微博“新闻个体户”如“大V”编造虚假信息，或者明知是编造的虚假信息，在信息网络上散布，或者组织、指使人员在信息网络上散布，起哄闹事，造成公共秩序严重混乱的，依照《刑法》第二百九十三条第一款第（四）项的规定，以寻衅滋事罪定罪处罚。[①] 对此，有学者提出在网络背景下，制裁谣言的罪名体系应当及时予以完善，具体方向是：修订“编造、故意传播虚假恐怖信息罪”，将这一罪名的适用范围予以扩大，从仅仅制裁“编造、故意传播”虚假的“恐怖信息”，扩展到制裁“编造、故意传播”所有的“严重危害社会秩序和国家利益”的虚假信息。[②] 如果不对编造、传播虚假恐怖信息罪的犯罪构成进行扩容，扩大到所有的“严重危害社会秩序和国家利益”的虚假信息，就会导致在司法实践中，认定微博上“编造、故意传播”“严重危害社会秩序和国家利益”的虚假而非恐怖的信息为严重扰乱公共秩序的寻衅滋事行为。这是没有立法补救的条件下套用现有罪名的方案，这就有可能导致寻衅滋事罪成为全媒体时代的又一新增“口袋罪”，孰优孰劣仍需比较研究。但是，不管是修法之后作平义解释而适用编造、传播虚假信息罪，还是修法之前作扩大解释而适用寻衅滋事罪，都表明了微博空间的犯罪空间性质。微博空间的秩序问题都始终受到刑法的关注，这将是微博犯罪刑事策略中长期采用的思路。

（二）在犯罪主体的不作为上完善微博犯罪的罪名体系

前面论及的刑事责任涉及的犯罪主体都是微博用户，而所有微博用户的犯罪行为其实都离不开微博平台的责任问题，包括民法上的侵权责任。[③] 这就提示我们，刑法上的微博犯罪责任，应当考虑微博平台本身的

---

① 参见《最高人民法院、最高人民检察院关于办理利用信息网络实施诽谤等刑事案件适用法律若干问题的解释》第五条第二款。

② 于志刚：《全媒体时代与制作、传播虚假信息的制裁思路》，《法学论坛》2014年第2期。

③ 李钰之：《微博“软广告”能逍遥法外吗》，《检察日报》2014年2月13日第1版。

责任问题。第十五条规定："互联网信息服务提供者不得制作、复制、发布、传播含有下列内容的信息……"然后在第二十条规定："制作、复制、发布、传播本办法第十五条所列内容之一的信息，构成犯罪的，依法追究刑事责任；尚不构成犯罪的，由公安机关、国家安全机关依照……等有关法律、行政法规的规定予以处罚……"由此可见，微博用户信息失范行为将视行为类型和行为情节依法给予刑事处罚或行政处罚。相比之下，微博平台的行为则无此规定。该规定第十六条规定："互联网信息服务提供者发现其网站传输的信息明显属于本办法第十五条所列内容之一的，应当立即停止传输，保存有关记录，并向国家有关机关报告。"第二十三条规定："违反本办法第十六条规定的义务的，由省、自治区、直辖市电信管理机构责令改正；情节严重的，对经营性互联网信息服务提供者，并由发证机关吊销经营许可证，对非经营性互联网信息服务提供者，并由备案机关责令关闭网站。"这就表明，微博平台明知而不履行义务的行为，依照该规定似乎只能予以资格类的行政处罚，而无其他行政处罚。那么是否有刑罚处罚呢？应当认为，明知①应为而不为的，将不作为与作为等同解释，适用与微博用户同样的罪名。

（三）定量上的核心问题在于紧密对接

上述微博用户与微博服务商法律责任的论述都是遵循违法与犯罪处理相衔接的思路，微博犯罪与违法行为治安处罚对接，和其他行政处理对接。换言之，在我国现行的违法与犯罪二元区分的立法体制下，微博犯罪的定性问题脱离不了定量问题的解决。在行为种类与上述微博犯罪类型一致的情况下，不管是公安机关的治安部门还是刑侦部门，都可以行动，在查清案件事实后，根据既有司法文件确定的微博犯罪定量标准以及笔者前面论及的立案追诉标准，确定是否达到应受刑罚处罚的程度，而向对方予以移交。明确的定量标准不仅是办案机关的实践需要，而且是为公民微博行为设立"合理标杆"② 的需要。

---

① 刑法上明知的判断，可以适用较为严格的"红旗规则"，参见崔国斌《著作权法下的微博准则初探》，《中国知识产权报》2012 年 5 月 4 日第 8 版。

② 胡晓青：《微博乱语 该当何罪》，《江淮法治》2013 年第 16 期。

第六节　微博谣言法律责任体系完善实施方案

基于网络社会自身的技术特性和全媒体时代信息生产、传播机制的变化，社会中的谣言亦随之扩大化，呈现出传统社会不曾具有的巨大危害性，直接侵害了网络空间和现实空间的双层社会秩序。微博空间是当前谣言滋生和传播的全新平台，微博谣言治理将是未来的长期工作，为了更好地贯彻法治理念，依法预防和制裁微博谣言，承担国家社会科学基金项目“微博对社会稳定的影响及其对策研究”（项目号：13BFX047）的项目组，对当前我国微博谣言法律责任体系进行了重点研究，现提出以下具体方案，以期推动微博谣言治理措施的完善。

一　明确微博空间的“公共场域”属性，推动传统法律规范适用于微博空间

（一）概述

微博平台是网络空间中新生的生活和工作平台，微博作为新生事物，传统法律规范中未能涉及，而新的法律规范尚在建构之中，由此造成了司法实践中微博空间中众多行为难以界定，客观上加剧了微博空间中行为的无序化。微博空间的属性是众多司法争议的核心问题之一，是判断微博谣言能否认定为诽谤、侮辱、寻衅滋事的前提。因此，明确微博空间中的“公共场域”属性，使传统现实社会中规范公共场所、公共秩序的法律规则，随着人的活动空间的延伸而直接适用微博空间，可以有效解决治理网络谣言法律规范不足这一重大基础性问题。

（二）具体内容

1. 法律上明确微博空间属于“公共场所”

网络空间同样存在私人空间和私人场所，对于网络公共场所的界定应把握传统公共场所的本质特征，即可以满足公众部分生活需求的开放性公用场所，对于封闭、半封闭的网络空间，就难以定性为公共场所。但是，微博具有开放性，实际上是一个自媒体，相当于传统的报纸等媒体，面对的是不特定或者多数人。社会公众通过网络连接聚集到微博平台，实际上是借助网络技术开辟了新的“公共空间”，而微博所具有的向

全社会辐射和传播信息的特性，亦决定了微博空间同整个社会公共秩序密切相关。因此，微博空间应当被视为人类社会新的“公共场所”。

2. 法律上明确发布微博的行为应当视为一种“公然”“当众”行为

法律上确认某一行为是否属于“公然”“当众”的标准是，行为实施的场所能够为不特定或者多数人所自由进入并进行相关活动。换言之，对于“当众”“公然”的理解关键是“众人”的现实性与“当面”的可能性，也就是特定场所事实上存在不特定多数人，并且该不特定多数人有发现该犯罪行为的可能性即可，而微博空间中的传播机制也决定了该行为必然为不特定或者多数人所知。因此，对于利用微博进行侮辱、诽谤，同在现实社会中的“公然”侮辱、诽谤行为具有同质性，法律评价应当一致，可以直接适用传统法律规范。

（三）实现路径

（1）颁布新的《网络自媒体管理办法》行政法规，明确微博等自媒体平台具有“公共场域”属性。

（2）颁布新的司法解释，明确相关民事法、行政法、刑事法中关于“公共场所”“公共秩序”“公然”“当众”行为的法律规范，适用于微博等自媒体平台。

二 重视微博服务商的作用，重构微博服务商法律责任体系

（一）概述

传统社会中，国家可以对公共媒体进行充分的监督和引导，谣言无法通过媒体向全社会传播，而是只能以“口口相传”的形式小范围地传播。而信息社会背景下，人类进入全媒体时代，传统的媒体监督机制解体，国家无法对微博发布的内容进行全面审查，是微博谣言泛滥的重要原因。但是，微博本身作为网络空间的事物，无法脱离网络的虚拟性和技术性本质特征，微博用户的行为必须借助一定的网络技术支持，而提供这种支持的正是微博网络服务商。微博网络服务商本身掌控着平台，有权力决定信息发布的方式、信息发布的人群以及信息的删除，在微博空间中处于核心地位。所以，微博网络服务商理应成为防控微博谣言的重要一环。然而，基于重“用户”轻“平台”的传统立法理念，目前的社交网络服务商法律责任体系存在明显的缺陷。因此，顺应网络社会代

际发展规律，以“平台责任”为中心，不再依托微博用户，重新构建对社交网络服务商独立评价的法律责任体系，将是完善微博谣言法律规范体系的重要内容。

（二）具体内容

1. 微博服务商的民事责任由连带责任向独立责任转化

在目前司法实践中，对于微博服务商的法定义务主要集中在知道其服务用户侵犯他人权益后采取措施的义务，实际上还是要依托用户的行为。然而，不依托用户行为，社交网络服务商也应当履行技术安全保障、信息管理义务、报告义务等，当微博服务商运营的微博空间出现虚假信息侵犯了他人民事权益时，无论该空间内的微博用户是否侵权，都存在对社交网络服务商追究民事责任的空间，微博服务商由于未履行上述义务，客观上造成微博空间的虚假信息侵犯他人民事权利，同样应当承担相应的民事责任。

2. 微博服务商行政责任由事后审查责任向事先预防责任转化

目前，对于微博网络服务商而言，由微博谣言引发的行政责任，都是在其服务用户发布、传输虚假信息后才成立的，即只有社交网络服务商不履行法定的事后审查义务，才会成立行政违法，而对于可以预防、阻断谣言的事先限制义务的违反却不能引发任何的行政责任。因此，社交网络服务商行政责任重构的第一步，应当是填补事先预防责任的不足，通过立法的方式明确社交网络服务商的事先预防义务，当服务商违背了事后审查和事先预防义务时，不用考察其服务用户的行为，微博服务商可以直接承担相应的行政责任。

3. 微博服务商刑事责任由共犯责任向正犯责任转化

我国正处于社会转型期，社会利益多元化，在一定领域各种矛盾依然十分突出。实践中不乏微博服务商基于自身的错误价值观，刻意打压真实信息，推动虚假信息传播，而现有刑法罪名体系对于微博服务商此类行为只能在同微博用户成立共同犯罪时评价。当微博服务商同实施实行行为的用户，缺乏共同犯罪意思联络，或者微博服务商通过“一对多”实施的，具体微博用户不成立犯罪，整体危害性却巨大的情形下，现有罪名体系存在缺失。因此，遵循“帮助行为实行化”和“共犯正犯化”的刑法更新思路，对微博服务商予以刑事制裁，是健全微博服务商刑事责任体系的重要内容。

（三）实现路径

（1）在民事法层面，对现有《侵权责任法》进行修正或者出台新的《网络侵权责任法》，通过规定网络服务商独立承担民事责任的过错认定，网络服务商法定义务的体系化，明确网络服务商的独立民事侵权责任。

（2）在行政法律层面，颁布新的《网络服务商管理办法》行政法规，明确网络内容、服务商对于发布内容进行限制的义务、对于发布人员限制的义务、对于发布信息行为进行标记、记录等事先预防义务，并规定违反上述义务后的行政责任承担方式。

（3）在刑事法律层面，通过立法修正增设“协助传播虚假信息罪”，作为《刑法修正案（九）》第二百八十七条第二款的一般性技术帮助犯罪的特殊罪名。

三 重点制裁微博空间编造、传播虚假信息行为，更新谣言犯罪罪名体系

（一）概述

当前网络谣言的数量、类型和指向对象日益增多，对社会利益、民族利益和国家利益的冲击、实际危害也日益扩大。微博空间编造、传播虚假信息行为在扭曲抽象的民族、社会固有道德观念、价值取向的同时，还冲击、危害到现实的国家、民族利益和社会秩序，甚至具有引发群体性事件乃至社会动荡的危险。传统刑法中谣言罪名体系主要由三部分构成：（1）针对特定对象的诽谤罪，侮辱罪，损害商业信誉、商品声誉罪；（2）针对特定内容的编造、故意传播虚假恐怖信息罪；（3）针对特定时间的战时造谣惑众罪、战时造谣扰乱军心罪。但是，非战时期间针对非特定对象又不具有恐怖信息性质的谣言，是微博空间中谣言主要组成部分，是微博谣言破坏性的集中领域，对于国家、社会秩序的冲击丝毫不弱于上述三类谣言，却没有恰当的罪名予以制裁，成为谣言犯罪罪名体系的重大缺失。

因此，填补现有罪名体系的缺失，对于情节严重的编造、传播虚假信息行为予以全面刑事制裁应当是打击微博谣言工作的重点。

（二）具体内容

1. 网络空间和现实空间中寻衅滋事罪的平等适用

《最高人民法院、最高人民检察院关于办理利用信息网络实施诽谤等刑事案件适用法律若干问题的解释》引入了寻衅滋事罪，作为制裁网络谣言的新罪名，同样带来了寻衅滋事罪“口袋罪”属性扩大及割裂现实空间和网络空间谣言罪名体系的问题。尽管司法解释本身存在着“时空范围”上的适用限制，这一点在司法效果和理论上丝毫不会影响到“寻衅滋事罪”适用于制裁传统媒体编造、传播虚假信息行为的准确性。因此，应当将寻衅滋事罪平等地适用于传统媒体实施的同类犯罪行为。

2. 编造、传播虚假信息制裁体系的罪名扩容

当前制裁微博空间编造、传播虚假信息行为首要的法律障碍，是传统刑法视野中的“虚假信息”的范围过于狭窄，仅仅局限于“虚假恐怖信息”。因此，修订“编造、故意传播虚假恐怖信息罪”，将这一罪名的适用范围予以扩大，从仅仅制裁“编造、故意传播”虚假的“恐怖信息”，扩展到制裁“编造、故意传播”所有的“严重危害社会秩序和国家利益”虚假信息。对现行刑法典中用于制裁“虚假信息”的罪名体系予以增容性完善，是解决问题的根本之道。

（三）实现路径

（1）颁布新的寻衅滋事罪的司法解释，不再限定特定空间或是特定主体，而是根据行为性质和结果，明确编造、传播虚假信息行为成立寻衅滋事罪的情节要求。

（2）进行刑法立法修正，将编造、故意传播虚假恐怖信息罪扩容，修正为编造、故意传播虚假信息罪。

第 三 章

法治思维下微博治理机制研究

随着中国社会网络化进程迅速推进，信息所蕴含的巨大价值日益凸显，正确地传播、分析、处理信息是社会发展和时代进步的重要保障。中国已是世界上最大的互联网市场，也是微博品牌第一大国和全球最大“舆论场”，微博等新媒体的快速发展正在深刻地改变着媒体结构乃至信息传播方式。根据新浪微博的官方统计，截至 2017 年 6 月，新浪微博月活跃用户达 3.61 亿，已超过推特成为全球用户规模最大的独立社交媒体公司。[①] 网络社会在经历初期的“野蛮式增长”之后，如何在法治思维下实现有效治理，已然成为一个重大的现实课题。本课题立足微博治理的时代背景，提出微博治理的外部规范机制、内部参与机制、保护机制以及阻断机制，并在此基础上提出微博治理实施方案，以实现法治思维下微博治理机制的整体构建。

第一节　微博治理的时代背景——信息技术引发的全媒体时代

真实有效的信息是人类社会正常运行的关键要素，媒体是信息的载体，但却不一定会生产、传播真实有效的信息。谣言等虚假信息借助媒体的巨大传播力而产生着误导公众、削减民族自信心和政府公信力、降低生活安全感和宁静感的现实效应，进而导致社会生活和秩序的混乱。

---

① 《新浪发布 2017 年第二季度财报》（http：//tech. sina. com. cn/i/2017—08—09/doc-ifyitapp3476655. shtml，最后访问日期：2017 年 8 月 9 日）。

以自媒体为代表的全媒体时代的来临，既宣告了媒体结构的代际变化，更为重要的则是提示着信息生产和传播机制的更新换代，而正视并充分掌握这一宏观时代背景的转化，将是建立合理、有效微博治理机制的前提。

一　全媒体产生的背景分析：媒体结构的时代变迁

全媒体时代的媒体结构发生了重大变化。传统媒体时代主要是以纸媒（报纸）、音频媒体（广播）和视频媒体（电视）为信息传播媒介。伴随着网络信息技术的不断发展、深化和推进，以网络为平台的BBS、微博、微信等新兴媒体形式异军突起、层出不穷，整个社会快速进入了全媒体时代。“全媒体”是指媒介信息传播采用文字、声音、影像、动画、网页等多种媒体表现手段（多媒体），利用广播、电视、音像、电影、出版、报纸、杂志、网站等不同媒介形态（业务融合），通过融合的广电网络、电信网络以及互联网络进行传播（三网融合），最终实现用户以电视、电脑、手机等多种终端均可完成信息的融合接收（三屏合一），实现任何人、任何时间、任何地点、以任何终端获得任何想要的信息（5W）。

（一）“谁是媒体”的答案变迁

网络和媒体的结合对于媒体的影响，从宏观上来分析，可以分为三个阶段。

第一个阶段，是传统媒体的网络化阶段。包括两种模式：一是传统媒体推出自己的网络版或者说网络化平台。第一代媒体是传统纸媒以及广播、电视，目前它们在网络时代基本上都已经有了自己的网络版。二是第一代门户网站的出现。产生于“互联网 1.0”时代的第一代门户网站，如搜狐、新浪等网站，在出现之初都仍然以传播信息为主，它们仍然属于传统媒体。之所以将此类门户网站归于“传统”媒体，是因为它的存在是经审批的，自律性较强，信息的生产、发布机制仍然是传统的，对于虚假信息的过滤性机制较为完善。例如，2000 年 9 月 20 日国务院第三十一次常务会议通过的《互联网信息服务管理办法》第四条规定：“国家对经营性互联网信息服务实行许可制度；对非经营性互联网信息服务实行备案制度。未取得许可或者未履行备案手续的，不得从事互联网信息服务。”因此，通过批准门户网站的设立而实现对于虚假信息的防控较为容易，采取的防控措施也是对待传统媒体的模式。

第二个阶段，门户网站的代际变化阶段。伴随着全民上网和网站总量、信息量的几何级数增长，“门户网站”的类型快速发生了变化：门户网站由出现之初的新浪、搜狐等综合信息网站，快速转变为导航网站和以百度、谷歌为代表的搜索引擎。门户网站的类型变化，受迫于网络可以提供的信息总量和客观上出现的网站总量的无限增长，推动着人们上网习惯的改变，进而直接改变了信息传播机制和规律。导航网站、搜索引擎等第二代门户网站和第一代门户网站的区别在于，前者定位于直接传播信息，后者则主要是间接传播信息，同时又有直接传播信息的功能。例如，网址导航（Directindustry Web Guide）本身是一个集合较多网址，并按照一定条件进行分类的一种网址站。网址导航可以方便网友们快速找到自己需要的网站，而不用去记住各类网站的网址，从这一点上看，它只有间接传播信息的功能。但是，几乎所有的网址导航都会提供常用查询工具，以及邮箱登录、搜索引擎入口，特别是会有热点新闻等功能。以此为基点，导航网站本身有着异化为独立传播行为主体的趋势，不管是众多网站对于导航网站的依赖，还是它在独立传播热点信息的现象，都表明了它地位上的独立性、超然性。

第三个阶段是自媒体阶段，也是最新阶段。自媒体是指一个普通市民或机构组织能够在任何时间、任何地点，以任何方式访问网络，通过现代数字科技与全球知识体系相联，提供并分享他们的真实看法、自身新闻的一种途径和即时传播方式。当前，以微博为代表的自媒体，已成为网络传播最活跃的主体和新兴舆论场。截至2012年12月底，仅新浪微博注册用户数已超过5亿，同比增长达到74%。以微博为代表的自媒体在内容上与传统媒体部分重合，一个微博放上文字就相当于一张报纸，放上音频就相当于一个广播电台，放上视频就相当于一个电视台；也有不重合的部分，这是更为重要的特点，因为只有在自媒体上才会有只为自媒体所传播而不为传统媒体所关注的信息。以自媒体为主要特点的媒体时代，整体上可以称为全媒体时代。

（二）全媒体时代的媒体结构

在全媒体的环境下，受众可以获得更及时、更多角度、更多听觉视觉满足的信息阅读体验。[①] 可见，全媒体产生的过程是传播行为的主体及其关系不断变迁的过程。

值得注意的是，虽然媒体本身在时间上经历了以上三个阶段的发展和变化。但是，在现实空间中，上述各个阶段依次出现的媒体形式都是并行存在的，并且是交叉融合、相互影响的。可以说是“英雄不问出身”，各类媒体同台献艺和竞技：传统媒体的“关停并转”压力与日俱增，被迫加大了向互联网拓展的步伐。虽然报纸、电台、电视台等传统媒体在中国依然是最具权威、最有影响力的媒体，但是，整个社会对于互联网依赖程度的日益提高和受众群体基于年龄更替而逐渐远离传统媒体的现实，促使传统媒体积极适应媒体格局的新变化，大力发展新兴媒体，加快推进报网融合、台网融合。近年来，人民日报、新华社、中央电视台等新闻媒体创办的人民网、新华网、中国网络电视台等网站迅速崛起，综合实力不断提升，努力保持中国网络媒体主体力量的地位。此外，传统媒体积极运用微博等新平台，开设法人微博或官方微博，大力提升传播力和影响力。人民日报法人微博自 2016 年 7 月上线至 2017 年 3 月底，短短八个月“粉丝”量就迅速达到 1058 万，成为中国第一个千万级的媒体微博账号。[②] 而据腾讯内部人员透露，微信用户数量目前已经突破 6 亿，其中海外用户超过 1 亿，国内用户超过 4 亿。微信自推出以来，它的用户数量增长非常快。微信目前在国内市场的用户数量已处于稳定增长时期，而海外用户数量则处于快速增长时期。例如，2013 年 4 月，微信的海外用户为 4000 万，到 2013 年 8 月则已超过 1 亿。客观地讲，微信的性质是全媒体时代的一个典型缩影，微信本身既是一个新兴媒体，也是自媒体和传统媒体的网络平台。

可见，全媒体时代已经形成，“谁是媒体”的答案已然转换，各种媒体形式与平台不断深化彼此的交叉融合，充分表明媒体的结构体系发生了变化。正因为如此，虚假信息的生产和传播机制也发生了重大变化，

---

① 新华社新闻研究所课题组：《中国传媒全媒体发展研究报告》，《科技传播》2010 年第 2 期（下）。

② 钱小芊：《人民日报法人微博粉丝数达千万级》（http：//news. youth. cn/gn/201304/t20130410_ 3082048. htm，最后访问日期：2017 年 7 月 20 日）。

因而法律回应措施尤其是刑法的回应模式，应当及时跟进。

二　全媒体的时代表征：信息生产和传播机制的变革

最高人民法院、最高人民检察院2013年颁行的《关于办理利用信息网络实施诽谤等刑事案件适用法律若干问题的解释》（以下简称《网络诽谤解释》）第十条规定："本解释所称信息网络，包括以计算机、电视机、固定电话机、移动电话机等电子设备为终端的计算机互联网、广播电视网、固定通信网、移动通信网等信息网络，以及向公众开放的局域网络。"这一规定，从"三网融合"的角度揭示了全媒体时代的信息生产和传播方式。

（一）全媒体时代信息生产、传播规律的剧变

全媒体时代网络空间和传统空间中的信息生产、传播机制截然不同，对于官方的信息管理能力形成了现实的严峻挑战，主要表现在三个方面。

1. 信息生产过程对于信息管控、治理能力的挑战

传统空间的信息生产机制是先过滤、后生产，依靠行业准入机制和新闻审查机制，这一模式对于信息控制是相对容易的。内部的、外部的审核机制的目的，是保证信息的真实性和有益性。同时，信息制作的过程也是信息成本的产生过程，并形成信息准入的高壁垒，在技术上也将其他主体排除在信息生产群体外。但是，网络中的信息生产机制是先生产、后过滤，甚至边生产、边过滤抑或是只生产、不过滤，且信息生产成本几乎为零。在传统空间，对于信息可以事先审查；在网络空间，对于信息只能事后审查，不仅自然而然地增加了信息管控的难度，也对信息治理能力提出了新的要求。

2. 信息传播过程对于信息管控、治理能力的挑战

传统空间的信息传播具有时间差，从而也为政府的信息预警提供了时间差，网络空间的信息传播具有同步性，给政府提供的信息预警时间非常有限。信息发出者与信息受众能够实时互动，网络舆论场会因为网民的持续反馈而不断调整与整合，信息生成和信息扩散几乎是同步的。当政府发现某个信息大范围扩散时，网络舆论场事实上已经形成。

3. 信息传播模式对于信息管控、治理能力的挑战

传统空间的信息是"单声道"传播，是"我对你说"；网络空间的信

息是“多声道”传播，是“大家对大家说”“大家一起说”，在多向交流和实时互动的过程中，网民对于挑战耳目的信息具有盲从性，越是谣言，在网络中可能越会被认为是真实的。①

（二）全媒体时代传统媒体治理机制的解体

在传统社会中，公民可以通过大众传媒自由表达，使个人的主张产生社会影响力，向整个社会“发声”，这也是公民言论自由权的重要保障形式。公民可以自由地选择想要借助的大众传媒和想要表达的内容，但与此同时，大众传媒亦会根据自身的价值取向和内容特色自由地选择是否发表；而政府机关主要是通过对大众传媒的指导和监督来实现宣传国家的方针政策，确保公民的知情权，保证正确的舆论导向，弘扬社会主义文化的责任和义务。然而，在信息时代的背景下，微博等自媒体形式的迅速发展，使公民的“发声”不再需要借助大众媒体，微博空间中“每个人都是媒体人，每个人都在吸引关注”，自媒体俨然已经有超越传统大众媒体的趋势。

在信息时代，社会信息具有无限的延展性，信息不再受限于地理和特定的人群，而是在不同的现实场域和虚拟场域之间快速地流转，虚假信息亦是如此。因此，信息时代个人言论开始具有以往时代所不具有的重大破坏性，而以微博为平台的社交网络服务使信息发布传播的门槛进一步降低，信息传播方式由集纳、展示向推送、分享转变。网络舆论传播主体日趋多元，舆论表达方式更为多样，舆论传播更为开放。然而，技术的双刃剑作用再次彰显，社交网络服务亦给谣言等不良有害信息传播提供了便易高效的新渠道，微博谣言的数量急剧增加、影响范围迅速扩大，使微博谣言呈现出传统社会空间中从未有过的危害性。与此同时，国家和政府对于信息的掌控却出现弱化，传统的信息控制机制逐步解体，此消彼长，微博等自媒体的“无法无序”愈演愈烈。

① 于志刚：《网络虚拟社会和社会管理创新》（http：//www.sinoss.net/2011/1201/38202.html，最后访问日期：2017年7月20日）。

第二节 微博治理的外部规范机制——微博用户和微博服务商的管理

根据中国互联网络信息中心的统计数据，截至2014年6月底，中国网民人数达到6.32亿，其中手机网民规模为5.27亿。新媒体技术的发展已不可阻挡，社交网络虽有风险，但并非洪水猛兽。全媒体时代是历史发展的潮流，其中蕴藏着人类社会重大的发展机遇。因此，对于新生媒体善于疏导，化解矛盾，建立有效的管理机制，既能顺应时代发展潮流，又能更好地促进国家发展。以微博为代表的新媒体，产生并传输着大量的信息数据，每天数以亿计的用户在微博获取生活、工作的必要信息，微博空间不仅是个人的信息收发途径，更成为商业平台和社会管理平台，催生出各种崭新的业态，同移动互联网与云计算、物联网、大数据的融合，使微博等自媒体成为信息时代社会运行的重要一环。微博带来的机遇和风险并存，为了充分发挥微博的有利因素，减少微博的不利影响，就不能对微博放任不管，必须对微博进行有效的管理，保护微博用户和微博服务商合法权利的同时规范其行为，避免微博空间陷入无序的“丛林法则状态”。

一 微博管理的基本理念：保障微博积极效益的充分实现

微博是目前社会重要的传声途径。虽然作为新生事物，微博的相关法律制度并不完善，微博在实际的运行过程中出现了较多的混乱，但不能否定微博作为信息时代新媒体形式的积极意义，政府应当对微博进行有效管理，不能进入“一管就死，不管就乱”的怪圈。政府对微博的监管应当成为推动微博健康发展的重要力量，通过对微博用户和微博服务商的有效管理，使微博成为维护网络信息安全和社会发展的有力工具。

（一）微博管理目标：促进发展和保证有序

首先必须正视的是，目前的微博空间存在大量的失序行为，虚假信息大量地涌现，利用微博操纵社会舆情，扰乱社会秩序，微博空间中侵犯他人隐私权、财产权、名誉权、知识产权层出不穷，甚至开始直接威胁到了网络空间和社会运行的整体安全。

微博作为新生事物有一定的发展、成熟、完善的过程。在这个过程中，微博空间出现的上述问题并不可怕，但是必须尽快对微博空间进行规范，以法治思维治理微博空间，防止微博空间成为无法无序空间，然而，目前的问题是对于微博的相关管理体系依然尚不完备，存在较大的缺口，这才是微博发展中最大的问题。目前，对于微博空间中的行为规则，大部分依然是基于行业自律的自发模式，微博服务商成为相关规范制定和执行的主体，微博服务商遵照“积极发展、加强管理、趋利避害、为我所用”的基本方针，建立了微博行业的自律机制，规范微博服务商的行为，用来促进和保障微博行业的健康发展。例如，“新浪微博平台推出了微博用户真实身份信息注册服务，即‘身份通’认证服务。通过全国公民身份信息系统比对、防盗号及风险规则处理，对恶意假冒身份进行了预防。搜狐针对涉枪、涉黄、涉暴等内容设立了上千个敏感词，对于如果文字帖其中含有敏感词的就直接删除。网易专门设立了微博监控专员，对微博产品内容进行审核”①。

然而，微博空间中出现的上述问题，已经不属于私人事务范畴，仅仅依靠行业自律无法保障微博的有序发展。一方面，行业自律的约束力极为有限，更多的是一种声明，无法准确地界定行为规则和违法行为规则之后的责任承担，不具有任何外部强制力，效果必然有限；另一方面，行业自律只能针对微博服务商的行为，对于微博用户的行为没有直接约束力，微博服务商能在多大范围、何种程度对微博用户进行制约尚不明确，对于微博用户的过度限制可能有侵犯微博用户合法权益之嫌，同时，鉴于微博依然处在迅速的发展过程中，整个行业并不成熟，不同运营主体之间的竞争和冲突依然较大，行业自律极有可能由于竞争的加剧而被打破。因此，单纯地依靠行业自律对微博进行制约并不现实，公权力应当介入其中，减少微博的负面影响，政府应当进行规范和管理，为无序的微博发展提出规范性标准，引导和促进微博有序发展。

公权力的介入是微博健康有序发展的前提。微博作为新型的自媒体，在具有传统媒体向公众传播信息特征的同时，又具有私人化、平民化、普泛化、自主化的全新时代传媒特征，微博空间中不仅是个人信息的传

---

① 王晓蕾：《浅议我国政府对微博的监管》，《管理观察》2014 年第 5 期。

输途径，更直接同个人的人身权利、财产权利以及整个社会秩序甚至国家安全紧密相连。因此，公权力必须介入其中有所作为，微博在经历了初期的“野蛮式增长”之后，也只有政府的有序指引，并依托法律规范才能获得长期的有序发展。

（二）微博管理的规范性原则：权利和义务相统一

微博不仅仅具有工具属性，是自媒体信息时代个人言论的全新表达途径，从某种意义上来看，微博等自媒体的使用应当是言论自由权在新时代的发展。因此，对于微博的管理应当遵循权利和义务相统一的基本原则，既要规范微博使用中的行为，同时亦要保障公众对于微博用户的合法使用和微博服务商的合法运营。“微博作为一个自由发表言论的空间，可以从个人的视角，通过只言片语，表达对人对事的所感所想，为实现我国宪法所保障的言论自由提供了一个平台。同时，由于微博上的言论具有随意性，主观色彩浓厚，甚至一些语惊四座的表达方式，都成为吸引‘粉丝’关注的要素。特别是涉及批评的内容，还往往起到了舆论监督的积极作用。鉴于微博对丰富人们的精神生活具有一定的积极意义，每个网民都应该维护它，避免借助微博发表言论攻击对方，避免微博成为相互谩骂的空间。否则人人都有可能被他人博文所侵害。”①

然而，由于目前对于微博的管理缺乏法律规范，造成了微博空间中的权利不明、义务不清。一方面，微博用户使用微博的正当权利得不到充分的保护。例如，互相具有竞争关系的微博服务商打压任何对方的微博言论。另一方面大量的非法利用微博的行为频发，有学者总结了非法利用微博侵犯他人权利的四种情况：“（1）侵犯名誉权：如金山状告周鸿祎、王海与蓝月亮洗衣液名誉侵权纠纷；（2）侵犯隐私权：如大S和汪小菲给张朝阳发律师函称侵犯隐私权；（3）侵犯著作权（网络著作权和传统版权等）：如作家罗志渊发表声明称，发现其他网站复制了他的微博，包括名字、头像、微博内容都相同，他却没有这微博的密码，出现了‘山寨版’微博；（4）侵犯商标、企业字号权：据报道，厦门就曾有一家名为‘钟爱一生’的影楼，使用多家影楼的名称（如‘厦门启明星婚纱摄影’‘厦门小薇婚纱摄影’）作为昵称抢注微博，并在这些微博上

① 杨永辉：《司法界定言论自由边界》，《法制日报》2011年9月11日第3版。

放置‘钟爱一生’自己的海报。”[①] 因此，对于微博管理的规范制定，必须遵循权利和义务相统一原则，一方面明确微博使用中的正当权利，另一方面设定微博使用中的义务，同时设立救济机制，确保微博用户和微博服务商的权利实现和义务履行。

（三）微博空间中的区分原则：微博用户和服务商的差异性管理

目前，我国的微博管理处于一种多头管理的现状，电信部门对于微博这一互联网的电信增值业务应负有监管职能。但是在微博中的视频、音频等资源则应由广电部门负责，而微博中的版权保护、食品安全等则归其归口部门监管。[②] 目前的管理属一种分层管理，区分的依据是微博的内容，这种以内容为区分依据建立的管理模式，导致了政出多门和管理混乱。因为微博空间本质就是各种信息数据的传播空间，各种不同性质内容的信息往往是结合在一起的，如视频中包含了著作权的内容等，客观上造成了职责不清和监管的弱化。

实际上，微博管理中真正应当区分的是微博用户和微博网络服务商。我国将互联网服务商分为网络接入服务商和网络内容服务商，而微博网络服务商则属于网络内容服务商。但是，微博网络服务商的核心业务并不是提供微博平台传播的信息内容，而是提供平台和技术帮助，是鼓励微博用户发声、激励促进信息公开传播、增加用户之间的联系和互动，进而使微博空间成为内容生产平台与内容传播平台。因此，微博用户和微博网络服务商在微博运行中的行为模式具有本质差异。微博用户是微博空间中信息来源的提供者，而微博网络服务商则是技术服务、平台管理主体，微博网络服务商虽然不直接决定微博空间中的信息内容发布，但对信息内容发布有较大的引导和管控能力，而基于二者行为模式的差异，有必要对二者设定不同的行为规范。

二　微博治理外部规范机制之一：微博用户的行为规范

微博用户是组成微博空间中活跃的主要群体。微博用户在微博空间中发布微博、转发微博等一系列行为都属于网络行为，但在“双层社会”

---

① 王冰：《网络信息系统中微博的法律监管分析》，《西安邮电大学学报》2014 年第 1 期。

② 王晓蕾：《浅议我国政府对微博的监管》，《管理观察》2014 年第 5 期。

的宏观背景下，网络空间同现实空间一样都是法律规范适用的“场域”，网络空间中传统的各项权利同样受到传统法律规范的保护，在保障微博用户言论自由权的同时，微博用户的行为亦不能侵害他人的合法权益，更不能损害社会整体秩序。所以，有必要对微博用户的行为进行充分的规范。

（一）微博用户管理的基础：微博用户实名制的实施

与微博网络服务商必须在电信、工商部门登记注册不同，目前微博用户依然未强行推广实名制，但随着网络社会化的发展，网络参与主体实名制将是时代的发展趋势，亦是确保网络健康有序发展的保障。

1. 微博用户实名制的合理性分析

虚拟性和技术性是支撑网络空间的两大基本特征。而网络参与主体是否应当进行实名制规定，一直是一个备受争议的话题。持肯定意见者，认为网络空间的实名制有助于更好地对网络空间进行管理，减少网络空间中的违法犯罪行为；持否定意见者，则认为网络的匿名制是网络本质特征虚拟性所决定的，实名制会损害网络的发展。

尽管依然有争议，但是在微博空间中的实名制在我国已经开始逐步推广。“2011 年 12 月 16 日，北京市发布《北京市微博客发展管理若干规定》明确规定，微博中的个人注册信息需要使用真实身份。随后，广东省亦出台相关管理规定，从 12 月 22 日开始，广州、深圳实行微博用户使用真实身份信息注册。”① 国家网信办在 2015 年 1 月亦提出“2015 年国家网信办将全面推进网络真实身份信息的管理，以‘后台实名、前台自愿’为原则，包括微博、贴吧等均实行实名制，对此将加大监督管理执法的力度”②。

笔者认为，网络虚拟性并不等同于网络的“匿名性”。网络的虚拟性，是指网络空间的任何行为的存在状态和外在表现都是一种无形的信息，它通过文字、声音、视频、图片等各种数据，以无形的形式反映和体现自身的价值并同现实空间中的有形物相互映射互动。网络发展的早

---

① 王晓蕾：《浅议我国政府对微博的监管》，《管理观察》2014 年第 5 期。

② 国家网信办：《微博、贴吧今年将实名制》（http：//www. cac. gov. cn/2015—01/13/c_1113977453. htm，最后访问日期：2017 年 7 月 20 日）。

期，作为一种工具属性，个人在网络空间的参与空间较小，匿名并不影响网络的运行，而随着网络的社会化，网络空间和现实空间共同成为人类社会的重要组成部分，社会的发展和运行是以社会中的个体为基础的，其中就包括社会个体的可识别性。因此，在这种宏观背景下依然保持网络的匿名性反而会阻碍网络社会的进一步发展。所以，逐步推广网络实名制应当是未来网络管理的趋势，而作为微博等自媒体，由于其本身还具有对社会公众传播信息的特征，公众属性更加明显，更应当作为实名制的首要推动趋势。

2. 微博用户实名制具体思路初探

在全球范围内，韩国是首个强制推行网络实名制的国家。2006 年 12 月韩国国会通过了关于网络实名制的相关法律规范。随后，韩国 100 多个主要网站都开始实行实名制，网民必须将身份信息验证后，才能注册上述网站，进而进行各种网络行为。① 然而，韩国的网络实名制却遭受到了重大挫折，2011 年 7 月 26 日韩国门户网站 Nate 和社交网站 Cyworld 遭到黑客袭击，造成 3500 万名用户的重要隐私泄露。被泄露的信息包括未经加密的用户名、用户姓名、电话号码、电子邮件和经加密的密码、身份证号码等。② 此次信息泄露事件在韩国引起轩然大波。2011 年 8 月，韩国政府决定分阶段废除网络实名制。2012 年 8 月，韩国宪法裁判所以“侵犯网络用户言论自由”裁定网络实名违宪。③

前文已述，言论自由与匿名、实名无直接联系。目前的实名制思路都是基于“后台实名、前台自愿”的原则，网民在网络空间依然可以选择匿名发言，实名制只是确保在出现侵权、违法、犯罪行为时能够更容易确定网民的身份。实际上，即便不依托于实名制，目前公安机关依然可以轻松通过 IP、序列号等标记定位实施网络行为的个体，实名制带来的效果主要体现在：一方面更加便于管理，节约政府行政资源和司法资源；另一方面实名制会带来一定的心理强制作用，使网民自觉地认识到

---

① 薛国林：《国外微博管理经验借鉴》，《人民论坛》2012 年第 4 期。

② 陶丹：《韩国互联网实名制管理的特色与启示》，《人民记者》2012 年第 1 期。

③ 刘瑞生、许薇薇、刘春阳：《全球微博发展态势及治理策略》，《中国党政干部论坛》2013 年第 1 期。

自己需要对自己网络空间中的行为负责，规范网络空间中的秩序。

因此，实名制面临的最大调整和核心问题，实际上是信息数据的保护。实名制必然要求公众提交自己的身份信息，而身份信息同公民的人身权利、财产权利紧密相连，一旦泄露或被盗窃，会给整个社会秩序带来破坏，而公民的身份信息如果递交给网络服务商亦存在较大的被滥用的可能性。目前部分微博网站推广的实名制，都是网民将身份信息提交给网络服务商，虽然有相关的法律规定，禁止网络服务商对上述信息滥用，但是实际规制效果极为有限。因此，未来的微博网络实名制应当转换思路，公民的身份信息具有重要价值不能由网络服务商掌控，而且随着网络实名制的普及，如果每个网络服务商都要求网民提供实名制信息，会造成公民身份信息被多家网络服务商所掌握，客观上加剧了公民身份信息泄露和被滥用的风险。

因此，笔者认为，应当成立专门的国家机关或者在现有的国家机关之下设立新部门，该部门负责对网民的身份信息进行登记和管理，公民将身份信息向国家机关提供，国家机关认证后提供唯一的特定识别码，当网络服务商如新浪微博需要用户进行实名登记时，用户向网络服务商提供该识别码，网络服务商将该识别码同国家机关数据库进行对比验证，识别码在数据库中通过验证，网络服务商同意该用户的注册。网络服务商并不直接掌握用户身份信息，当确实引发了需要查证该识别码背后公民的身份信息的情况时，由司法机关基于规范性程序向负责身份认证的国家机关提出申请，确定识别码归谁所有，形成网络用户、国家机关、网络服务商三者的联动，以在实现网络实名制的同时，对公民的身份信息也给予最大的保护。

（二）微博用户合理使用义务：传统法律和新规则共同规制

微博是信息时代公民表达、获取言论的新途径，应当成为公民言论自由保障的一部分。但是，与传统现实空间中的言论自由要受到一定的义务限制一样，微博用户的行为同样要受到传统法律规范的规制。例如，《北京市微博客发展管理若干规定》中就规定了“任何组织或者个人不得违法利用微博客制作、复制、发布、传播含有下列内容的信息：（一）违反宪法确定的基本原则的；（二）危害国家安全，泄露国家秘密，颠覆国家政权，破坏国家统一的；（三）损害国家荣誉和利益的；（四）煽动民族仇恨、民族歧视，破坏民族团结的；（五）破坏国家宗教政策，宣扬邪教和封建迷信的；（六）散布谣言，扰乱社会秩序，破坏社会稳定的；（七）散布淫秽、色情、赌博、暴力、恐怖或者教唆犯罪的；（八）侮辱或者诽谤他人，侵害他人合法权益的；（九）煽动非法集会、结社、游行、示威、聚众扰乱社会秩序的；（十）以非法民间组织名义活动的；（十一）含有法律、行政法规禁止的其他内容的”。

除了传统法律规范的继续适用之外，结合微博传播的特殊性亦有必要设定新的义务和责任。因为，微博具有实时性的特征，通过网络实现个人言论的全社会“广播”，一旦发布不当言论，影响的范围可以在极短的时间内扩展到整个社会，其所带来的危害性亦会迅速地传播，如果等到不当言论发布并造成后果之后再来评价其行为的责任，往往会造成不可控的严重危害后果。因此，对于微博用户有必要采取一定的提前性的限制和事先预防措施。主要体现在特定的情况下，可以对特定人群或区域的微博用户的发言进行一定的限制，但基于对公民言论自由的保护，上述限制必须通过立法予以规定，并设定严格的程序。

具体来讲，可以在未来的立法更新中就规范微博用户行为增加如下条款：如果中央政府或其特别授权的政府机构认为对于保护国家的主权或领土完整、国防安全、国家安全或公共秩序，或者对于防止煽动他人犯与上述有关的罪行，或者对调查审理犯罪是必要或适宜的，中央政府或其特别授权的政府机构，可以将理由做出书面记录，通过命令指示政府机构或网络服务商对计算机信息系统中产生、传输、接收、存储或托管的信息的访问权限进行封锁，或者导致公众访问权限被封锁，被封锁访问权限的个体可以采取法律规定的相应程序提出救济，要求恢复权限。

三　微博治理外部规范机制之二：微博网络服务商的行为规范

微博网络服务商是微博空间的重要参与主体。微博网络服务商打造了整个微博空间，虽然不是微博空间中各种信息的主要来源，但微博网络服务商却通过控制平台，间接地影响着微博空间的全部信息发布和传输、获取过程，属于微博空间的枢纽和核心。正是基于微博网络服务商的巨大能量，法律更需要对微博网络服务商设定更为明确具体的规范，通过规范微博网络服务商的行为，治理微博空间。

（一）微博网络服务商现有行为规范的考察

根据现有的法律规范，微博网络服务商在作为网络参与主体，与现实空间的主体一样，在根据传统的法律规范依法享有权利、承担义务的同时，部分网络信息法律规范还针对微博网络服务商的特征设定了新的行为规范。从整体上看，包括以下五种义务。

第一，申请、备案义务。《互联网信息服务管理办法》第四条规定："国家对经营性互联网信息服务实行许可制度；对非经营性互联网信息服务实行备案制度。未取得许可或者未履行备案手续的，不得从事互联网信息服务。"因此，如未经许可备案擅自从事微博网络服务的，属于非法运营社交网络服务行为，根据情节的轻重不同，可能成立一般违规行为或者非法经营罪。

第二，网络与信息安全保障义务。《互联网信息服务管理办法》第六条规定："从事经营性互联网信息服务，除应当符合《中华人民共和国电信条例》规定的要求外，还应当具备下列条件：（一）有业务发展计划及相关技术方案；（二）有健全的网络与信息安全保障措施，包括网站安全保障措施、信息安全保密管理制度、用户信息安全管理制度。"根据上述规定，微博网络服务商具有保障网站安全、信息安全和用户信息安全的义务，违背了上述义务有可能引起相应的法律责任。

第三，信息记录备份义务。根据《互联网信息服务管理办法》的规定，从事新闻、出版以及电子公告等服务项目的互联网信息服务提供者，应当记录提供的信息内容及其发布时间、互联网地址或者域名。互联网信息服务提供者和互联网接入服务提供者的记录备份应当保存60日，并在国家有关机关依法查询时予以提供。

第四，内容合法义务。《互联网信息服务管理办法》第十六条、《电信法》第五十七条规定，任何组织或者个人不得利用电信网络制作、复制、发布、传播含有下列内容的信息："（一）违反宪法确定的基本原则的；（二）危害国家安全，泄露国家秘密，颠覆国家政权，破坏国家统一的；（三）损害国家荣誉和利益的；（四）煽动民族仇恨、民族歧视，破坏民族团结的；（五）破坏国家宗教政策，宣扬邪教和封建迷信的；（六）散布谣言，扰乱社会秩序，破坏社会稳定的；（七）散布淫秽、色情、赌博、暴力、恐怖或者教唆犯罪的；（八）侮辱或者诽谤他人，侵害他人合法权益的;(九)含有法律、行政法规禁止的其他内容的。"

第五,非法内容移除报告义务。根据《互联网信息服务管理办法》第十四条,《信息网络传播权保护条例》第十五条、第二十二条、第二十三条,《互联网著作权行政保护办法》第五条的规定,微博网络服务商在获知微博空间中存在侵权非法信息时,无论是他人通知还是自己发现,都有义务终止该信息传输、移除该信息,并向相关机关报告。

(二)微博网络服务商行为规范的进一步完善

尽管现有的法律规范对微博网络服务商进行了一定的规定,但是鉴于微博网络服务商在微博空间中的主导作用,有必要进一步明确和细化对微博网络服务商的法律规范,将零散的由微博网络服务商自行管理的领域进行制度化和规范化,确保微博空间良好秩序的实现。

1. 微博网络服务商的阻断机制:对于不当信息的屏蔽

虽然鉴于网络自媒体基数巨大的实际,要求微博网络服务商在微博用户的言论发布前,对其全部内容进行事先审查并不现实。但是,微博网络服务商有义务采取一定的技术措施和制度措施,如设定关键字等,对于具有严重攻击性或具有威胁性质的信息或者其明知是为了引起烦扰、不便、危险、阻碍、侮辱、伤害、恐吓、敌对、仇恨或恶意的虚假的信息进行屏蔽。目前,许多微博网络服务商也都在自行进行这一工作。但是,由于缺乏明确的规范,造成了适用的混乱,有的基本不屏蔽,疏于管理,有的肆意屏蔽,甚至将屏蔽视为商业竞争的手段,实质上侵害了网络用户的言论自由权。因此,尽快出台明确、具体的规范具有重要的指导意义。

2. 微博网络服务商的有限审查:重点人群的监控

如上文所述,要求微博网络服务商通过人工方式,监控所有微博用户也并不现实。但是,微博空间同样有一些"大 V"等"意见领袖"的账户,上述账户辐射范围广、影响能量大,而且数量较少,微博网络服务商完全有能力对这些特定账户进行特殊的监控。实际上,部分域外立法已经开始了类似的规定。例如,从 2014 年 8 月 1 日起,俄罗斯日均访问量超过 3000 人次的博客被认定为知名博客,将被列入俄通信、信息技术与大众传媒监督局的监督名单。另外,凡被认定为知名博主的博客作者，部分等同于媒体记者，应当遵守俄法律对大众媒体的相关规定。[①]

3. 微博网络服务商的合作义务：协助政府部门工作

鉴于微博网络服务商具有微博空间中的枢纽作用，管理着整个微博运行并储存着庞大的微博信息。在信息时代信息数据价值凸显的背景下，世界各国都普遍对网络服务商提出了更多的合作义务。“2011 年，推特同意将用户发布的全部微博交给美国国会图书馆收作电子档案。美国国土安全部设立了‘社交网络监控中心’，专门在脸谱、推特、聚友等社交网站、政治博客及其他网站中搜寻相关信息，以保护总统安全。”

我国可以在未来的立法更新中就规范微博网络服务商行为增加如下条款：如果中央政府或其特别授权的政府机构认为对于保护国家的主权或领土完整、国防安全、国家安全或者公共秩序，或者对于防止煽动他人犯与上述有关的罪行，或者对调查审理犯罪是必要或适宜的，中央政府或其特别授权的政府机构，可以将理由做出书面记录，通过命令指示政府机构或网络服务商对计算机信息系统中产生、传输、接收、存储或托管的信息的访问权限进行封锁，或者导致公众访问权限被封锁，微博网络服务商有义务提供相关的设备和技术支持。

第三节　微博治理的内部参与机制——政务微博的推广和规范

在信息时代，网络空间如微博成为与现实社会衔接、互动和并列的另一“场域”。早有学者指出，网络空间已经成为人类活动的“第二空间”，几乎和现实空间一样给人们提供了相同条件的活动场所，人们在网络空间中足不出户便几乎可以实现所有在现实空间想要做的事情，网络不仅仅是社会信息交流和传播的媒介，更逐渐成为普通公众生活必不可少的一部分，极大地增加了公众的认知范围和活动领域。因此，网络空间不仅实际地成为人类活动的“第二空间”，也成为供公众从事社会生活

① 杜勇：《看看人家外国是咋管理互联网的》，《河南商报》2014 年 11 月 20 日第 A04 版。

的重要场所。[①] 这就是当今“双层社会”的背景，社会由传统的单一物理空间，过渡到两个空间交叉融合又并行不悖的阶段。在此意义上，网络空间是人们进行社会活动的“场域”。“如今在中国，微博作为社交媒体的功能已经发生重大转变，当红十字会、中石化、故宫等机构在微博时代狼狈不堪时，从单纯的社交工具到舆论监督利器，微博已经悄悄完成了一次华丽转身。作为一个强大的舆论场，微博正全面参与并影响着现实世界，其作用从某种程度上已不仅局限于简单的个体事件。甚至在可预见的将来，微博或将直接改变中国社会生态和政治语境。”[②] 网络政务和微博问政是信息时代的新事物，目前依然在起步阶段，存在一定的混乱和各种各样的问题，是网络时代政府执政能力的新挑战。然而，利弊相生、有无相成，网络政务是未来政府管理发展的趋势，政务微博运用得当，就能够兴利除弊，促进政府管理职能作用的更好发挥，进而促进社会的发展。

一　政务微博推广的必要性分析：把握信息时代的话语权

微博的功能正在扩展，特别是在政务微博领域，微博不仅仅是宣传窗口，更成为互动、办公窗口。

（一）政务微博发展的背景——微博成为时代的“新声音”

微博作为信息时代的新型媒体传播途径，已经向全社会证明了其具有的“发声功能”。微博不仅仅是一种舆论平台，更成为社会中的个体实现社会动员能力和集体行动的组织手段，微博空间中的声音的传播、汇聚会将社会声音扩大，形成社会声音引发社会力量。而这种力量的展现同样存在两个方面：一方面，微博中的正面声音的汇集形成积极的力量，如微博打拐、微博反腐、微博慈善等；另一方面，微博空间中亦会出现消极声音的汇集，对整个社会造成严重的冲击，如“美国的‘快闪’（flash mob）与‘快抢’（flash rob）、西班牙的 15 – M 抗议集会、希腊和

---

① 于志刚：《“双层社会”的形成与传统刑法的适用空间——以两高〈网络诽谤解释〉的颁行为背景的思索》，《法学》2013 年第 10 期。

② 郑燕：《网民的自由与边界——关于微博公共领域中言论自由的反思》，《社会科学研究》2012 年第 1 期。

以色列的泄愤示威、英国伦敦骚乱等”[①]。因此，微博已经成为全媒体时代新的社会发声器，如果放任不管，微博空间中充斥的不实和虚假信息会引发大量的社会问题。可见，政府有必要参与微博空间，通过政务微博的形式发出政府的声音，以权威性和负责的态度，引领微博空间中的“声音”。正因为如此，政务微博已然成为世界各国的普遍发展趋势。据美国《华尔街日报》报道，目前使用微博的首脑人数多达60多位，包括美国总统奥巴马、英国首相卡梅伦、德国总理默克尔和法国总统萨科齐等，各国领导人利用微博树立国际形象，与选民互动也逐渐成为政界新时尚。微博等“第四媒体”如同其他传统媒体一样，成为国际政要们包装自己、宣扬党派理念、国家外交政策和方针的扬声器。[②]

（二）政务微博发展的必要性——微博空间的无序化加剧

微博空间是海量信息的集散地，在信息时代信息数据就意味着财富，但前提是可以获得自身需要的信息数据。然而，微博空间中充斥着大量的信息，而且内容还在不断地实时更新，信息数据量浩如烟海，其微博空间中信息发布主体则鱼龙混杂，普通公众想辨识每一条微博信息的真伪极为困难。因此，微博空间中尽管具有海量信息，但却带来了无法识别、难以利用的尴尬问题。因此，以微博为代表的全媒体时代，尽管人人都可以成为媒体，但是却无法具备传统媒体的权威性，微博空间的信任成为新的挑战。实际上，一些哗众取宠的虚假消息在微博中诞生的同时，还原事实真相的消息也在微博空间传播，但真假难辨让人无所适从。

因此，大力发展政务微博是时代的要求。政务微博天生具有政府权威性做后盾的优势，解决了微博用户无法获得“信任”的问题。微博作为一种全新的传播媒介，被大量公众特别是青年群体所广泛利用，发展和普及政务微博有利于提高政府的公众形象，获得公众认同。政务微博一方面是网络政务的发展趋势，可以扩大政府在网络空间中的存在感，政府的形象和政府的声音开始主动在网络空间中展现，改变了只能被动地从传统现实空间转入网络空间的滞后性；另一方面，政务微博通过权

---

① 郑燕：《网民的自由与边界——关于微博公共领域中言论自由的反思》，《社会科学研究》2012 年第 1 期。

② 薛国林：《国外微博管理经验借鉴》，《人民论坛》2012 年第 4 期。

威性地发布信息，对于微博空间中的去伪存真，可以有效地阻断不实信息的传播，弥补自媒体的不足，有利于网络空间中良好秩序的形成。因此，全媒体时代政府管理和政府形象在受到全新挑战的同时，也面临着历史机遇。政府不能放任微博空间中谣言的泛滥和对政府的无端指责，而是应当主动参与微博空间，打破微博空间中的无序现状，通过政务微博实现引导网络舆论、扩展政府服务、缔造网络秩序的目的。

二　政务微博的优势体现：网络时代政府管理

当前，我国的政务微博建设正在迅速发展，政务微博已经从传统的发声功能，向更为广泛的政务功能转化。同传统政府管理方式相比，政务微博具有全新的优势，政务微博的蓬勃发展正是网络时代政府管理客观需求所决定的。

（一）我国政务微博的发展现状

人民网的数据显示，截至2014年6月，仅新浪微博平台政务微博的总量已近12万家，从中央到地方各级政府，再到各级政府的部门机构，都在大力发展政务微博。其中，行政级别为县处级以下的政务微博数量超过10万，约占总数的85%，以近20%的速度迅速增长，这在一定程度上反映了基层政务微博服务体系的渐趋完善和应用普及；而省部级政务微博也有10.79%的增长速度，紧随2013年年末最高人民法院、中国政府网的加入，2014年上半年，最高人民检察院、国家税务总局、国家文物局、国家铁路总局、公安部刑侦局等也入驻新浪微博，全国除港澳台外的31个省级行政区中已有29个开通发布政务微博。全国27个省会城市中已有25个开通官方发布微博，目前尚有浙江省会杭州和海南省会海口未开通。值得注意的是，新浪微博平台上纪检监察类微博数量也不断增加，截至2014年上半年，纪检政务机构微博已近1000家，是2013年年底的两倍多。①

由此可见，我国的政务微博依然处在迅速发展期。从数量上来看，

① 人民网舆情监测室：《2014年上半年新浪政务微博报告》（http://www.baidu.com/link?url=PouZn_pznoBIFGgCQJxtk3BDocXk_aafw3odd01yzBUjm8uGej37x4VjLs78mL34ppoDiZxeu8GYR3vi7l6scwzuIxy9iwTV_8MafLZwVna，最后访问日期：2017年7月20日）。

已经基本普及全国各级政府机构；而从功能上来看，政务微博亦开始承载更多的政务管理职能，例如，上海市政府新闻办官方微博@上海发布近日推出6项便民服务，公众可以在微博上直接查询交通违章、公积金和交通卡余额，并进行出入境办理和结婚登记的预约。①

（二）政务微博的优势性体现

政务微博蓬勃发展的背后，是政务微博在政府管理工作中全新优势的体现。正确地认识、把握政务微博的优势，是有效开展政务微博业务，进一步扩大政务微博覆盖范围和拓展政务微博功能的前提。

1. 政务微博带来的政务信息传播途径扩展

与传统社会不同，在微博空间中，借助于网络信息技术，政务微博的每个微博用户都是信息的制造者和传播者。传统社会中限于媒体平台，不仅个人无法实现自己的信息传播，大量的政府部门，特别是基层政府部门同样缺乏信息的发布渠道。在政务微博时代，政府机关只要注册微博，就可以通过微博实时地发布重要信息，大大提高了政务管理和服务的效率；由于其政府部门的背景，也必然会吸引需要相关服务公众的注意力；在微博空间中政务信息由传统媒体的单点发布向多点发布的模式转变，对于政府机关的政务发展而言同样是一个巨大的机遇。同时，作为政府官方声音传播者和传播途径，政务微博亦有义务对于微博空间中以讹传讹、对社会稳定形成冲击的不良信息进行抵制和辟谣，通过大量的政务微博，形成微博空间中的“正能量”。

2. 政务微博引发的施政反馈集聚效应

在传统社会中，政务信息发布的传播是定向的，收到的信息反馈往往是单线的。政府机关想要获得某项政策或某项服务等的社会反应，往往需要进行长时间、大量的调研；而获得的反馈情况的代表性亦十分有限，因为大量的公众缺乏向政府机关反馈的途径，或者反馈成本过高。在信息网络时代，借助政务微博，政府机关的各项政策方案等政务发布之初能够以最快的速度被社会公众所知，并吸引公众，使政策方案等在更具针对性的范围内展开讨论；进而随着政策方案等的推进落实，社会公众还可以实时地反馈实施过程中的具体问题和意见，政务微博又可成

① 马海邻：《上海发布微博推6项服务》，《解放日报》2014年11月25日第8版。

为政策效果的汇集地，有利于政府部门及时了解民情民意和调整完善政策，以提高政务水平。

3. 政务微博形成的政府与公众实时互动

传统的政务信息发布，尽管亦有部分事前、事中、事后的调研、听证和座谈等沟通互动途径，但从整体上来看，大部分社会公众依然处于被动接收获取信息的地位，沟通互动途径狭窄、错时费力、即时性差。而在微博政务中，政府机关可以通过微博空间实现与公众的实时互动，能够直接释义政务和回答公众疑虑，第一时间反馈热点问题；而社会公众也可以随时随地地针对政府部门职责范围内的事项提出自己的意见，或者批评建议或者寻求帮助。可见，通过政务微博平台，政府与公众的联系第一次变得如此紧密。因此，政务微博的高效利用，必然会带来政府职能的进一步深化和管理服务能力水平的进一步提升。

三 政务微博管理规范的建构：政务微博有序发展的保障

尽管，政务微博展现了最新的政务管理与实施的发展趋势，而政务微博本身的数量在不断增加的同时，其功能亦在同步拓展。但是，我国目前的政务微博发展水平从总体上看还处于起步阶段。许多部门的政务微博流于形式，没有真正地体现互联网精神，在引导网络舆论方面存在诸如“思想意识不高、互动性差、管理不及时、公信力不高、说服力低下、官腔语言严重等问题”①，造成了部分政务微博没有受到公众的认同和广泛关注，政务微博所具有天然的权威性和优势亦未能体现，还不能更好地发挥引导网络舆论、扩展政府服务、缔造网络秩序的功能作用，这应当是我国政务微博发展中亟待解决的现实问题。以法治思维方式建构政务微博的使用规范，正是解决上述问题的关键。

（一）政务微博制度建构的目标

政务微博制度建构的首要工作是明确发展和规范政务微博的目标。政务微博制度建构目标直接关系到为什么开展政务微博和怎样利用政务微博的问题，二者紧密相连。从整体上来说，政务微博制度建构目标可以分为三个层次。

---

① 刘宗义：《2012 年我国微博发展综述》，《重庆社会科学》2013 年第 1 期。

第一层次，宏观目标。包括两项内容：（1）加入并扩展信息网络的数据共享和传播；（2）成为全媒体时代的重要主体，并同网络服务商、利益相关者、传统媒体、博客、“意见领袖”形成良好的互动关系。

第二层次，价值目标。包括三项内容：（1）提供一个正式的渠道，发出人性化的声音，确保政务信息被广泛地理解和传播；（2）成为社会主流价值观念的引领者，提升政府机关、公务人员的声誉和社会评价；（3）遵循信息时代电子政务的发展趋势，并体现政府对于信息化网络化国家战略的重视，履行承诺，拓展新的服务渠道。

第三层次，功能目标。包括五项内容：（1）为社会公众提供一个新增的、方便的途径同政府部门进行相互交流和反馈，寻求政府部门的帮助和建议；（2）顺应时代发展，利用微博的关注功能，为社会公众提供新的公共信息获取方式，将网页、电子邮件、移动互联网、物联网等信息时代的事物信息同政务管理联系起来；（3）收集社会公众对政府工作的意见和期望等信息，修正错误、改进不足、提升服务功能；（4）集中体现社会公众对政府的满意和认可，对自身工作有清晰的认识，放大社会公众的积极评价，提升政府声誉；（5）打造遇重大事件、紧急事件、突发性事件时，政府实时传递信息的途径。

（二）政务微博的风险防控

政务微博制度建构，必须首先要考虑政务微博的不利影响及其风险的预防控制。政务微博风险防控制度的建立，应当在结合实践中政务微博存在问题的基础上，借鉴国内外成功的经验和做法，建立和完善政务微博出现风险问题时的应对解决机制，确保政务微博健康发展和有效使用。比如，“确定政务微博工作政策并在政务微博首页向网民公开，有助于化解舆论风险，减轻微博管理员的工作压力，避免网民不必要的质疑。工作政策内容包括：更新和管理政务微博的时间；更新内容可能由软件工具自动生成，但这仅占较少比例；无法回复所有信息，但微博管理人员会阅读所有评论和私信，并保证将有益建议传送到政府相关人员；不鼓励政党政治的讨论；不回答违反基本政策规定的问题等等”①。

---

① 贺晓丽：《英国〈政府部门 twitter 使用指南〉对我国的启示》，《青岛市委党校学报》2014 年第 4 期。

具体来讲，政务微博要注意以下问题，并建立相应的应对机制。

（1）政务微博获得大量信息反馈时，引发的回复、反馈不及时，造成的公众不满和质疑。作为应对举措，应将政务部门微博使用政策在微博上公开链接，明确政务微博能够回复、解决的公共事务的范围，不要盲目扩大到所有公共事务，加重政务微博的负担，使用自动回复，并且告知会使用自动回复，“对事不对人”统一解答公众大量反馈的问题。

（2）政务微博发布的内容、方式引发了广泛的批评。作为应对举措，应将审视政务微博内容是否符合目标和原则，注重发布内容和方式的灵活把握，确实存在错误时应积极接受批评。

（3）内容发布错误，如发布了不实的信息、涉密的信息等。作为应对举措，应当建立透明、严格、有效的微博发布程序，确保内容正确，及时更正错误信息，并利用技术手段、法律手段同微博服务商合作清除网络空间中的错误内容。

（4）政务微博出现了技术故障或者受到网络攻击。作为应对举措，应确保政务微博登录密码足够复杂、有效并定期更换，控制政务微博密码的知悉范围，并视情况设定保密级别，确保发布政务微博的计算机信息系统功能独立、单一，禁止未知软件、存储设备在该计算机信息系统使用。

（三）政务微博管理的具体规则

当前政务微博发展迅猛，由于缺乏统一的规范和制度，造成各地各部门政务微博的运用较为混乱，客观上不利于形成政务微博的统一观感和功能作用的发挥，某些不规范的政务微博还会直接对政府的形象造成严重影响和冲击。因此，必须出台具体的政务微博实施细则。应当从以下四个方面对政务微博的使用进行规范。

1. 政务微博身份标识规范要求

所有政务微博应当有统一、显著的政务微博标识，及其公开明确的微博标识使用规范，可以通过行政法规规定专用的政务微博标识，对擅自使用政务微博标识处以行政处罚，构成犯罪的通过刑罚进行制裁。并与微博服务商合作确保政务微博标识的专用，在转发标有政务微博标识的政务微博内容时，禁止对微博内容进行任何删减、增加和修改等。

2. 政务微博内容规范要求

主要包括以下六项：(1) 多样性。政务微博内容在不违反保密规定前提下，涵盖范围应当较为广泛；同时还可以转发符合政务微博发布原则的其他微博内容，如其他政务微博、政府网站的内容。(2) 人性化。避免自动应答的过度使用，语言应答尽量平实、口语化。(3) 活跃性。在一般情况下每天至少应当保持 2 条微博内容，每条微博之间的间隔应当大于一个小时；同时为了避免微博内容过于繁杂，每天至多不应当超出 20 条微博内容，当然重大事件、紧急事件和突发性事件等特殊情况除外。(4) 实时性。政务微博内容应当实时登发，原则上不发布一个工作日之前的政务信息；对于公众的提问、私信应当及时反馈，允许配合使用自动回复（包括先使用自动回复，随后再使用人工回复），回复的间隔不应当超出一个工作日。(5) 可信性。微博语言风格可以是口语化、活泼、有趣的，但微博内容所传达的信息必须真实、准确和明确，确保政务微博成为公众获取可信的信息来源。(6) 协调性。发布的政务微博内容之间应当协调一致，相互不矛盾；各个部门政务微博的价值取向也应当协调一致，不应当成为不同政府部门意见对抗的舞台；当不同的政务微博信息出现了冲突时，应当尽快协调解决，共同做出解释说明。

3. 政务微博内容来源规范要求

政务微博发布的信息主要应当来源于以下六个方面：(1) 部门最新工作的实时信息，如工作例会、领导出访、法规出台等；(2) 部门相关公共事务观点，对于属于本部门职责范围内的事务发表官方观点看法或对本部门工作及文件的解读；(3) 部门未来工作规划，对未来的主要工作设想进行发布；(4) 相关公共事务询问，政务微博可以作为本部门咨询公众意见的平台，发布相关问题或者问卷；(5) 相关公共事务回答，对于公众的私信和提问、公众集中关注的问题进行回应；(6) 重大事件、紧急事件和突发性事件等特殊情况舆情的引导，当特殊情况发生时第一时间发布相关微博，积极回应社会关切、缓解公众紧张、解答公众疑虑并提供建议指导等。

4. 政务微博关注对象规范要求

“粉丝”和“关注”是微博空间中的特殊内容，也是微博传播机制的重要组成部分，政府作为微博空间的参与主体，政务微博遵循微博空间常态规则，同样可以关注这些特殊关注对象和其他微博；但是，基于政务微博的特殊性，政务微博不应当主动地同其他微博用户进行沟通，避免此类行为被视为政府行为或干涉行为。

（四）政务微博的评价机制

政务微博应当成为政府管理工作的一部分，为了确保政务微博功能作用取得最大的效果，引入政务微博评价机制，有利于促进各级政府部门更加规范、高效地运用微博。具体来讲，对于政务微博效果的评价应当从以下六个方面开展：（1）关注政务微博“粉丝”的动态数量情况，注意“粉丝”群体的类型和关联性；（2）政务微博内容被推荐和转发的情况；（3）基于政务微博内容衍生信息的数量和范围情况；（4）政务微博同公众的互动交流情况，包括主动的和被动的；（5）政务部门根据政务微博中公众的反馈所做的实际行动情况；（6）实时信息发布的数量，以及公众对实时信息的评价情况。

第四节　微博治理的保护机制——大数据视野下微博数据保护

大数据是信息时代发展的必然结果和全新的理念，大数据引发了信息数据功能的巨大变革，卷起的信息技术新浪潮迎面扑来，我们正处在信息大数据时代的起点。古希腊学者毕达哥拉斯试图用“数”认识世界。而在信息大数据时代，人们不仅用“数据”去认识世界，准确找出事物的关联性，更用“数据”去预测未来。信息大数据时代的信息数据价值产生了质的飞越，信息数据背后所蕴藏着的巨大社会财富、公共福祉和国家利益，也带来了新的数据安全问题。

在信息时代，各种信息技术和信息数据日新月异。我们面临的最大挑战，并非时代发展带来的巨大变革，而是面对这种变革我们尚未“准备好”。其中，法律准备正是在法治背景下应对这种变革的基础准备。大数据引发了信息数据安全保护变革，原有的计算机数据法律保护体系能否继续适用、如何继续适用、怎样有效适用是信息大数据时代法律所必须回答的问题，亦是本书所要力求解决的问题。

一　计算机数据法律保护的时代背景：大数据浪潮下信息数据的变革

大数据是当前炙手可热的概念和应用追求时尚，尽管其中的许多问题尚处于争议状态，但毫无疑问的是，大数据由问题视角向价值视角的转变，吸引了社会各个领域的关注，进而真正引发了大数据的时代浪潮。在大数据技术的影响推动下，信息数据的功能和价值属性亦发生了巨变，引发了法律保护尤其是刑法保护体系重新评价的问题。

（一）从问题视角到价值视角——大数据概念的演进

一般认为“信息”泛指人类社会传播的全部内容，而“数据”则是信息的表现形式和内容载体。“大数据”顾名思义是在数量规模上达到一定层级的数据集。最早提出“大数据”这一概念的，是 20 世纪 90 年代美国宇航局研究员迈克尔·考克斯和大卫·埃尔斯沃斯。他们二人在利用超级计算机模拟飞机周围的气流时，发现超级计算机生成的数据量过于庞大，根本无法储存和处理，故将其称为“大数据问题。”[①] 由此可见，大数据这一概念是作为一种无法解决的技术问题而提出的。而先期对大数据概念产生兴趣的亦是理论界，2008 年 *Science* 杂志出版的大数据专刊中，将大数据界定为：“随着人类研究和认识的深化，数据量规模巨大到无法通过现有技术，在可容忍的时间内达到截取、管理、处理并整理成为人类所能解读的信息。”[②] 这一概念将大数据视为无法有效处理的巨大信息数据的集合，依然是基于问题视角，强调的依然是技术困难。因此，有学者提出，大数据问题“因人而异”是一个相对的概念，对于某些组织，数百 GB 的数据就可以称为大数据，而对于某些组织数百上千 TB 的数据，才能视为大数据。[③]

然而，随着信息数据的收集、储存、处理技术的不断发展，人类处理信息数据集的规模不断扩大，人们发现通过对大规模数据进行整理分

---

① Cox, M., Ellsworth, D., “Application-Controlled Demand Paging for Out-of-Core Visualization”, In Roni Yagel and Hans Hagen (eds.), *Proceedings of the 8th Conference on Visualization 97*, CA: IEEE Computer Society Press, 1997: 235.

② Kenneth Cukier, “Data, Data Everywhere”, Economist, Feb 25th 2010 (http://www.economist.com/node/15557443).

③ Jimmy Guterman, *Release 2.0: Issue 11 Big Data*, Publisher: Radar, June 2009, p. 1.

析，能够获取的信息的价值亦随之提升，众多领域都可以通过大数据的处理，获得高价值的信息。各类商业机构开始投入大数据研究，而对于大数据概念界定的视角亦出现了转化。世界著名的信息咨询公司高德纳公司，率先提出“大数据是大规模、高速流转、种类多样繁杂的具有价值属性的信息，需要新型处理方案对其进行分析，并可以从中获得更好的决策能力、洞察能力与优化能力”①。该概念实际上强调的不是技术困难，而是大规模数集据所蕴含的价值，大数据概念已然从问题视角转向了价值视角。高德纳公司提出，大数据一般具有量（Volume，数据大小）、速（Velocity，数据输入输出的速度）和多变（Variety，多样性）三个属性，其中前两个属性为本质属性，三种属性合称“3V”。而部分机构和公司，则在“3V”的基础上又提出第四属性即“4V”，但对第四属性依然有所争议。其中国际数据公司（IDC）认为大数据应当具有价值性“Value”，和IBM公司则提出大数据应当具有真实性“Veracity”，都是比较有影响力的观点，但无论哪种观点，其概念实际上都是再次强调大数据的应用价值。②

从大数据概念内涵的发展脉络可以发现，早期大数据是作为一种问题提出的，强调的是问题属性，关注的是解决问题、提出数据问题处理方案。而时至今日，大数据已然作为一种高价值的信息概念提出，强调的是其价值属性，关注的是如何从大规模数据集中攫取具有高价值的信息。

（二）信息数据价值的整体提升——大数据引发的信息数据变革

大数据受整个社会关注的背后，是大数据在推动科学研究成果、加快经济社会发展、为政策制定提供依据乃至国计民生等众多领域所显现出的巨大能量和价值，而随着大数据技术的进步和推动，信息数据的潜能还将被进一步释放，也将改变人们的思维方式和生活习惯，大数据赋予了信息数据更高更新的价值和功能。

---

① Mark A. Beyer，Douglas Laney，“The Importance of ‘Big Data’：A Definition”（https：//www. gartner. com/doc/2057415？ref = clientFriendlyURL）.

② “University Alliance：What is Big Data?”（http：//www. villanovau. com/resources/bi/what-is-big-data/#. VI2dN6XnZH4）.

1. 信息数据变革的表象：大数据在社会发展中作用的凸显

随着大数据的应用迅速地扩展到各个领域，2009 年出版的《美丽的数据》（*Beautiful Data*）一书中，分析了大数据在预防犯罪、航天工程、药品研发、金融信用、社会服务等多个领域的应用实例，显示了大数据在社会运行中的重要作用。① 而根据麦肯锡公司的统计，2012 年，美国医疗产业有 3000 亿美元的收入受到了大数据分析帮助；而欧洲公共管理部门有 2500 亿欧元的额外收入获益于大数据分析，大数据技术还帮助欧洲零售业增加了 60% 的收益。根据国际数据公司预测，大数据所创造的直接价值将从 2010 年的 32 亿美元上升到 2015 年的 169 亿美元，预计保持 40% 的增长率。② 大数据技术同信息网络技术一起引领着新的改革浪潮，大数据正成为和资本、劳动力同等重要的生产要素，传统的产业布局、商业运营乃至社会结构都因为大数据技术的介入而改变。然而，大数据的能量才初露头角，随着社会技术的发展，大数据将与物联网、移动互联网、云计算等热点技术领域相互交叉融合，在社会运行和发展的各个领域，起到更为关键的重要作用。

2. 信息数据变革的实质：信息网络技术激发的信息数据的潜能

人类承载信息的数据形式多种多样，但是大数据同计算机数据具有天然的契合性。首先，从大数据的产生来看，传统人类社会亦会产生大量的信息，但是对大部分不涉及重要利益的信息，如日常举动，无法全部以“数据”的形式，通过一定的载体记录下来。但在网络时代，计算机信息系统可以记录网络参与主体的每一个行为，同时便捷的联系方式极大地刺激着信息的产生和流转，数据量急剧提升。自 20 世纪 80 年代起，人类社会存储数据的容量每 40 个月即增加一倍，2012 年全世界每天产生 2.5 艾字节（2.5×10^{18}），而将近 90% 的数据是过去两年新记录下的③。其次，从大数据地收集来看，传统的信息数据如图书、报刊、照片等数据，相互独立，难以整合，而计算机系统数据，由于实现了信息的

---

① Toby Segaran and Jeff Hammerbacher, *Beautiful Data*, O' Reilly Media, Sebastopol, p. xii - xiii.

② 梁爽：《大数据 大变革》，《发展研究》2014 年第 11 期。

③ James Taylor, “What is Big Data?”（http://www-01.ibm.com/software/data/bigdata/what-is-big-data.html）.

虚拟化和网络连接，使大规模地收集数据具有了可能。最后，从数据分析利用来看，传统数据即便收集后，往往也无法充分分析，例如，中国国家图书馆收集藏书三千余万册，想要获得有多少册图书中提及了“数据”这一信息，通过翻阅纸质书来查证，几乎是无法实现的任务，但通过图书电子化和网络化，获得该信息仅需 1 秒钟。因此，信息数据的价值一直存在，但是信息和网络技术发展发掘了信息数据的潜能，传统社会无法收集和分析的大量零散、细小的信息数据，在大数据技术下发挥着规模效应，打破了数据分析的传统线性思维模式，引发了信息数据的变革。

二　当前计算机数据刑法保护的审视：以数据性质为核心的二元体系

在信息大数据时代的背景下，计算机数据功能扩张的重要性日益凸显，计算机数据法益保护需求亦在同步发展，以数据性质所体现的直接价值为核心建构的传统刑法保护体系，开始面临时代的挑战。

（一）计算机数据刑法保护的二元划分：专属罪名和特定信息数据罪名

目前，我国对于计算机数据的刑法保护主要通过两类罪名实现：其一，专门计算机犯罪罪名，包括非法侵入计算机信息系统罪，非法获取计算机信息系统数据罪和破坏计算机信息系统罪。其二，特定信息数据犯罪罪名，此类罪名较多，如侵犯商业秘密罪，窃取、收买、非法提供信用卡信息罪，泄露内幕信息罪，非法获取国家秘密罪，非法获取公民个人信息罪等，当计算机数据属于上述特定性质的信息数据时，可以通过相关的罪名实现刑法保护。

而从保护的视角来看，特定信息数据罪名所保护的数据大体可以分为三类：第一，国家层面的信息数据，对于同国家利益密切相关的信息数据进行刑法保护，包括国家秘密、情报和军事秘密；第二，公共层面的信息数据，对于同市场秩序或公共利益密切相关的数据进行刑法保护，包括商业秘密、信用卡信息和内幕信息；第三，个人层面的信息数据，对同个人利益密切相关的数据进行刑法保护，包括个人通信信息和公民个人信息。可见，刑法对于特定信息数据的保护，依然遵循的是传统的刑事立法传统，即只对重要的法益进行保护，对于特定信息数据保护的实质是保护信息数据背后的特定利益。

（二）计算机数据专门罪名的考察：计算机数据的保护范围设定

作为对信息时代计算机和网络犯罪趋势的回应，我国刑事立法设定了计算机犯罪专门罪名，而其中非法侵入计算机信息罪、非法获取计算机系统数据罪和破坏计算机系统罪都直接指向侵害计算机数据的犯罪。那么，是否意味着同特定信息数据罪名不同，对于计算机数据已经不考察其数据的性质，而是对计算机数据进行全面的刑事保护？

答案是否定的，虽然设立了专门的计算机犯罪罪名，但立法机关的立法关注的并不是计算机数据，而是计算机信息系统，在"系统思维"下，计算机犯罪罪名重点制裁的是侵害计算机信息系统的犯罪行为，而对于计算机数据的保护依然遵循了传统的立法理念。具体来讲：其一，非法侵入计算机信息系统罪，可以视为对侵害计算机数据的预备行为的制裁，但仅能适用于侵害国家事务、国防建设、尖端科学技术领域的计算机数据，实际上同特定信息数据罪名保护国家层面的信息数据是一致的；其二，非法获取计算机信息系统数据，虽然在罪状上并未限制计算机信息系统数据的性质，但 2011 年最高人民法院、最高人民检察院《关于办理危害计算机信息系统安全刑事案件应用法律若干问题的解释》（以下简称《计算机信息系统安全解释》）中，将非法获取计算机信息系统数据的性质限定为"身份认证信息"，将刑法的保护限制在身份认证计算机数据领域；其三，破坏计算机信息系统罪，制裁的是删除、修改、增加计算机数据的行为，而没有涉及非法获取、非法使用计算机数据的行为，其关注的重点依然是删除、修改、增加计算机数据后对计算机信息系统功能的影响，而不是计算机数据本身。因此，在专门罪名下的计算机数据保护，实质上同特定信息数据保护罪名一样，只保护与特定利益直接相关的计算机数据。

（三）现有计算机数据刑法保护的特征：线性思维模式下以数据性质为核心

从整体来看，我国目前刑法对计算机数据的保护遵循的是一种线性思维，将计算机数据同其他法益直线、单向地联系起来，立法思路为：判断计算机数据的性质——分析该类性质数据与何种利益直接相关——决定该利益是否需要刑法保护。由此可见，计算机数据是否受到刑法保护，是由计算机数据的性质决定的。在此种模式下，计算机数据被分为重要的信息数据和普通的信息数据，只有前者才能受到刑法的保护，而后者则不被纳入刑法保护的范围。

因此，现有的刑事法律体系，保护传统法益是保护计算机数据的出发点，计算机数据实际上并未作为具有独立性价值的法益进行保护。计算机数据具有从属性，计算机数据本身并未被视为一种特定的法益，只有计算机数据中包含的信息明确具有人身、财产价值或公共利益价值时，计算机数据才会作为特定法益的载体进行保护。换言之，计算机数据刑法保护是“以质取胜”而非“以量取胜”。计算机数据刑法保护首先关注的是计算机数据的性质，而不是计算数据的量，对于日常的、零散的、不直接体现重要法益信息的计算机数据，无论数据集规模多大，都不是刑法的主要保护对象。

三　计算机数据刑法保护体系的滞后：时代变革下的法律准备不足

从2009年联合国的“数据脉动计划”，到2010年英国的“数据权运动”，再到2012年美国的“大数据战略”，直至2013年新加坡等国家的“大数据治国”，[①] 短短几年期间，大数据由一个新技术名词，上升为国家战略，人类“大数据时代”的序幕已经拉开。大数据的巨大价值和对社会发展的重要性，已被世界各国和地区所普遍认同。信息安全的关注点正在经历着“计算机信息系统”保护到“公民网络个人信息”保护，再到“人与数据”保护的转变。[②] 刑法理应对于大数据进行充分的保护，然而，在面临着时代发展带来的新的法律挑战时，目前刑法保护体系暴露出了法律准备的严重不足。

（一）老问题抑或新挑战？——信息数据刑法保护的时代更新前提

大数据技术引发了信息数据变革，大数据的重要性日益凸显，进而引发了人类社会的变革。在经济领域，大数据正在深刻地改变着商业结构，数据取代了传统商品成为网络公司追逐的新财富。“阿里巴巴公司本

① 李后强：《大数据时代的互联网思维》，《四川经济日报》2014年11月10日第1版。

② 于志刚：《“大数据”时代计算机数据的财产化与刑法保护》，《青海社会科学》2013年第3期。

质上是一家数据公司，我们做淘宝的目的不是卖货，而是获得所有零售的数据和制造业的数据；我们做阿里小微金服的目的，是建立信用体系；我们做物流不是为了送包裹，而是这些数据合在一起，我们对一个人的了解远远超过你，你是不了解你的。”[①] 大数据颠覆了传统的社会管理机制，如交通管理部门，利用车载 GPS 和车载电话，记录实时的交通路况信息，经过迅速地分析处理后，再将交通堵塞、道路险情等信息发送给车主；气象管理部门通过庞大的传感器网络，分析实时的气候变化，给农业、公共卫生、能源等产业提供预警和应对策略。[②] 在社会管理领域，治安部门利用大数据，进行犯罪分析和预测，对犯罪进行防控和打击。[③]

那么在法律领域，特别是对于刑法而言，大数据所带来的究竟是什么？大数据的核心是数据，而庞大的数据规模决定了其只能是计算机数据，大数据的单位亦都是借用了计算机数据单位。大数据的关键是解决方案，即分析海量的数据，从中获得有针对性的、有价值的信息，虽然不排除新型硬件的支持，但解决方案的核心依然是软件程序，计算机数据、软件程序尽管都是信息时代的新生事物，但是刑法已经对二者进行了一定的保护，从表面上来看，大数据似乎并未引发新的刑法问题。无论是计算机信息还是软件程序看似都是“老问题”，然而，大数据是量变引起质变的最好诠释，当数据达到一定规模，“一切都变了”。当信息数据的价值不断提升，大数据社会作为信息时代人类社会最新的发展方向，从而引发了经济领域和社会领域变革时，法律领域不可能“独善其身”。一方面，大数据在成为商业财富的同时，必然亦引发逐利的犯罪分子关注，成为新的犯罪对象；另一方面，大数据在发挥社会治理功能、引发积极的社会效益时，如果被滥用，必然亦会引发公共利益损害，乃至对国家安全形成威胁，大数据信息技术的“双刃剑”色彩再次彰显。

---

① 马云：《做淘宝不为卖货而为获得数据》（http：//finance. sina. com. cn/hy/20141129/072920954783. shtml，最后访问日期：2017 年 7 月 20 日）。

② John Carlo Berto：《大数据与开放数据的政策框架：问题、政策与建议》，郑磊、徐慧娜、包琳达译，《电子政务》2014 年第 1 期。

③ 李蕤：《大数据背景下侵财犯罪的发展演变与侦查策略探析》，《中国人民公安大学学报》2014 年第 4 期。

（二）新法益增生和传统法益弱化——计算机数据刑法保护的滞后表现

在人类社会发展的历史长河中，新技术、新事物不断涌现。但是，刑事立法保证的是相对稳定性的对象，大部分新技术只是带来了犯罪工具的更新，并未对刑法罪名体系造成严重的冲击。从整体来看，主要在两种情况下会引发刑法的变革：其一，新技术催生了新的重要法益，引发了法益保护的新需求；其二，新技术改变了社会运行模式，传统犯罪行为异化，刑事法律无法有效评价，传统法益的保护出现严重缺失。

1. 大数据技术引发的信息数据独立保护需求

大数据最为核心的特征之一，其实是以“量”取胜的。组成大数据的每一个零散数据都有价值，但其价值只有达到一定的数量层级并依托合理的分析方式才能实现。我国目前对于信息数据的保护强调的是“质”，只有直接体现重要利益的信息数据才被保护，对于计算机数据的保护仅依托于其直接相连的“利益”，计算机数据并未被视为法益。然而，大数据巨大的商业价值、社会价值、国家安全价值，已经不容刑法对其忽视了。以个人为例，如果得到特定个体对其计算机一次性操作数据，能够获得的信息数据量是极为有限的；如果是一次重要的操作，如输入银行账号，有可能获得比较有价值的信息数据；如果是日常操作，如开机、关机，该信息的价值几乎可以忽略不计；如果能够获得该个体对其计算机一年的操作的数据，在网络时代几乎可以得到该个体的全部信息，包括生活习惯、消费习惯、身份信息、金融信息、工作信息、健康信息甚至情感状况等。对于社会，对于国家亦是如此。因此，社会和国家都是由个体组成的，通过对大规模个体的数据分析，可以得到社会、国家的整体状态特征、发展趋势等一系列信息。这与传统的线性思维模式不同，大数据的法益是基于非线性思维方式，通过全部信息数据所共同体现的。例如，在线性思维模式下只有直接包含财产信息的计算机数据才同财产权益有关，但非线性思维方式则不再依赖这种联系，在不获取财产信息的前提下，通过对用户大量的其他信息大数据分析，亦可以间接地获得财产信息。在大数据非线性思维模式下，同一个大数据集中同时蕴含着个人的隐私数据信息、商业财产价值信息、公共利益信息，而获得何种信息则取决于对大数据分析的方式，传统的计算机数据刑法保护中首先要判决计算机数据性质的思维模式，已然难以维系。

大数据信息已经成为一种新型的重要法益，它不再依附于传统法益，而是具有自身的独立价值属性。在个人层面，大数据信息收集与个人隐私权密切相关，体现着个人数据信息隐私权益；在社会层面，大数据信息开始了商业化，体现着财产权益；在国家层面，大数据信息还具有了公共属性（国家事务属性），特定的大数据中包含着对国家政治、经济、军事、外交具有重要价值的信息，体现着国家利益。因此，传统刑法保护体系将计算机数据附属于特定的传统法益，与社会发展相脱节，大数据法益应当是隐私权、财产权和公共利益混合的一种新型法益，必然引起新的刑法保护需求。

2. 大数据带来的传统犯罪异化挑战

大数据将大量不同性质的计算机数据整合在一起，改变了人们获取信息数据、利用信息数据的方式，传统的国家秘密、情报、军事秘密、商业秘密的刑法保护也正在受到严峻的挑战。以商业秘密为例，作为商业秘密的某公司产品特殊配方，一般无法直接获得该特殊配方的信息，但是如果获得该公司购买原料的清单及原料的使用、库存、处理情况，只要数据获得足够广泛、真实，则可以通过上述大数据的分析，推测出该公司配方中的材料种类和配制比例。国家秘密、情报、军事秘密亦是如此，“棱镜门”事件已然向世界昭告，网络空间将是未来谍战的“主战场”。[①] 通过对网络空间中的大数据进行分析，获取某类信息，将成为新趋势，但是由于没有直接侵害上述特定信息，而是利用了信息的相关性，获取了其他相关数据进行分析得出的，原有的罪名体系显然无法对其进行制裁。

值得注意的是，信息时代社会发展变化的速度远超以往任何时代，大数据目前已经被广泛运用到各个领域，建构新的大数据的刑法保护体系已经刻不容缓，进而避免大数据领域成为“无法空间”。2014 年 2 月我

① 棱镜计划（PRISM）是一项由美国国家安全局实施的绝密电子监听计划，对微软、雅虎、谷歌、苹果、威瑞森电信等国际网络公司提供的信息数据进行发掘和分析，获取有用的价值情报，该计划主要针对美国以外的其他国家公民，中国公民的网络数据也在棱镜计划的收集范围之内。参见胡若愚《美“棱镜门”引全球哗然》，《浙江日报》2013 年 6 月 12 日第 8 版。

国首家大数据平台，中关村树海大数据交易平台试运营，截至2014年9月，该交易平台的大数据交易金额已经达到842万元。实际上，大数据交易早已经在世界范围内兴起，2008年成立的美国Factual公司，就是近年来涌现的以出售大数据为主营业务的公司，包括Facebook、CitySearch、AT&T及其他一些公司都会通过Factual来获取相关信息，相关信息的价格有时高达千万元，更值得注意的是，目前Factual公司唯一的一家海外办事处就位于中国上海，这正是在中国巨大网络用户基础上，大数据资源的可观和未来市场的广阔。[①] 大数据的共享和交易，将是社会未来发展的趋势。但是，对于特定的大数据，对其分析有可能获得国家秘密、情报、军事秘密、商业秘密，如果此类数据可以随意收集、使用和交易，那么无疑是对传统信息数据罪名体系的重大挑战。

四 计算机数据刑法保护的完善路径：司法解释扩张和立法更新

计算机数据同信息时代具有天然的契合性，将成为未来社会的一种基础性资源。随着人类信息交往的扩张和大数据技术的进步，计算机数据的影响和重要性还会进一步提升，完善计算机数据的刑法保护，是大数据信息时代刑事法律准备的关键一环。

（一）完善的基本理念——坚持谦抑性的扩大保护功能

依托于计算数据的大数据，是社会高度信息化的必然产物。对于计算机数据保护的完善，亦必须注重同社会现状和未来发展趋势相一致，立在坚持刑法谦抑性的基础上扩大对计数机数据保护的基本理念。

1. 刑法谦抑性的坚持：刑事制裁适用的审慎

计算机数据是未来的“新石油”，被许多国家上升为国家利益和国家战略层面。[②] 因此，扩大和加强对计算机数据的刑法保护是社会发展趋势的客观要求，但基于刑法自身的谦抑性，刑法保护亦不能过度依赖刑事制裁，否则不仅有违部门法之间的分工平衡，更有可能阻碍未来信息数据的应用和发展。一方面，必须要承认，对大数据技术兴起后计算机数

① 屈一平：《兴起与欠缺：揭秘大数据买卖在中国》，《小康》2014年第11期。

② 李国杰、程学旗：《大数据研究：未来科技及经济社会发展的重大战略领域——大数据的研究现状与科学思考》，《中国科学院院刊》2012年第6期。

据价值的变革法律层面准备不足，同社会发展出现了一定的脱节，这不仅仅出现在刑法部门法领域，也是所有部门法的共同问题，有关大数据的概念、大数据的分类、大数据的技术保护、大数据的交易规则等一系列问题，都涉及民事法、行政法等多个部门法领域，刑法不宜“越俎代庖”，对于民事法和行政法尚未规定的侵权和行政违法行为进行刑事制裁。另一方面，大数据“以量取胜”和“非线性思维模式”的性质决定了，信息数据只有在“政府、私营部门、公共事业公司、各种设备（如汽车、智能手机、家庭传感器、楼宇传感器等）和个人之间流动交汇”[①]才能充分地获得发展和应用，尽管部分收集信息数据、利用信息数据等行为，会威胁到个人隐私权和国家秘密、商业秘密等重要利益，但不能一概严禁大数据的流转，刑法应当有所区分，仅关注其中具有严重社会危害性的行为。

2. 刑法社会保护功能的扩大：满足计算机数据的保护需求

为了应对大数据时代的挑战，改变计数机数据保护滞后的现状，必须扩大刑法的社会保护功能，以满足计算机数据作为新型独立法益的特殊保护需求。扩大刑法的保护应当兼顾大数据技术的特性、进步和创新，其前提是，刑法所要扩大保护的是计算机数据而非“大数据”。其原因有两条：一是大数据是一类特殊的大规模数据集合，大数据并不是独立的法益，组成大数据的计算机数据才是独立的法益，如果将刑法保护的对象视为大数据，那么就意味着刑法只保护达到一定规模的数据集合，而不保护组成大数据的小规模数据，这不仅违背认识规律更同大数据的特性相冲突。[②] 二是大数据技术尽管发展迅猛，但依然处于发展初期，大数据概念本身尚存在较大的争议和可变性，刑法不宜将大数据这一概念引入法律规范。因此，大数据是网络信息技术引发的计算机数据变革的集中体现，其属于一种技术层面的概念，而刑法真正应当关注的是组成大数据的计算机数据。

---

① John Carlo Berto：《大数据与开放数据的政策框架：问题、政策与建议》，郑磊、徐慧娜、包琳达译，《电子政务》2014 年第 1 期。

② 需要注意的是，对于侵害零散和较小规模计算机数据的行为，不需要刑法的介入，并不是源于刑法不保护小规模数据，而是此类行为对于计算机数据的侵害尚未达到严重的程度，这是由我国刑法和行政法二元分立的特性决定的。

目前，大数据的流转过程中包括计算机数据采集、计算机数据预处理、计算机数据存储及管理、计算机数据分析及挖掘、计算机数据展现和计算机数据应用等一系列行为。[①] 但是，从法律的视角来看，可分为计算机数据的获取和计算机数据的利用两类行为，二者是大数据时代计算机数据流转的核心和关键，只有确保计算机的数据被合法地获取和利用，才能充分实现计算机数据的保护。例如，鉴于计算机数据价值的凸显，实践中出现的大量窃取他人计算机数据的行为，可以归类于非法获取计算机数据；又如，对于合法获取计算机数据后，非法出售、提供计算机数据，侵害个人利益、公共利益、国家利益的行为，可以归类于非法利用计算机数据行为。刑法对于计算机数据的扩大保护，关键是对具有严重社会危害性的非法获取计算机数据和非法利用计算机数据两类行为，予以充分合理的刑法评价。

（二）完善的司法途径——非法获取计算机信息系统数据罪潜能的发掘

大数据技术带来了社会运行机制的变革，刑法亦需要进行一定的调整来实现更新，但这并不意味着刑法相关罪名需要完全推倒重来。基本的法律原则、法律理念、法律关系并不会因为信息时代的技术创新和数据集中而颠覆，现有的罪名依然有较大的潜力，对于计算机数据刑法保护的完善，司法途径是首要的选择。

1. 非法获取计算机信息系统数据罪的重新解释

上文已述，为了实现对于计算机数据的保护，刑法设定了专属罪名和特定信息数据罪名。而特定信息数据罪名由于在立法之初，就限定仅保护特定性质的计算机数据，如个人信息、商业秘密、国家秘密等。因此，无法实现大数据时代对计算机数据全面保护的需求，亦无进行太多扩大解释的空间。而作为专属罪名的非法获取计算机信息系统数据罪，作为专门保护计算机数据的罪名，适用的领域相对更加广泛，而现有的关键问题是《计算机信息系统安全解释》中将本罪成立的“情节严重”限定为犯罪对象为“身份认证信息”，导致了司法实践中对不属于“身份认证信息”的计算机数据鲜少被纳入本罪的制裁范围。但实际上，《计算

---

① 涂新莉、刘波、林伟伟：《大数据研究综述》，《计算机应用研究》2014 年第 6 期。

机信息系统安全解释》中亦规定了“其他情节严重情形”作为兜底型条款，当前的问题关键在于，能否将全部的“计算机系统数据”都解释为“计算机信息系统数据”？

结合《计算机信息系统安全解释》中对“计算机信息系统数据”的界定，“计算机系统数据”是指具备自动处理数据功能的系统，包括计算机、网络设备、通信设备、自动化控制设备等设备中存储、处理、传输的全部数据。我国刑法中的计算机信息系统数据罪已经基本可以涵盖所有的计算机数据。一方面，涵盖了计算机、网络设备、通信设备、自动化控制设备等硬件，不仅包括了计算机这一计算机数据的核心硬件，而且包括了移动设备、云计算设备、物联网设备等具有网络、通信、自动化控制功能的最新硬件；另一方面，储存、处理、传输也基本上囊括了上述硬件设备中的全部数据。因为，任何数据，无论是产生于现实空间信息的电子数据化，还是在计算机信息系统中生成的数据，都必须经过一定的储存、处理和传输的过程。因此，计算机数据和计算机信息系统数据两个概念基本上是一致的，通过非法获取计算机信息系统数据罪制裁全部非法获取计算机数据的行为，并不违背罪刑法定原则。

因此，建议通过司法解释，改变过去司法实践中的线性思维模式，不再根据数据的性质进行保护，而是基于大数据时代的要求，对于数据“量”进行保护。当前的主要工作任务，是对非法获取计算机系统数据罪中的“情节严重”进行重新的解释，包括三项内容：其一，增加非法获取计算机信息系统数据数量的定量标准，如对于非法获取 50 台以上计算机信息系统中数据的，可以视为“情节严重”；其二，增加非法获取计算机信息系统数据量的定量标准，如对于非法获取计算机信息系统数据信息量累计达到 1GB 的，可以视为“情节严重”；其三，保留现有《计算机信息系统安全解释》中“情节严重”的规定，考虑到罪名适用的连贯性和一致性，现有的标准应当予以保留，特别是“其他情节严重情形”这一开放性标准，可以保证非法获取的计算机信息系统数据罪能够有一定的弹性，避免重复立法或解释。

2. 计算机数据刑法保护完善司法途径的缺陷

非法获取计算机数据行为的认定，是计算机数据刑法保护的关键。通过刑法的制裁非法获取计算机数据的行为，可以有效地阻断对于计算机数据进行非法利用，确保隐私安全、数据财产安全以及数据背后的商业秘密、国家秘密等重大利益。但是，必须指出的是，网络社会中，虚拟性和技术性是网络的两大核心特征，网络行为的实施必须要依托一定的技术支持。随着网络平台化建构的兴起，大量的网络平台给人类社会提供了更便捷、优异的服务，用户和网络平台互动的增多，也必然会导致网络平台中获得的用户数据日益增多。网络平台获得这些数据是合理合法的，亦是必须的。例如，使用搜索引擎时，搜索服务公司必然会获悉你搜索的关键词；使用网络购物时，网络经销商必然会获得你的购物信息、送货地址、支付方式、联系方式等一系列信息。目前，流行的云存储技术，几乎可以将个人信息系统中的全部信息数据储存在网络存储服务商的网络服务器中。对于此类合法获得计算机数据的网络平台，显然不能适用非法获取计算机信息系统罪。但是，如果上述平台对获取的信息进行非法利用时，如非法出售、非法提供等，行为同样具有严重的社会危害性。如果输出的信息数据不属于刑法所保护的特定性质数据时，如用户上网记录、用户搜索记录、用户购买商品记录等，现有的刑法罪名体系显然无法有效地评价。

（三）完善的立法途径——《刑法修正案（九）》的微调

大数据被视为现代科技的第三次浪潮，推动着刑法保护重心由“计算机信息系统”向“计算机数据”转化，立法机关对此非常清楚。2015年11月全国人大常委会审议通过并实施的《刑法修正案（九）》（以下简称《修正案（九）》）中亦对部分罪名进行了修正，[①] 增强了信息数据的保护力度。然而，《修正案（九）》中的规定在一定程度依然未能跳出根据信息数据性质进行保护的线性思维，有必要对草案中的罪名进行微调，完善满足计算机数据刑法保护的需求。

---

① 《修正案（九）》第十六条规定将《刑法》第二百五十三条之一修改为：“违反国家规定，将在履行职责或者提供服务过程中获得的公民个人信息（单位或公民的信息数据），出售或者提供给他人，情节严重的，处三年以下有期徒刑或者拘役，并处或者单处罚金。”“窃取或者以其他方法非法获取公民个人信息（单位或公民的信息数据），情节严重的，依照前款的规定处罚。”“未经公民本人（单位或公民）同意，向他人出售或者非法提供其个人信息（信息数据），情节严重的，处二年以下有期徒刑或者拘役，并处或者单处罚金。”“单位犯前三款罪的，对单位判处罚金，并对其直接负责的主管人员和其他直接责任人员，依照各该款的规定处罚。”

1.《修正案（九）》的核心缺陷——“个人信息”范围过窄

审视《修正案（九）》中与信息数据保护相关的修正，主要包括以下三个方面内容：其一，《修正案（九）》对出售、非法提供公民个人信息罪的适用主体进行了扩张，不再限定为“国家机关或金融、电信、交通、教育、医疗等单位的工作人员”；其二，《修正案（九）》对非法获取公民个人信息罪的犯罪对象进行了扩张，不再限定为必须是“他人在履行职责或提供服务过程中获得公民个人信息”，而是适用于全部公民个人信息；其三，《修正案（九）》增加了未经公民本人同意，向他人出售或者非法提供其个人信息的行为，未来有可能独立成为新的信息数据保护罪名。《修正案（九）》扩大了现有刑法罪名对于信息数据的保护范围，非常具有积极意义。然而，《修正案（九）》还是按照传统的依据信息数据性质进行保护的线性思维模式，将保护的视角集中在“公民个人信息”而非全部类比的信息数据，刑法保护对于信息数据的全面保护依然未能实现。

关于“个人信息”，我国刑法中未能给予明确的界定，结合域外立法可以考察世界各国或地区都有对“个人信息”的界定。例如，欧盟《关于涉及个人数据处理的个人保护以及此类数据自由流动的指令》中将“个人数据”界定为：“任何与已经确认的或可以确认的自然人（数据主体）有关的信息；可以确认的自然人是指直接或间接的参考他的识别号码或他所特有的身体、生理、精神、经济、文化和社会识别等众多因素中的一个或几个可以对其进行确认的人。”日本《个人信息保护法》中规定“个人数据”是指：“与生存着的个人有关的信息中因包含有姓名、出生年月以及其他内容而可以识别出特定个人的部分。”我国台湾地区相关法律则规定“个人资料（个人数据）”指：“自然人之姓名、出生年月日、身份证统一编号、特征、指纹、婚姻、家庭、教育、职业、健康、病历、财务情况、社会活动等足资识别该个人之资料。”① 由此可以发现，“个人信息”同“身份识别”具有密切联系，主要针对的是能够识别出信息所有者身份的信息数据。因此，《修正案（九）》虽然对于信息数据的

---

① 姚维保、韦景竹：《个人数据流动法律规制策略研究》，《图书 情报 知识》2008 年第 2 期。

保护有所扩大，但对于“身份识别”以外的信息数据，依然没有纳入保护范围，而此类信息数据同样具有重大的保护价值。

2.《修正案（九）》的微调——实现大数据时代信息数据的全面保护

刑法理论研究应当重点关注刑法问题解决的司法途径。刑法的稳定性要求刑法规范不能频繁变动，但是，面对大数据技术的全面冲击，刑事立法理念更新是时代发展的客观要求。时值我国立法机关进行新的一轮立法修正，应充分把握这一契机，在现有《修正案（九）》规定的基础上，对部分表述进行微调，以满足大数据时代信息数据保护的需求。

《修正案（九）》第十六条的微调，首先体现在对于数据类型的规定上，将现有的“个人信息”调整为“信息数据”，实现对于信息数据的全部保护。大数据时代，数据保护的中心是计算机数据，但是鉴于法律规定的一致性和延续性，并且考虑到保证新立法的弹性和适用周期，此处依然使用“信息数据”这一计算机数据的上位概念。

需要指出的是，由于大数据收集和处理技术的门槛较高，“大数据有三个基础设施要素：一个用于组织、存储并且保障数据可获取的平台；能够处理大规模数据集的计算技术和能力；结构化的、可使用的数据格式”①。目前大数据的所有者多为单位，在司法实践中，非法攻击、窃取大数据的行为，多针对单位实施，刑法不将单位的信息数据纳入保护范围是明显的缺失。因此，对于“信息数据”所有权的主体，亦应当进行一定的扩充，不再限定为“公民”自然人，而将“单位”的信息数据同样纳入保护范围。

同时，鉴于信息数据同隐私权、财产权、商业秘密、国家秘密等一系列重要利益密切相关，调整后《修正案（九）》第十六条的罪名，不适合再放置在刑法分则第四章侵犯公民人身权利、民主权利罪中，而应将其置于分则第六章作为《刑法》第二百八十二条之一，更加符合刑法分则的罪名体系规则。因此，《修正案（九）》第十六条中的规范内容应当调整为：“在刑法第二百八十二条后增加一条作为二百八十二条之一：‘违反国家规定，将在履行职责或者提供服务过程中获得的公民个人信息

---

① John Carlo Berto：《大数据与开放数据的政策框架：问题、政策与建议》，郑磊、徐慧娜、包琳达译，《电子政务》2014 年第 1 期。

（单位或公民的信息数据），出售或者提供给他人，情节严重的，处三年以下有期徒刑或者拘役，并处或者单处罚金。’‘窃取或者以其他方法非法获取公民个人信息（单位或公民的信息数据），情节严重的，依照前款的规定处罚。’‘未经公民本人（单位或公民）同意，向他人出售或者非法提供其个人信息（信息数据），情节严重的，处二年以下有期徒刑或者拘役，并处或者单处罚金。’‘单位犯前三款罪的，对单位判处罚金，并对其直接负责的主管人员和其他直接责任人员，依照各该款的规定处罚。’”因此，修正后的刑法第二百八十二条之一将作为新增设的罪名，而现有的非法获取计算机信息系统数据罪，出售、非法提供公民个人信息罪，非法获取公民个人信息罪和非法获取计算机信息系统罪，将作为新增罪名的特殊罪名，对于信息数据实现差异性保护。

第五节　微博治理的阻断机制——微博空间中“禁止令”的适用

信息时代网络技术日新月异，微博、微信等网络空间不断涌现，给人们的生活、工作和学习带来了无限的便利。与此同时，犯罪人也不断发掘网络的工具潜力，对网络空间中增生的法益进行侵害；更有甚者，因为网络空间中的活动而诱发了传统空间中的犯罪；凡此种种，不一而足。这不仅对刑法分则延伸适用于网络空间提出了新的挑战，而且对刑法总则中的“综合性处遇制度”①“禁止令”的适用也产生了很大的冲击。

根据2011年通过实施的《刑法修正案（八）》，《刑法》总则第三十八条增加规定，判处管制，可以根据犯罪情况，同时禁止犯罪分子在执行期间从事特定活动，进入特定区域、场所，接触特定的人；第七十二条增加规定，宣告缓刑，可以根据犯罪情况，同时禁止犯罪分子在缓刑考验期限内从事特定活动，进入特定区域、场所，接触特定的人。这在刑法理论界称为刑法上的“禁止令”。同年，最高人民法院、最高人民检察院、公安部、司法部联合印发了《关于对判处管制、宣告缓刑的犯罪分子适用禁止令有关问题的规定（试行）》（以下简称《规定》），就判处

① 李怀胜：《禁止令的法律性质及其改革方向》，《中国刑事法杂志》2011年第11期。

管制、宣告缓刑的犯罪分子适用禁止令的有关问题进行了较为详细的规定。但是，仔细研读可以发现，通篇除了禁止进入“网吧”这一表述之外，其中并未对禁止进入信息时代的网络空间如微博进行充分的考虑。这或许是由于当时“根据”的“犯罪情况”涉及网络因素并不明显有关，但更大的原因可能是对禁止令适用于网络空间的认识未达系统、全面的程度，这无疑将大大限制信息时代犯罪人的预防和改造效果。为此，应当探索网络空间中刑法上的禁止令的适用问题。

一 刑法禁止令的适用框架

刑法上的禁止令，就是要求不作为。不管是作为还是不作为都是指行为，而行为就必须具备四个要素：时间、地点、人物、事件。“在执行期间（缓刑考验期限内）从事特定活动，进入特定区域、场所，接触特定的人”，这从不同层面强调了这一思路：第一，不作为的时间是“在执行期间（缓刑考验期限内）”；第二，不作为的地点是“进入特定区域、场所”；第三，不作为的人物是“接触特定的人”；第四，不作为的事件是“从事特定活动”。《规定》第三条、第四条、第五条和第六条也是依照这个思路一一进行侧重规定的。这是其形式上的要素。

禁止令适用的实质要素，则是所根据的“犯罪情况”，也就是有的观点总结的关联性、预防性、有效性、比例性这“四性考量”。[①] 笔者以为，“四性考量”原理全面、准确地把握了禁止令适用的实质要素：一是关联性是指要求的不作为应当与裁判文书认定的罪行有密切联系；二是预防性是指要求的不作为必须有助于该罪行的预防效果；三是有效性是指要求的不作为必须在实践中可以操作；四是比例性是指要求的不作为不能过分地限制犯罪人工作和生活的自由，特别是不能实质性地消灭其享有的宪法权利。

应当说，《规定》的四条不管是在形式要素上还是在实质要素上，都较好地指引了适用机关对犯罪人“进行必要的约束，以适应对其改造和预防再次犯罪的需要”[②]。但是，其对信息时代法律适用的“双层社会”

---

① 陈鹏展：《对禁止令的理解与适用》，《人民法院报》2011 年 5 月 4 日第 6 版。

② 高铭暄：《中华人民共和国刑法的孕育诞生和发展完善》，北京大学出版社 2012 年版，第 220 页。

背景的考虑仍未免有不充分之处。

二　网络空间如微博对禁止令适用的全面冲击

现实的社会不再是限于传统空间的一元社会，而是传统空间和网络空间并行不悖又交叉融合的“双层社会”[①]。其特点是：第一，网络空间如微博的独立性越来越强，人们在传统空间可以进行的工作、学习、生活等活动大都可以在网络空间中进行，并且网络空间中正不断衍生出全新的工作、学习、生活等活动；第二，网络空间与传统空间的融合性也越来越明显，越来越多的工作、学习、生活等活动需要同时在线上、线下进行，或者接续、交替进行。在此“双层社会”的背景下，犯罪人来回穿梭于传统空间与网络空间，甚至专门潜伏于网络空间，伺机而动。为此，在对其判处管制和缓刑时，必须针对与其罪行有关的网络因素，在禁止令中有所反映，才能全面、有效地防止其重蹈覆辙，为社会安全提供更为全面、有效的保障。其实，禁止令延伸适用于网络空间早在21世纪初国内就有学者提出，只不过当时的建议是进行刑罚种类的创新，因为犯罪人对于计算机犯罪方法具有迷恋性，可以选择对此类犯罪引入新的资格刑，或者说规定与使用计算机有关的保安处分，这样对于各种利用计算机实施传统犯罪的犯罪人能起到有效的特殊预防效果。[②]

在“双层社会”，网络空间因素对于刑法上禁止令适用的冲击是全面而又具体的。禁止的作为要素有一个“公分母”，那就是禁止令的期限。这是其他具体要素——地点、人物、事件都必须符合的前提性要素。网络空间对于禁止令时间问题的冲击，主要存在于技术设定中。通过技术设定，犯罪人在网络空间中的作为或者不作为可能长期甚至无期限地进行。在犯罪人禁止令生效之前，已经在网络空间中进行了某种技术设定，定期或者不定期地在网络空间中“从事特定活动，进入特定区域、场所，接触特定的人”。例如，在禁止令生效之前，就已经在微博中设定定期或不定期发文，或者查看特定微博用户消息的机制。如果在禁止令生效期

① “双层社会”的详细论述参见于志刚《“双层社会”的形成与传统刑法的适用空间——以两高〈网络诽谤解释〉的颁行为背景的思索》，《法学》2013年第10期。

② 赵秉志、于志刚：《计算机犯罪及其立法和理论之回应》，《中国法学》2001年第1期。

间，犯罪人不得在网络空间中“从事特定活动，进入特定区域、场所，接触特定的人”，那么，其他相关方的合法权益可能遭受重大损害，此时犯罪人的作为义务就与禁止令产生了冲突，这是网络因素在时间上的禁止令适用冲击。从实质要素来看，是对禁止令适用的比例性原则进行了挑战，即是否平衡和如何平衡预防犯罪人再次犯罪的社会利益与犯罪人再次在网络空间中“从事特定活动，进入特定区域、场所，接触特定的人”涉及的相关方利益，成为网络空间中适用禁止令可能考虑的时间问题、比例问题。

三 禁止令在网络空间如微博的具体适用

如果说前述网络空间对于禁止令时间要素的冲击是比例原则的贯彻问题，那么网络因素对于禁止令中的地点、人物、事件要素的冲击则可能是其他原则的贯彻问题。

（一）网络空间适用禁止令的地点要素：禁止进入特定网络平台如微博空间

《规定》对于禁止进入的场所、区域主要列举了娱乐场所、大型群众性活动场所、中小学校区、幼儿园园区及周边地区等。并未考虑到网络空间中的“场所”“区域”，这在“双层社会”是不全面的。刑法上的“区域”，总则上涉及管制的执行与缓刑的适用，可以限制进入特定的场所和区域。对于一些进行网络违法犯罪的惯犯或者少年犯，我们的确可以限制其进入网吧等特定场所，[①] 但是，该措施并不全面有效。我们知道，现在已经不是台式计算机时代，甚至不是个人计算机时代，而是移动互联网时代，限制行为人进入特定上网场所毫无意义。那是否可以限制行为人上网呢？有观点认为对未成年人可以这样禁止。[②] 但这显然不妥。信息时代利用信息网络获得信息已经成为一项基本的公民权利，如果全然剥夺了该权利，显然不符合公法上的比例原则。特别是对于未成年人，在信息时代，信息获取能力与信息沟通能力是其成长过程中必须发展的能力，如果在其成长的黄金时期，面对日新月异的信息网络技术

① 参见孙建保《刑法禁止令司法适用探析》，《人民司法（应用）》2012 年第 3 期。

② 参见王占洲《刑事禁止令的法理分析》，《现代法学》2010 年第 4 期。

“可远观而不可亵玩”，这无疑是对其未来成长非常不利的，极其不符合禁止令适用的合比例性原理。

但是，限制其在信息网络上进行违法犯罪又是管制执行和缓刑适用所必需的，此时就应当通过对“场所”“区域”在网络空间中的扩张来解决这个矛盾。行为人可以利用信息网络，但是不得进入特定的网络场所、区域，如微博。这里的特定网络区域主要是依据活动类型来划分的。如果该活动类型与行为人既往的违法犯罪有密切联系，就应当禁止其进入该特定网络区域。例如，与其犯罪行为不可分割的网上交易平台、支付平台、游戏平台、交友平台。“从法律上说，禁止令本身并不是一项刑罚制度，而是类似于一种保安处分措施。它与管制和缓刑配套适用，有助于管制和缓刑取得更佳的刑罚效果。”[①] 在双层社会，将禁止令的适用适当延伸至网络空间，对于改善管制和缓刑的适用效果也是非常必要的。《规定》中的“娱乐场所”是指“自娱自乐”的场所，[②] 而“自娱自乐”在网络平台上也可以进行，如微博发视频互动；“大型群众性活动场所”也可能是网络空间中的投票、评奖、答疑等在线互动活动。禁止进入的场所和区域限于中小学校幼儿园周边地区是不全面的，大学等教育机构都有自己的网上社区如BBS，如果犯罪人的犯罪情况与此有关，如骚扰、性犯罪等，那么也应当限制其进入该网络场所。

参照《规定》中列举的“场所”“区域”，结合网络空间中的“场所”“区域”，网络空间中的禁止令适用主要涉及以下五种类别。

1. 网上社交平台

这在网络空间中极为常见，无论是微博、QQ、微信等使用人群最具代表性的社交软件，还是其他交友平台，都可能作为犯罪对象如篡改界面、犯罪工具如诈骗和犯罪空间如获取其中的信息。社交软件作为犯罪空间的问题极其突出，不管是在聊天室表演和聚众吸毒，还是在网络秀场表演和聚众淫乱，以及裸聊服务，此类犯罪人都充分利用了网络信息技术带来的便利，使犯罪的危害性最大化。对此类犯罪人，就应当禁止

---

① 陈兴良：《刑法的刑事政策化及其限制令》，《华东政法大学学报》2013年第4期。

② 胡云腾：《〈关于对判处管制、宣告缓刑的犯罪分子适用禁止令有关问题的规定（试行）〉的理解与适用》，《人民司法（应用）》2011年第13期。

其在管制或缓刑期间进入此类空间。当然，如果类似的软件空间不能进行视频类违法犯罪信息流的传输和交换的，应当不在禁止进入的场所之列。但是，如果视频信息流能够改头换面到文字、音频文件等信息形式进行传输和交换的，也应当禁止其进入此类软件平台。当然，此类场所中易发的犯罪是诽谤等谣言犯罪。如美国现在的诽谤主要发生于博客和Facebook、Twitter之类的社交媒体。[①] 对此类犯罪，也得通过禁止令消除犯罪人的作案空间。

2. 网上支付平台

在网络交易的过程中，必不可少的一个环节是支付，这就涉及网络资金流的平台，必然成为不少犯罪人的目标。对于针对网络支付平台进行欺骗、盗窃等财产犯罪的犯罪人，应当禁止其进入网络支付平台。但是，预防其针对网络支付平台进行犯罪的更有效的办法是技术手段，使其无法登录交易平台，这在上述网络攻击的分析中更为明显。网络攻击很可能不直接登录犯罪对象平台，而是远程控制进行攻击，此时要强制其使用特定上网工具，防止其发出攻击代码。换言之，禁止令中的不作为，其实是可以通过其他的作为来替代完成的。

3. 游戏平台

游戏平台作为禁止令适用的考量因素的特殊性在于，不仅可以是上述与罪行直接相关的犯罪对象如攻击对象、犯罪工具如诈骗工具和犯罪空间如盗窃其中的游戏装备，还可以是间接相关的犯罪诱因，这在未成年人犯罪中尤为突出。不少未成年人因为上网成瘾而不能自拔，为了凑钱上网，或者购买游戏装备，或者请人陪练；而在传统的物理空间中则表现为，针对他人尤其是年纪小的学生进行盗窃、诈骗、抢夺、抢劫等侵犯财产的犯罪。对此犯罪诱因，必须从根源上把它消除，所以应当禁止其进入游戏平台。这也是一个技术性问题，如限定其在家上网使用过滤软件等。

4. 网上交易平台

无论是利用网络交易平台进行犯罪，如销售伪劣产品、侵犯知识产

---

① David S. Ardia, "Freedom of Speech, Defamation, and Injunctions", *William & Mary Law Review*, Vol. 5, 2013, p. 2.

权作品；还是针对网上交易平台本身进行犯罪，如网络攻击，使其瘫痪的行为；抑或是在网络交易平台上进行谣言类犯罪，如恶意差评的行为，都与犯罪行为本身密切相关，与预防其再犯此罪行不可分割。应当对其使用禁止令，禁止其进入该类网上交易平台。例如，禁止销售伪劣产品犯罪人在淘宝等电商平台上开网店，禁止攻击电商平台的犯罪人登录电商网站，禁止恶意差评的商家、顾客进入交易平台等。

5. 共享软件平台

共享软件平台，是指利用 P2P、BT 等信息技术进行信息交换的网络平台，如各大高校里面的 BBS 中的影视资源交流社区。此类资源的软件平台很容易造成侵害他人知识产权的后果。例如，北欧面对的 The Pirate Bay 帮助版权侵权犯罪。①在共享软件平台中的犯罪分为两种情况：一种是提供这种平台而对上传、下载的资源不闻不问的行为，另一种是上传侵权作品的行为。对于前者行为人，应当禁止其运营此类空间，但仍可允许其进入其他共享平台。此时，禁止令的类型是针对事件的，而非针对场所区域的。但对于后者行为人，应当被禁止进入各种共享软件平台。需要注意的是，下载即上传的 P2P 技术意味着仅仅下载的行为也不允许，也应在禁止之列。

（二）网络空间适用禁止令的人物要素：禁止进行特定网络接触如微博接触

《规定》禁止犯罪人接触“可能遭受其侵害、滋扰的人或者可能诱发其再次危害社会的人”，这在传统空间中较为容易适用。但是，在信息技术不断发展的信息时代，禁止接触的可操作性面临着挑战。

在传统时代，禁止接触主要是禁止见面以及书信，当然还包括利用第三人进行的信息传递。但是，随着信息技术发展到电报、电话、手机之后，禁止的可操作性变得更低了。在当今信息技术阶段，不管是传统互联网，还是移动互联网，都给“接触”的认定带来了更大的挑战。有观点认为“不能接触特定的人”，可以包括禁止犯罪分子在管制、缓刑期间，以任何方式，包括书信、网络等方式，与可能会对其改造产生负面

---

① Norrgård, Marcus, “Blocking Web Sites-Experiences from Finland”, available at SSRN: http://ssrn.com/abstract=1997103 or http://dx.doi.org/10.2139/ssrn.1997103.

影响的人或者可能会导致其再次犯罪的人联系。[①] 这考虑到了以网络方式联系，固然可喜。但是，以网络方式进行联系的认定存在着特殊性。

从一般意义上来讲，接触包括信息的交流，而信息交流又包括双向交流与单向交流。既然是禁止犯罪人联系他人，那么在双向交流中就是禁止其对他人的信息进行作为，而在单向交流中则为禁止其主动联系他人或者主动对他人的言行进行作为。例如，犯罪人因在微博上强奸、猥亵而依据上述禁止进入特定场所、区域的论断而禁止其上微博，但如果犯罪人在某个聊天群组里与其他强奸、猥亵行为人在一起、同为成员，此时是不是要求他退出该群组呢？又因为其他造谣、传谣者很可能在群组里发言，如果犯罪人看到而无动于衷，是否符合了禁止接触的要求呢？笔者以为，这种情况属于单向交流，由于是其他人主动进行信息传递，而犯罪人并没“接招”。仍然应当评价为犯罪人主动联系他人，犯罪人应当保证不得接收该群组相关行为人的信息。为了使其彻底免受“可能诱发其再次危害社会”的危险，应当以命令其不得登录该群组的方式达到遵守禁止令的要求。但是，如果登录该通信服务，消息是会自动提示的，应当屏蔽该群组消息，这主要是通过技术进步进行，这样才能最大限度地保护犯罪人的通信自由，又最大限度地预防其再犯。这是由其“犯罪情况”产生的作为义务。如果仅仅是个人好友而非共为群组成员，是否不与该人联系即可呢？如果被动接收消息的话，仍然会有诱发犯罪的危险，所以不能主动联系是必然要求，而屏蔽对方信息也是预防犯罪的题中应有之义。另外，屏蔽信息应当是全面的，不仅是接收即时通信信息，而且包括浏览对方的非即时消息，如微博空间、QQ 空间，或者微信“发现”里的好友动态，也应当屏蔽。

此时，就涉及非好友而联系的问题。换言之，在网络空间中，既有传统空间中熟人在网络空间中的联系，也有网络空间中的熟人联系，更有网络空间中的陌生人与准“陌生人”联系。如百度贴吧中，各个发言者可能早有联系，也可能毫无联系，毫无联系的可以称为陌生人，但早有联系的也可称为准“陌生人”，因为彼此并未建立上述 QQ 好友、微信好友的关系，而只是在彼此公开发表言论时有过回应。这样就出现了认

---

① 余剑、邵旻：《论刑法禁止令制度的司法适用》，《法学》2011 年第 11 期。

定“接触”的另一难题：如强奸、猥亵犯罪人之前对其他人的强奸、猥亵言行进行过回应，那么是否应当禁止其在该信息空间如百度贴吧中再次发帖和浏览呢？这里的信息接触的不同在于，只是一种可能性，而非必然性。在好友关系中，联系是否是确定的，在开放的信息空间中，不管是信息发布，还是信息浏览，对特定的信息来说，其浏览者和被浏览者都是不确定的。此时为了消除其受其他行为人影响、诱发再次犯罪的可能性，应当禁止犯罪人进入该信息空间，属于禁止进入“场所”“区域”的内容。因为，在这种开放式的社会空间中，只要允许犯罪人进入，就不可能消除其接收到其他人诱发犯罪信息的可能性。所以，只能禁止其进入。在这里，“接触”的问题，变成了“场所”的问题。

这种论断可能面临的诘难是，现实空间中不能因为可能诱发犯罪人犯罪就禁止其他人进入电影院、报告厅等场所吧？要“不妨害犯罪分子的必要生活条件，不对犯罪分子的基本权利和尊严造成侵犯”①。笔者以为，现实空间中的这种开放性场所，虽然和网络空间中的开放性场所都是不特定人可以随时进出的场所，但二者的区别在于信息是否超越时间的限制而长期存在甚至永远存在。在网络空间中，发布的信息是长期存在甚至永远存在的，犯罪人只要进入该信息空间就可能被发现。而在传统空间中，信息是不具有持久性的，犯罪人和其他人不可能长期存在该场所，只能是临时性地待在该场所，这样一来，他们接触的可能性就大大降低了；同时，为了维护人们的生活、工作自由，也不应当禁止其进入该场所。当然，如果存在其他可能诱发其犯罪的人、其他可能遭受其侵害或滋扰的人在特定场所工作、表演等，那么犯罪人进入该场所，则其接触这些人的可能性极高，此时应当禁止其进入。

回到接触的认定本身，网络空间中的接触问题的本质在于，信息交流的模糊性是否能够认定为接触。这个问题早为学者所关注，网络共同犯罪中的一大问题便是素昧平生的人通过网络联络而实施的共同犯罪大量出现，偶遇并共谋的认定成为难点。② 换言之，“任何一条信息，在网

---

① 余剑、邵旻：《论刑法禁止令制度的司法适用》，《法学》2011 年第 11 期。

② 于志刚：《论共同犯罪的网络异化》，《人民论坛》2010 年第 10（中）期。

络空间中都可能被数量庞大的受众获知、审视、传播和评价”①。如此一来，判处管制、适用缓刑的犯罪人只要上网就可能接触到“可能遭受其侵害、滋扰的人或者可能诱发其再次危害社会的人”的信息，是否可以为了消除这种可能性而禁止其上网成为问题。此时就涉及“信息获取和传输自由”②的具体分析，考虑有无替代手段。结合前述的比例原则，在考量这种可能性和上网的自由平衡之中，根据具体的犯罪情况做出具体的选择，无疑是必然的趋势。

（三）网络空间适用禁止令的事件要素：禁止从事特定网络服务如微博服务

对于禁止令中的事件要素，《规定》主要针对的是单位设立活动、金融活动、生产经营活动、高消费活动，基本都是针对资金的流向。其中，第三条第四项规定“附带民事赔偿义务未履行完毕，违法所得未追缴、退赔到位，或者罚金尚未足额缴纳的，禁止从事高消费活动”。这种措施应当属于执行保全措施，而非预防犯罪人再次犯罪的处遇措施。

客观地讲，禁止被判处管制、宣告缓刑的犯罪分子在管制执行期间、缓刑考验期限内从事以下一项或者几项活动，才是最能体现刑法禁止令性质的处遇措施，最为接近刑法上的资格刑，剥夺其从事特定活动的资格。这在信息时代法律规范不完善，而网络犯罪层出不穷、花样翻新的矛盾凸显期，无疑是在实际上赋予了司法机关创设行政法上的资格罚的无限机遇，为未来行政法上的资格罚积累实践经验。如果司法机关能够把握住这一机遇，无疑将大大完善网络空间中预防犯罪的法律体系。

例如，《电子签名法》第三十二条规定，伪造、冒用、盗用他人的电子签名，构成犯罪的，依法追究刑事责任。第三十三条规定，依照本法负责电子认证服务业监督管理工作部门的工作人员，不依法履行行政许可、监督管理职责的，依法给予行政处分；构成犯罪的，依法追究刑事责任。而第三十一条规定，电子认证服务提供者不遵守认证业务规则、未妥善保存与认证相关的信息，或者有其他违法行为

---

① 于志刚：《网络犯罪与中国刑法应对》，《中国社会科学》2010 年第 3 期。

② Bonadio，Enrico and Santo，Mauro，“ISPs Cannot Be Ordered to Adopt General and Preventive Filtering Systems”，*Journal of Intellectual Property Law & Practice*，March 2，2012.

的，由国务院信息产业主管部门责令限期改正；逾期未改正的，吊销电子认证许可证书，其直接负责的主管人员和其他直接责任人员十年内不得从事电子认证服务。吊销电子认证许可证书的，应当予以公告并通知工商行政管理部门。从中可以发现前两条中的犯罪行为人并不提供电子认证服务，其犯罪情况与电子认证服务密切相关；而后一条中的电子认证服务提供者虽可遭受不得从事电子认证服务的资格罚，但却并不犯罪。所以，法院创造性地可以对前两条中的犯罪人判处同时禁止其从事电子认证服务。

其实，将网络违法资格罚扩张适用至相关网络犯罪人的禁止令，已为规范性文件所提示。例如，2011 年《北京市微博客发展管理若干规定》第十四条规定："对违反本规定的网站和微博客用户，由市人民政府新闻管理部门、市公安机关、市通信管理部门、市互联网信息内容主管部门按照有关法律、法规、规章进行处理。"本条将"网站和微博客用户"相提并论，其实就是体现了二者法律责任相通的思想。

可以发现，法院此时适用的资格禁止令并非针对犯罪行为本身的内容，而是针对犯罪行为的相关情况，可谓"边缘创新"。这种针对相关情况的资格刑创新，为犯罪人"量体裁衣"，不仅可以为预防该犯罪人再次犯罪提供刑罚执行效果、刑罚目的上的支持，而且还可以为网络行政法律规范的系统完善"添上一笔"。如 2012 年《全国人民代表大会常务委员会关于加强网络信息保护的决定》中信息保护要求涉及的主体有"任何组织和个人""网络服务提供者和其他企业事业单位""国家机关及其工作人员"，除了可以对网络服务提供者进行资格罚以外，法院在判处网络信息犯罪人管制、适用缓刑时，还可以同时禁止其他行为主体从事网络信息服务，预防其利用从事信息服务的机会再次进行网络信息犯罪，立法部门可以将其他类资格禁止令的内容合理、有效地吸收到规范性文件当中。

四　网络空间刑法禁止令适用规则的推广：微博等违法行为人的行政禁止令

将视野投向刑法以外的领域时，我们可以发现，类似禁止令的法律制度广泛存在，例如，诉前禁令制度、执行禁令制度。[①] 这些制度也需要延伸适用于网络空间，而刑法禁止令的网络空间适用问题的尝试解答，也能为这些未来的研讨提供必要的理路。特别是行政法上的资格罚，应当考虑借鉴这一综合处遇制度。刑法制度延伸至行政法类似制度的情况不乏其例，《出入境管理法》就规定了公安部适用的限期出境、驱逐出境。1996 年施行的《行政处罚法》第八条规定了行政处罚的种类。随着时代的发展，1997 年刑法已经增加完善了法院对于犯罪分子适用的禁止令，那么行政法也应当考虑增加行政机关对于违法分子适用的禁止令，完善行政处罚的法定体系与适用效果。其实，该条规定的“责令停产停业”及“暂扣或者吊销许可证、暂扣或者吊销执照”就是这种性质的禁止令，只是随着时代的发展和违法状况的演变，越发显得不够完善。例如，针对屡次在微博上违法而未构成犯罪的行为人，如果行政法上能够创设类似刑法禁止令的综合处遇制度，那么将显著提高微博违法行为的预防效果。

第六节　法治思维下微博治理实施方案

自媒体的爆炸式发展给信息监管带来了全新的挑战。传统的媒体治理思路和方式开始出现滞后，在信息技术引发的全媒体时代，微博等自媒体治理机制必须要实现时代更新，这亦是未来法治社会建设的内在要求。为了更好地贯彻落实依法治国方略，国家社会科学基金项目“微博对社会稳定的影响及对策研究”项目组，用法治思维和法治方式，结合目前微博治理的现状和前几节的论述，经过深入系统的研究梳理，提出微博治理实施方案，以促进微博治理的法律体系完善。

① 李澜：《美国禁令制度研究——兼评我国知识产权诉讼中临时禁令制度》，《科技与法律》2003 年第 2 期；范跃如：《试论我国行为保全制度及其构建与完善》，《法学家》2004 年第 5 期；Erwin Chemerinsky，“Injunction in Defamation Cases”，*UC Irvine School of Law Research Paper*，2008（08）。

一 推动微博健康有序发展，完善微博用户法律规范

（一）概述

微博用户是组成微博空间的主要群体，微博用户在微博空间中发布微博、转发微博等一系列行为都属于网络行为。在“双层社会”的宏观背景下，网络空间同现实空间一样都是法律规范适用的“场域”，网络空间中的各项权利同样受到传统法律规范的保护。所以，在保障微博用户言论自由权和信息安全的同时，微博用户的行为亦不能侵害他人的合法权益，更不能损害社会整体秩序。因此，有必要对微博用户的行为进行充分的规范，并推广后台实名制，明确微博用户承担的责任。

（二）具体内容

1. 明确权利义务，加强微博用户利益保护和行为规范

微博是信息时代个人言论的全新表达途径，不仅仅具有工具属性。从某种意义上来看，微博等自媒体的使用应当是言论自由权在新时代的发展，但同时微博平台存在的大量信息数据又带来了全新的信息数据安全问题。既要规范微博使用中的行为，亦要保障公众对于微博的合法使用和信息数据安全。因此，对于微博用户的管理规范制定，必须遵循权利和义务相统一原则，一方面明确微博使用中的正当权利，另一方面设定微博使用中的义务，同时设立救济机制，确保微博用户的权利实现和义务履行。

2. 重视信息数据安全，加强微博用户的信息数据保护

在大数据时代，信息数据已然成为一种新型的重要法益，它不再依附于传统法益，而具有自身的独立价值属性。在个人层面，信息数据收集同个人隐私权密切相关，体现着个人数据隐私权益；在社会层面，信息数据开始了商业化，体现着财产权益；在国家层面，信息数据还具有了公共属性（国家事务属性），特定的大数据中包含着对国家政治、经济、军事、外交具有重要价值的信息，体现着国家利益。因此，鉴于法律保护体系将计算机数据附属于特定的传统法益同社会发展相脱节，微博空间中的信息数据法益是隐私权、财产权和公共利益混合的一种新型法益，应当予以独立的保护。

3. 完善登记认证制度，实现微博用户的全面实名制

逐步推广网络实名制应当是未来网络管理的趋势，对此应当成立专门的国家机关或者在现有的国家机关之下设立新部门，负责对网民的身份信息进行登记和管理。公民将身份信息向该国家机关提供，其认证后提供唯一的特定识别码。当网络服务商如新浪微博需要用户进行实名登记时，用户向网络服务商提供该识别码，网络服务商将该识别码同国家机关数据库进行对比验证，识别码在数据库中通过验证，网络服务商统一该用户的注册。网络服务商并不直接掌握用户身份信息，当确实引发了需要查证该识别码背后公民的身份信息的情况时，由司法机关基于规范性程序向负责身份认证的国家机关提出申请，确定识别码归谁所有。形成用户、国家机关、服务商三者的联动，在实现网络实名制的同时，对公民的身份信息予以最大限度的保护。

（三）实现路径

1. 颁布专门的《自媒体用户管理法规》

在明确界定公民合法使用自媒体权利的同时，将微博等自媒体用户在一定程度上视为传统媒体的延伸，加强监管。

2. 对《刑法修正案（九）》第十六条进行微调

“在刑法第二百八十二条后增加一条作为二百八十二条之一：‘违反国家规定，将在履行职责或者提供服务过程中获得的单位或公民的信息数据，出售或者提供给他人，情节严重的，处三年以下有期徒刑或者拘役，并处或者单处罚金。’‘窃取或者以其他方法非法获取单位或公民的信息数据，情节严重的，依照前款的规定处罚。’‘未经单位或公民同意，向他人出售或者非法提供其信息数据，情节严重的，处二年以下有期徒刑或者拘役，并处或者单处罚金。’‘单位犯前三款罪的，对单位判处罚金，并对其直接负责的主管人员和其他直接责任人员，依照各该款的规定处罚。’”

3. 出台《网络自媒体实名制管理办法》

收回网络服务商的实名认证权限，设置专门的实名制认证部门，在实现微博等自媒体全面实名制的同时保障信息数据安全。

二 突出微博治理的重点，加强微博服务商的管理

（一）概述

微博服务商是微博空间的重要参与主体。微博服务商打造了整个微博空间，虽然不是微博空间中各种信息的主要来源，但却通过控制平台，间接地影响着微博空间的全部信息发布、传输和获取过程，是微博空间的枢纽和核心。正是基于微博服务商的这种巨大能量，法律更需要对微博服务商设定更为明确、具体的规范，通过规范微博服务商的行为治理微博空间。

（二）具体内容

1. 明确微博服务商屏蔽不当信息的义务

微博服务商有义务采取一定的技术措施和制度措施，如设定关键字等，对于具有严重攻击性或具有威胁性质的信息或者其明知会引起烦扰、不便、危险、阻碍、侮辱、伤害、恐吓、敌对、仇恨或恶意的虚假信息进行屏蔽。实际上，目前许多网络服务商大多都在自行进行这一工作。但是，由于缺乏明确的规范，造成了适用上的混乱、不统一。有的疏于管理、基本不屏蔽；有的肆意屏蔽，甚至将屏蔽视为商业竞争的手段，实质上侵害了网络用户的言论自由权。因此，尽快出台明确具体的指导规范具有重要意义。

2. 明确微博服务商的重点内容审查义务

鉴于网络自媒体基数巨大的现实，要求微博服务商通过人工的方式，监控每一个微博用户的言论并不现实。但是，对一些重点内容应当明确和规范微博服务商的审查义务规范。对于微博空间中一些“大V”等“意见领袖”的账户，由于其辐射范围广、影响能量大且数量较少，微博服务商完全有能力对这些特定账户进行特殊的监控审查；对于某项被转发数量多达数十万次、数百万次的微博内容，微博服务商在后台记录的基础上，完全可以对转发量巨大的微博内容进行主动审查。通过重点审查，确保微博空间中影响广泛、辐射面巨大的内容的合法性。

3. 明确微博服务商协助政府部门工作的义务

微博服务商处于微博空间中的枢纽位置，管理整个微博的运行并储

存着庞大的微博信息，在信息数据价值凸显的时代背景下，世界各国都普遍对网络服务商提出了更多的合作义务。我国同样需要在未来的立法更新中增加如下内容条款：如果中央政府或其特别授权的政府机构认为对于保护国家的主权或领土完整、国防安全、国家安全、公共秩序，或者对于防止煽动他人犯上述有关的罪行，或者对调查审理犯罪是必要的，中央政府或其特别授权的政府机构，可以将理由做出书面记录，通过命令指示政府机构或网络服务商对计算机信息系统中产生、传输、接收、存储或托管的信息的访问权限进行封控。同时，网络服务商有义务提供相关的设备和技术支持。

（三）实现路径

颁布《网络自媒体服务商管理法规》。一是明确自媒体服务商对自媒体平台内容的事先预防义务内容和义务违反责任；二是明确自媒体服务商对于特定微博用户和特定微博信息的主动审查义务和义务违反责任；三是明确自媒体服务商协助政府工作的义务、协助程序和义务违反责任。

三　主动参与微博平台，推广和规范政务微博

（一）概述

在当今“双层社会”的背景下，社会由传统的单一物理空间，过渡到了物理空间与网络空间两个空间，且两个空间交叉融合又并行不悖的阶段。在此现实社会意义上，网络空间是人们进行社会活动的“场域”。网络政务和微博问政是信息时代的新产物，在目前依然处于起步阶段，存在一定的混乱和各种各样的问题，网络时代政府社会管理能力面临新的挑战。然而，利弊相生、有无相成，网络政务是未来政府管理发展的最新趋势，政务微博运用得当，就能够兴利除弊，促进政府的社会管理职能更好地发挥，促进经济社会的健康有序发展。

（二）具体内容

1. 明确政务微博制度建构的目标

政务微博制度建构的首要工作是明确发展和规范政务微博的目标，这直接同为什么开展政务微博和怎样利用政务微博紧密相连。如前所述，从整体上来看政务微博制度建构的目标可以分为三个层次：宏观目标，

加入并扩展信息网络的数据共享和传播，成为全媒体时代的重要主体；价值目标，遵循信息时代电子政务的发展趋势，成为社会主流价值观念的引领者，确保政务信息被广泛地理解和传播；功能目标，为社会公众提供一个新增的方便与政府部门进行相互交流、反馈，寻求政府部门帮助，和向政府部门提出意见、建议的有效途径，打造一个发生重大事件、紧急事件、突发性事件时，向政府传递实时信息的渠道。

2. 建立政务微博的风险控制机制

政务微博制度建构，必须要考虑政务微博的不利影响及风险的预防和减轻，结合现有政务微博实践中的问题，建立政务微博出现风险与问题时的应对解决机制，确保政务微博作用的有效发挥。从实践上看，政务微博有可能面临以下风险与问题：（1）政务微博获得大量信息反馈时，引发了回复、反馈不及时，造成公众的不满和质疑；（2）政务微博发布的内容、方式引发了广泛的批评；（3）内容发布错误，如发布了不实的信息、涉密的信息等；（4）政务微博出现了技术故障或者受到网络攻击等。因此，有必要针对上述风险与问题，建立预防机制和出现时的应急方案。

3. 制定政务微博管理的具体规则

当前由于政务微博发展迅猛又缺乏统一的具体明确的管理规范，造成各地、各部门政务微博管理的不规范和运用的混乱，直接影响了政务微博功能的发挥，对政府形象造成严重冲击。因此，必须出台具体的政务微博管理实施细则，对于政务微博身份标识、政务微博内容要求、政务微博的内容来源、政务微博的关注对象等进行规范。

4. 完善政务微博的评价机制

引入政务微博工作开展及其效果评价机制，有利于促进各级政府部门更加规范、高效地运用微博。具体来讲，对于政务微博工作及其效果的评价应当从以下五个方面进行：（1）关注政务微博“粉丝”的数量情况；（2）政务微博内容及衍生内容被推荐和转发的情况；（3）政务微博与公众的互动交流情况；（4）政务部门根据政务微博中公众的反馈所做的实际行动情况；（5）实时信息发布的数量，以及公众对实时信息的评价等。

（三）实现路径

颁布《政务微博管理办法》。明确规定政务微博的主体、范围，以及政务微博管理的具体规则，以充分发挥政务微博引导网络舆论、扩展政府服务、缔造网络秩序的功能。

第四章

微时代国家工作人员新媒体能力素质教育培训研究

微博等新媒体的快速发展意味着微时代的到来。微博的广泛使用不仅改变着人们的日常生活方式，而且推动着国家工作人员思维模式、行为方式和心理意识的变革，更对国家工作人员在舆情处置、舆论引导和新媒体管理上提出了严峻挑战。然而，部分国家工作人员面对新媒体表现出观念落后、知识匮乏、能力不足，使得国家工作人员新媒体能力素质培养已成为当前迫切需要解决的重大课题。因此，加强对国家工作人员新媒体能力素质现状、能力要求的研究，构建国家工作人员新媒体能力素质培养模式与培养机制，对于提高国家工作人员微博舆论引导和应对处置能力，进而推动微博积极服务社会稳定具有重要的意义。

第一节　绪论

一　问题的提出

21 世纪科学技术迅猛发展，以互联网信息技术、数字技术、移动通信技术为代表的现代信息技术形成的新媒体，对社会公众的思维模式、语言特点、行为方式、心理意识等方面产生了重大影响。新媒体正改变着社会舆论场的生成方式，对国家工作人员新媒体能力素质提出了特殊的要求。实践表明，随着公民受教育程度的普遍提高和公民意识的不断增强，公民政治参与的积极性必将日趋高涨。这种状况随着科学技术的发展更被加强。网络和手机的普及，使得每一个人都可能成为媒体的主体。如何利用和发挥好新媒体的作用，是广大国家工作人员面临的一个十分重要的课题。应对新媒体挑战的最好方式是学习。学习怎样面对新媒体，犹如当年学习市场经济一样，不仅是一个新问题，而且是一个大课题。

从现实情况看，尽管广大国家工作人员具备一定的新媒体知识，了解新媒体运行规律，网络参与等新媒体能力素质也有明显提高。但是，相当一部分的国家工作人员对新媒体存在不同程度的畏难心理，担心与网民交流“说错话、表错态”，担心“被当面质疑而难堪”，不能接受“网民的谩骂与嘲讽”等。出现这些问题，究其原因：一方面说明一些国家工作人员特权意识浓厚，民主意识不够；另一方面则反映出一些国家工作人员缺少对新媒体知识、技能的理解、把握，新媒体能力素质不高，在应对新媒体时表现出“本领缺失”和“知识恐慌”。如何正确规范、调控和引导新媒体环境下的舆论，是对国家工作人员新媒体时代能力素质的挑战。国家工作人员应当高度重视自身新媒体能力素质的提高，学会与新媒体打交道。

二 国家工作人员新媒体能力素质的地位、作用

在现代社会，国家工作人员的新媒体能力素质直接关系到党和国家机关的执政形象、执政能力以及公共行政目标的实现。世界各国都将媒体作为一种执政资源，能否正确与媒体打交道成为影响国家机关执政成败的重要因素。英国前首相布莱尔说：我们今天的大部分工作量，不管是按重要程度计，按时间计，按精力计，除了最核心的决策之外，其他几乎都是在和媒体打交道。正确掌握与媒体打交道的方法与技能，已经成为世界各国国家机关官员从事公共管理不可或缺的重要素养。西方国家的政客、官员们从进入政坛的第一天起，就认识到赢得了媒体就赢得了选票，从参加竞选到任期结束，应对媒体是官员政治生活的很重要的内容，他们与媒体打交道可以说是熟能生巧，一般都具有较高的新媒体能力素质。

党中央高度重视新闻媒体的作用，中央领导同志的讲话为我们正确认识国家工作人员新媒体能力素质的地位、作用指明了方向。2008 年 1 月，胡锦涛同志在全国宣传思想工作会议上首次提出：“各级领导干部要

充分认识新闻舆论的重要作用，善于通过新闻宣传推动工作，热情支持新闻媒体采访报道，正确对待舆论监督，提高同媒体打交道的能力。”① 2009 年 3 月，习近平同志在中央党校春季开学典礼上发表讲话指出：提高领导干部推动科学发展的能力，是当前干部队伍建设的一项根本任务。《人民日报》2009 年 3 月 2 日发表的《领导者加强党性修养 提高综合素质》一文中指出，各级领导干部要努力提高以下六个方面的能力：一要提高统筹兼顾的能力；二要提高开拓创新的能力；三要提高知人善任的能力；四要提高应对风险的能力；五要提高维护稳定的能力；六要提高同媒体打交道的能力。领导干部要尊重新闻舆论的传播规律，正确引导社会舆论，要与媒体保持密切联系，自觉接受舆论监督。2010 年 1 月，全国宣传部长会议再次强调各级领导干部要努力提高同媒体打交道的能力，切实做到善待媒体、善用媒体、善管媒体。中央领导的多次讲话，都把同媒体打交道作为一项重要任务摆在各级领导干部的面前，有着十分重要的时代意义。②

2013 年 1 月，在全国政法工作电视电话会议上，习近平同志就做好新形势下政法工作做出重要指示，要求全国政法机关要顺应人民对公共安全司法公正权益保障的新期待，全力推进平安中国、法治中国过硬队伍建设，强调指出：“要以能力建设为重点，着力提升做好新形势下群众工作能力，着力提升维护社会公平正义能力，着力提升新媒体时代社会沟通能力，着力提升科技信息化应用能力，着力提升政法队伍拒腐防变能力。”③

2016 年 2 月，习近平同志在党的新闻舆论工作座谈会上指出：“做好党的新闻舆论工作，要遵循新闻传播规律，创新方法手段，不断提高能力和水平。面对舆论环境、媒体格局、传播方式的深刻变化，做好党的新闻舆论工作，必须大力改革创新，增强说服力战斗力、针对性实效性，创新理念、内容、体裁、形式、方法、手段、业态、体制、机制，加快

---

① 《胡锦涛在同全国宣传思想工作会议代表座谈时发表讲话》，中国文明网（http：//www. wenming. cn/ziliao/zhongyaolunshu/hujintao/201204/t20120409_ 600423. shtml）。

② 参见新华网（http：//news. xinhuanet. com/politics/2010 -01/04/content_ 12752787. htm）。

③ 习近平：《全力推进平安中国法治中国过硬队伍建设》，中华人民共和国中央人民政府网（http：//www. gov. cn/ldhd/2013 -01/07/content_ 2306643. htm）。

构建全方位、多层次、多声部的主流舆论矩阵，推动形成舆论引导新格局，牢牢掌握党的新闻舆论工作主动权。”①

三　国家工作人员新媒体能力素质提升的现实必要性

对于广大国家工作人员而言，提高新媒体能力素质，是新媒体时代的一门必修课。

第一，提高新媒体能力素质是适应社会管理创新和社会治理变革的需要。传媒业的迅猛发展，报纸、广播、电视以及网络媒体、手机短信、数字电视等传统媒体和新兴媒体对人们生活的日益渗透，新媒体对社会公共事务管理影响作用的日益凸显，要求国家工作人员在社会管理工作中，必须顺应时代发展的潮流，把握时代发展的脉搏，创新和完善公共事务管理工作机制。只有打破传统的管理理念和手段、方法的制约，善于将媒体手段和优势转化到社会管理工作中，才能求得工作的主动。

第二，提高新媒体能力素质是维护国家安全的必备条件。互联网具备无国界性，对国家安全带来新挑战。“冷战”结束后，中国成为美国意识形态在全球渗透的第一对象。近年来，西方不少政客和相关敌对势力都看重中国互联网强大的组织动员能力，叫嚷要用网络掀起一场轰轰烈烈的中国革命。中国一些政治异见者也在借助微博，发起“推动中国自由民主化进程”的运动。这些“运动”极易与普通社会都会正常存在的“抱怨文化”发生共振，使得网络时代中国国家安全特别是意识形态安全问题日益凸显。同时，严重危害我国国家安全的“三股势力”，即境内外民族分裂势力、宗教极端势力和暴力恐怖势力也借助互联网这个平台进行政治动员，破坏我国的国家安全和社会稳定。因此，各级国家工作人员必须不失时机地把互联网作为提升软实力的重要利器，加强新媒体手段应用，抵制国际敌对势力意识形态渗透，维护国家安全。

第三，提高新媒体能力素质是推进民主政治的客观需要。民主政治是社会主义政治文明建设的核心内容和体现，也是构建社会主义和谐社会的重要基础。随着民主政治建设进程的不断推进，广大公民对政务信

---

① 《习近平在党的新闻舆论工作座谈会上的讲话》，新华网（http：//news. xinhuanet. com/mrdx/2016－02/20/c_ 135114716. htm）。

息公开、透明提出了新的要求，消除公民与党和国家机关之间信息的不对称，满足公众的知情权、表达权和监督权，是社会管理发展的必然趋势，也对国家工作人员新媒体能力素质提出了新的考验。民主政治建设要求国家工作人员牢固树立执政为民的理念，尊重公民权利，以新媒体为平台，问政于民、问需于民、问计于民，真正使新媒体成为党和国家机关联系公众的桥梁和纽带。

第四，提高新媒体能力素质是把握舆论主导权的必然要求。随着改革开放的不断深化，社会发展已经到了问题多发期和矛盾凸显期，许多突发事件将会“不期而遇”，负面舆情有时甚至会有汹涌之势。面对这些，国家工作人员是在“沉默”中错失良机，引发更大的社会冲突，还是准确、及时、公开、透明地发布新闻，抢占舆论先机，占领舆论制高点，正确引导社会舆论，科学疏导群众情绪，这不仅是一个是如何面对新媒体、如何引导舆论的问题，更是一个考验党和国家机关执政能力的问题。总结近些年发生的各类突发事件舆论引导正、反两方面的经验教训，不难发现：对突发事件隐瞒不报，是国家机关放弃了舆论引导权、放弃了公众、违背信息传播规律的表现；流言始于封锁，谣言止于公开；突发事件的发生有各种原因和其内在客观规律，并非都应由国家机关承担责任，但如果故意隐瞒不报，并造成严重后果，就完全变为国家机关的责任；许多典型案例都是因为对突发事件延迟发布或不发布而造成被动局面和不良影响。所以，面对各类突发事件，及时地、不间断地发布真实信息，满足公众的知情权和媒体的报道权，是国家机关唯一正确的选择。而要把握舆论主导权，国家工作人员就必须拥有较强的新媒体驾驭能力和舆论影响能力。

第五，提高新媒体能力素质是密切干群关系的迫切需要。权为民所用，情为民所系，利为民所谋，全心全意为人民服务是构建和谐干群关系的出发点和落脚点。为此，除了通过运用网络等新兴媒体，优化完善国家机关各项社会管理机制、规范国家治理行为、提高工作效率外，还需要广大国家工作人员借助新媒体的有效传播沟通手段，解释、说明党的工作方针政策，传播国家机关治理工作的现代理念，扩大职责政务施策行为影响，宣传党和国家机关各项工作取得的成绩，树立党和国家机关的良好形象，构建和谐的干群关系。

第二节　新媒体及新媒体能力素质

一　新媒体

（一）新媒体的概念

关于新媒体（new media）的定义，国内外专家各执一词。早期，联合国教科文组织对新媒体下过一个定义：新媒体就是网络媒体。与之类似的是把新媒体定义为“以数字技术为基础，以网络为载体进行信息传播的媒体”①。也有人把近10年内基于技术变革出现的一些新传播形态，或一直存在但长期未被发现传播价值的渠道、载体都称作新媒体。② 总体来看，目前对新媒体的界定观点不一，且内涵过于宽泛。

“新媒体”的严谨表述是“数字化互动式新媒体”。从技术特征上看，“新媒体”是数字化的；从传播特征看，“新媒体”具有高度的互动性。数字化、互动性是新媒体的根本特征。据此可以认为，目前的新媒体包括互联网和手机媒体，因为只有这两者具有真正的互动性。许多学者认为数字电视属于新媒体。但是，现阶段国内所推广的数字电视，只是增加了电视频道，提高了清晰度，依然缺乏互动性，因此，目前的数字电视还不属于新媒体。当然，随着技术的发展，电视将如同手机的演化一样而成为计算机的一种类型，具有互动性的数字电视在未来将成为新媒体的新成员。

（二）新媒体特征

新媒体的基本技术特征是数字化，基本传播特征是互动性。新媒体具有信息量大、使用方便、检索快捷、图文声像并茂、互动性强、信息通过计算机网络高速传播，以及信息获取快、传播快更新快等特征；并且具有计算机检索功能、超文本功能，是一种给人类社会带来深刻影响、具有强大生命力的传播媒体。具体而言，新媒体具有以下七个特征。

1. 传播与更新速度快、成本低

新媒体可以通过互联网高速传播并实时更新，可以像电台、电视台

---

① 陶丹、张浩达：《新媒体与网络广告》，科学出版社2001年版，第3页。

② 陈晓宁：《广播电视新媒体政策法规研究》，中国法制出版社2001年版，第16—35页。

一样进行实时、实况报道。信息上网瞬间便可以同步发送到所有用户手中。接收的异步性还可以使受众不受传播时间的限制，按自己的需要随时接收信息。而且，更新成本低。

2. 信息量大、内容丰富

新媒体存储数字信息的是硬盘，并且可以不限时、不限量存储和传播信息，运行各种信息数据库。而传统媒体如报纸若多印 1 万字的内容，就需要增加一个版，给印刷、排版、发行、成本带来很多问题，广播、电视更是如此。

3. 低成本全球传播

新媒体突破地域、没有疆界，而且跨国传播成本低廉，换言之，新媒体的传播距离、范围与成本无关。网络信息传播实现了无阻碍化，世界变成了地球村，互联网成了不同国家之间在跨文化传播方面前所未有的方便和迅捷的信息交流渠道。

4. 检索便捷

凡是在互联网中存储的数据，网民只要动动手指，便可以从搜索引擎、各类数据库中迅捷地获取所需的信息。

5. 多媒体传播

所谓多媒体就是使计算机成为一种可以作用于人的多种感知能力的媒体，它集合了多种媒体表现形式如文字、声音、图片、动画、视频等来传送信息。新媒体传播是一种多媒体传播，它可以借助文字、声音、图片、动画、视频中任何一种或几种的组合来进行传播活动。这种具有立体感的多媒体传播可以更加真实地反映所报道的对象，给受众带来逼真而生动的感觉。

6. 超文本

超文本被设计成模拟人类思维方式的文本，即在数据中又包含其他数据的链接。用户单击文本中加以标注的一些特殊的关键词和图像，就能打开另一个文本。超媒体又进一步扩展了超文本所链接的信息类型，用户不仅能从一个文本跳转到另一个文本，还可以激活一段声音，显示一个图形，或播放一段视频图像。用户接收新闻内容时可方便地联想和跳转，更加符合人们的阅读和思维规律。

7. 互动性

传统媒体的传播方式通常是单向的，编读双方无法随时随地进行双向沟通。而新媒体既可以单向传播，也可以双向甚至多向传播，信息传播具有很强的互动性。

（三）新媒体舆论

新媒体舆论，是指在互联网、手机媒体等新媒体上传播的公众对焦点问题所发表的有影响力的意见或言论，亦是现实民意借助于新媒体的表达。2003 年，互联网在“孙志刚事件”及其他热点事件中所扮演的民意表达平台角色，使网络舆论成为一种正式的社会现象，并进入公共话语体系。随着与互联网相对独立的手机媒体等新媒体也成了民意表达的重要平台，“新媒体舆论”逐步开始流行。

舆论作为公众发表的集合性意见，在古代社会主要是通过口耳相传，舆论的载体也主要是人群自身。现代舆论的形成和大众传播媒体有着密不可分的关系。在20 世纪90 年代以前，现代舆论的载体主要是报纸、广播、电视等大众传媒。随着网络作为“第四媒体”的出现，网络舆论也应运而生。

网络舆论的兴起是社会发展过程中的必然现象。目前，我国正处于社会转型期，社会摩擦急剧增加，不同集团、群体存在不同的利益诉求和文化需求。因此，必须要提供一个活跃的公共话语平台，来促使它们充分、合法地发表各自的意见，从而实现沟通、化解偏见、消除冲突。网络正好适应了这一要求，由此形成了活跃的公共话语平台。在网络传媒时代，借助电子邮件、BBS、博客、微博等信息交互工具，使网民结合内容讨论、参与媒体建设的热情极为高涨，舆论的影响力大大增强。而且网络舆论有相当的言论自由度，许多用户在其中发表自己在现实中不愿意说或不敢说的意见，因此网络舆论常常是社会焦点问题的意见集散地，其地位也日益受到人们关注。

随着手机的普及，手机媒体也成为民意表达的重要平台。由于手机传播的言论更具有开放性和民主性，范围也更具广度和深度，传播速度更加快捷、方便，形式也更加多样，社情民意的表达更加自由和高效，使得手机媒体成为公民参与政治的新平台。手机媒体政治参与已成为我国民众政治参与的一条重要途径。

作为舆论形式的一种，新媒体舆论与传统舆论相比，因其传播空间的不同，加之新媒体传播机制的影响，特别是传统“把关人”角色在新媒体传播中部分失效，使得新媒体舆论成为与传统大众媒体舆论有较大差别的舆论形态。其特性表现在五个方面：一是由于网络的匿名性，使得网民的发言更容易无所顾忌，这一方面可以反映真实的民意，但另一方面也为网民发表不负责任的言论提供了可乘之机。二是由于新媒体舆论的速成性使得舆论容易“一边倒”，多数网民的看法和认识普遍简单直接、不深刻、不全面，带有很强的群体盲从性。三是由于一些人把新媒体作为情绪宣泄场所，因此新媒体舆论非理性和理性因素并存，一方面有助于党和国家机关了解真实民意，但同时舆论非理性还可能造成现实冲突。四是互联网的高度开放使得在新媒体上要对舆论进行控制难度大，信息传播者往往可以想方设法绕开各种障碍来发布消息，网站管理者也不可能对网上的言论逐一进行检查评价。五是由于“网络水军”的存在，新媒体舆论呈现出容易被人操纵的特点。

二　新媒体能力素质

（一）媒体素质

“媒体素质”的概念属地地道道的舶来品。1933 年，英国学者富兰克·雷蒙德·李维斯和丹尼斯·托马森出版了《文化和环境：批判意识的培养》，首次提出了“媒体素质”的概念，目的是在面对以电影为首的大众传媒所带来的流行文化负面影响的时候，唤醒人们的批判意识，呼吁维护传统价值观念和精英文化。① 最早，关于媒体素质，主要是指公众的信息免疫能力：传媒是“带菌者”，传媒的内容对社会环境、高尚文化、青少年思想具有毒害作用。媒体素质教育的目的是给公众打预防针，使公众对有害内容保持免疫能力。但是，随着媒体传播对社会发展的影响以及人们对媒体认知的不断深化，关于媒体素质的认识也经历了不断发展的几个阶段。复旦大学陆晔教授将西方媒体素质教育的发展历程归纳为四次“范式转移”，对我们理解、把握媒体素质含义应该有所启示。②

① 转引自［英］大卫·帕金翰《英国的媒介素养教育：超越保护主义》，宋小卫译，《新闻与传播研究》2000 年第 2 期。

② 陆晔：《媒介素养的全球视野与中国语境》，《今传媒》2008 年第 2 期。

西方媒体素质的四次范式转移可以简化为表4－1。

表4－1 西方媒体素质的四次范式转移

时间	范式	主题	主要观点
20世纪30年代	第一代范式	培养公众的信息免疫能力	传媒是“带菌者”，传媒的内容对社会环境、高尚文化、青少年思想具有毒害作用。媒体素质教育的目的是给公众打预防针，使公众对有害内容保持免疫能力
20世纪60年代	第二代范式	培养公众对信息的选择和辨别能力	媒体内容并非全部有害，媒体不是工业文明的副产品，而是创造文化共同体的机制之一。媒体素质教育不是培养公众的免疫力，而是培养公众的选择和辨别力，使公众能够根据自身需要，对传播内容做出明智选择，取其精华去其糟粕
20世纪80年代	第三代范式	培养公众对文本的批判性解读能力	大众传媒具有制造“假性意识”的巨大潜能，它能够代表占统治地位的主流文化，强迫公众接受外部文化强加的价值观。因此，媒体素质的任务是培养公众对文本的批判性解读能力，使公众能够清楚文本中暗含的主流意识形态，揭示媒体现实与现实真实的差异
20世纪90年代	第四代范式	培养公众的民主参与能力	媒体已深深地介入公众的生活，公众早已积累了相当丰富的媒体认知。媒体素质的教育不再是提升公众的文本解读能力，而是教会公众清楚媒体的运行机制，主动利用媒体进行民主参与，提高公众的民主素质，促进健康媒体社区的形成

从重视独立批判能力的培养，到认识到媒体素质更应该是一种赋予民众传播能力与权利的阶段，提倡加强全民对媒体的使用能力与表达能力的培养。人们对媒体素质的认识日趋完善、更加全面。

现在一般观点都将媒体素质理解为：媒体素质是指公众对各种媒体信息的认知解读和批判能力以及使用媒体信息为个人生活、社会发展所用的能力。其中，媒体批判能力是所有其他能力的基础。一个具有媒体素质的人，他首先能够对媒体内容进行分析、区别和反思，具有分析能力、自我反思能力和媒体道德意识。

（二）新媒体能力素质

如果说媒体素质包括了对传统媒体和新媒体的所有媒体信息的认知解读和批判能力以及使用媒体信息为个人生活、社会发展所用的能力，那么，新媒体能力素质就主要是针对新媒体而言，是公众对各种新媒体信息的认知解读和批判能力以及使用新媒体信息为个人生活、社会发展所用的能力。

由于传统媒体的传播方式通常是单向的，编读双方无法随时随地进行双向沟通。而新媒体既可以单向传播，也可以双向甚至多向传播，信息传播具有很强的互动性。因此，新媒体能力素质与传统媒体能力素质的根本区别就在于，传统媒体能力素质是从媒体信息接收者角度而言的，主要强调对各种媒体信息的认知解读和批判能力。新媒体能力素质则既包括对各种媒体信息的认知解读和批判能力，也包括从媒体信息发送者角度所强调的使用媒体信息为个人生活、社会发展所用的能力。从西方媒体素质的四次范式转移来看，新媒体能力素质应该主要是指第四代范式内容，即20世纪90年代随着新媒体技术的出现，媒体已深深地介入公众的生活，公众早已积累了相当丰富的媒体认知。媒体素质的教育不再是提升公众的文本解读能力，而是教会公众清楚媒体的运行机制，主动利用媒体进行民主参与，提高公众的民主素质，促进健康媒体社区的形成。

在我国当代社会，新媒体不断出现，新媒体对社会政治活动、经济生活、文化活动的影响愈发深入，新媒体舆论异常复杂，信息的穿透力越来越强。所以，我国公民必须具备良好的新媒体能力素质，才能有效地利用新媒体信息服务于自身的发展和社会的进步。

（三）微时代新媒体能力素质

1. 微时代

微时代，即以微博、微信作为传播媒体代表，以短小精练作为传播特征的时代。

微博，即微博客（Microblog）的简称，是新媒体的最主要表现形式。是一个基于用户关系的信息分享、传播以及获取平台。用户可以通过Web、Wap以及各种客户端组件个人社区，以140字左右的文字更新信息，并实现即时分享，最早也是最著名的微博是美国的Twitter。

在国内，微博的发展最早可追溯到2007年的饭否网，但微博在中国并未在其出现后的一年多时间内被网民认可。直至2009年7月新浪网推出新浪微博起，微博在中国才开始发力，让国内网民真正关注于微博的应用与发展。新浪微博在营销方面做到极致，吸引大量用户，确立了新浪微博高端品牌的地位，为国内后续建立的微博网站树立了榜样，微博正式进入中文上网主流人群视野。微博客的出现推动着“微时代”的到来。截至2013年6月底，我国微博网民规模为3.31亿人。在北京、上海、广州等大城市，许多白领上班以后的第一件事就是看微博，甚至只看微博。许多人表示，上微博基本就能满足一天的信息需求与交友联系。更重要的是，微博使人人都拥有一个麦克风，各自阐述与互换着对各种事态的看法与见解，一条短小的微博，可以通过关注者的不断转发，实现核裂变式的传播，这种新趋势营造着新型的网络文化，影响着中国社会的文化生态，特别是其对政治领域的深层渗透，影响到国家的稳定与社会健康发展。

值得注意的是，2013年微博发展出现转折。《2013年中国互联网发展报告》显示，微博用户规模和使用率均出现大幅下降。截至2013年年底，我国微博用户规模为2.81亿人，较2012年年底减少2783万人，下降9.0%。网民中微博使用率为45.5%，较上年年底降低9.2个百分点。主要原因是，一方面基于社交网络营销的商业化并不理想，盈利能力有限；另一方面来自竞争对手的冲击导致微博用户量下降。特别是微信对微博和社交网站的替代较为明显。《2013年中国互联网发展报告》指出，减少使用微博的人中，37.4%转移到了微信。而减少使用社交网站的网民中，32.6%的人转而使用微信，20.3%的人转而去上微博。[①]

微信是腾讯公司于2011年年初推出的一款APP软件，可以快速发送文字和照片、支持多人语音对讲。用户可以通过微信与好友进行形式上更加丰富的类似于短信、彩信等方式的联系。微信软件本身完全免费，也因为更灵活、方便、智能，且节省资费受到大家喜欢。

2. 政务微博、政务微信

政务微博是指国家机关及其国家工作人员因公共事务而开设的微博。2009年下半年，湖南省桃源县官方微博“桃源网”出炉，成为中国最早开通微博的国家机关部门。紧接着云南省委宣传部的官方微博“微博云南”面世。随后，以“平安肇庆”“平安北京”为代表的全国各地的公安微博，以及各级党政领导的微博如雨后春笋般开通。

政务微博设立的初衷之一是提供资讯与服务。北京市公安局的官方微博“平安北京”在首条微博中表述：“最新的警方资讯，最快的防范提示，您身边警察的新鲜事儿，您最想了解的服务举措，都会织进这个‘警察围脖’里。”初衷之二是舆情危机公关，通过微博回应网络盛传的负面新闻。甘肃庆阳某幼儿园超载校车发生的车祸，甘肃省卫生厅在其官方微博上通报伤亡情况和治疗进展。初衷之三是在负面事件发生后“临危受命”，专门回应和辟谣，比如“钱云会事件”后出现的“平安乐清”。经过几年的发展，政务微博在社会管理创新、国家机关信息公开、新闻舆论引导、倾听民众呼声、树立国家机关形象、群众政治参与等方面起到了积极的作用，已迅速发展成为网络问政的重要平台。

政务微博方兴未艾，政务微信又如雨后春笋般被各地各级国家机关部门纷纷推出。据人民网舆情监测室监测，最早开通微信的国家机关部门是广州市白云区国家机关应急管理办公室。2012年8月30日，“广州应急—白云”微信公众平台首次亮相，第二天便派上用场——发布河源震情，打造了广州政务微信首个成功运营的案例。公安机关曾是政务微博的“吃螃蟹者”，在政务微信上也没有落后。广东省肇庆市公安局继推出全国公安机关首个政务微博“平安肇庆”后，于2012年9月又在全国率先推出了公安政务微信“平安肇庆”。随后，广东广州、江苏

① 《2013中国互联网发展报告》，《互联网天地》2013年第8期。

淮安、福建厦门等多地警方都推出了公安政务微信，公安政务微信成为密切警民关系的新“法宝”。2013 年 3 月 11 日，北京市公安局正式开通“平安北京”微信公共账号，成为首个通过腾讯微信认证的省级公安机关官方微信。一批国家机关机构纷纷开通自己的官方微信，如佛山市南海区团委、中山市团委、山东旅游局等，使网民可以利用微信在线求助、咨询、投诉等。“南海共青团”更是打出“率先以‘微博 + 微信’为双核强化团务信息化，探索睿智团务新模式”的口号。随着越来越多的官方机构顺应时代潮流，入驻微信平台，政务微信正悄然兴起，破土生芽。政务微信渐成网络问政新平台。对国家机关工作而言，政务微信有助于国家机关抢占舆论阵地，提升政务信息的辐射力，提升政务信息传送的有效性。

3. 微时代新媒体能力素质

关于微时代新媒体能力素质，近年来常被学者们关注、提及，学者们多从微博运用特别是政务微博、政务微信运用角度进行界定。例如，连玉明、武建忠两位学者在《决策 1205》中指出：“微能力”是干部必备的管理社会的能力，是一种实打实的能力，是身处虚拟时代的领导干部的能力、素质以及工作方式方法的重要标志；① 郑敏、许向东两位学者指出：“微能力”指的是政务微博采集和吸纳民意、公告和传达信息、解释和宣传政策、了解和监测舆情的综合能力；② 张文宇认为：领导干部的“微素养”是指领导干部接触、解读和使用微博、微信及其信息时所表现出的素质与修养。“微素养”是信息素养的重要组成部分，是领导干部的一种必备能力，包括领导干部对微博、微信功能和特性的认知，对微博、微信信息的识别能力，使用微博、微信传递信息的能力。③ 类似观点还有不少。鉴于本课题为“微博对社会稳定的影响及对策研究”，因此，微时代新媒体能力素质研究主要围绕微博能力素质展开，微时代新媒体能力素质也称为微能力素质。

---

① 连玉明、武建忠：《决策 1205》，团结出版社 2012 年版。

② 郑敏、许向东：《政务微博提升微能力的策略》，《新闻爱好者》2013 年第 3 期。

③ 张文宇：《提升领导干部的“微能力”须把握“三态”》，《领导科学论坛》2013 年第 11 期。

第三节 国家工作人员微能力素质

一 国家工作人员微能力素质的定位

（一）国家工作人员

国家工作人员，是指在国家机关中从事公务的人员，包括在各级国家权力机关、行政机关、司法机关和军事机关中从事公务的人员。在依照法律、法规规定行使国家行政管理职权的组织中从事公务的人员，或者在受国家机关委托代表国家行使职权的组织中从事公务的人员，或者虽未列入国家机关人员编制但在国家机关中从事公务的人员，在代表国家机关行使职权时，视为国家工作人员。在乡（镇）以上中国共产党机关、人民政协机关中从事公务的人员，视为国家工作人员。

在我国，国家工作人员主要指以下几类人员：（1）中国共产党各级机关中从事公务的人员；（2）国家各级权力机关中从事公务的人员，即全国与地方各级人民代表大会及其常务委员会中从事公务的人员；（3）行政机关中从事公务的人员，即国务院及其所属部、委、局和地方各级人民政府及其所属管理机构中从事公务的人员；（4）审判机关中从事公务的人员，即在最高人民法院和地方各级人民法院及其派出法庭中从事公务的人员；（5）检察机关中从事公务的人员，即在最高人民检察院和地方各级人民检察院中从事公务的人员；（6）军队各级机关中从事公务的人员；（7）人民政治协商会议各级机关中专职从事公务的人员。

此外，在行政机构改革中，一些原为国家行政部门的机关被撤销或改变体制而组成的“公司”，若靠国家行政拨款，主要担负行政管理工作的，亦应纳入国家行政机关的范围。在这些“公司”依法从事公务的人员，亦应视为国家工作人员。

（二）国家工作人员微博

国家工作人员微博主要体现在三个层面：

一是官方微博。官方微博承担着宣导国家机关与公共服务部门的执政理念和社会治理思想，以及记录国家机关与公共服务部门发展历程的资料等功能使命。国家工作人员作为官方微博的具体工作人员，需要具备微能力素养。

二是个人职务微博。这是指国家工作人员以公职身份开通实名认证的微博。他们既是展示国家工作人员个人公众形象的窗口，同时也是其所属机构政务形象的代言频道。国家工作人员通过其个人微博所展示出的带倾向性价值观念与理念、观点与内涵、人格力量与影响力，在很大程度上强化和带动着公众对其身后国家机关职能部门的关切、信赖和情绪。这种综合认知并将最终通过国家工作人员微博转移为国家机关与公共事务部门的整体形象。

三是私人微博。私人微博主要有几个用途：（1）个性信息平台。国家工作人员通过使用关注功能，能根据自己的偏好，选择接收其他用户发布的信息。（2）个人表达。记录自己心情，所占比例达到52.17%，国家工作人员作为网民通过微博参与各种公共事件，有第一时间发布见闻信息的，有发表评论和意见的，有参与舆论监督的，也有围观者。（3）人际交往。结交新朋友，寻找志趣相投的群体，与老朋友保持联系。

本书所指国家工作人员微能力素质包括所有以上三个层面。但是，就私人微博而言，更多的是在个性信息平台和个人表达用途层面对国家工作人员提出规定和要求。

二　国家工作人员微能力素质的含义

微能力素质，是公众对微博信息的认知解读和批判能力以及使用微博信息为个人生活、社会发展所用的能力。具体到国家工作人员的微能力素质，应该在微能力素质概念上稍加延伸来理解掌握。国家工作人员的微能力素质，是国家工作人员与微博发生关系时所体现的素养。这种素养有两个层面的含义：一是国家工作人员作为微博的普通受众所具有的微能力素质；二是国家工作人员作为特殊的微博受众所具有的微能力素质。作为普通受众，国家工作人员需要具备对微博的认识、批评和利用方面的现代公民基本的媒体素养。作为特殊的媒体受众，国家工作人员具有社会公共事务管理的各种职权。国家工作人员的微能力素质不仅涉及他们自身对微博的接触、理解、评判和使用，而且还会在相当程度上影响他人对微博的接触、理解、评判和使用，甚至还会直接左右微博的运行。国家工作人员不仅是微博信息的接受者，而且也是微博经常性的报道对象、信息来源，有些还是微博的管理者。因此，在国家工作人员微能力素质的含义中，应该包含有国家工作人员通过科学有效地运用微博资源服务于国家公共事务和社会管理等内涵。

概括地讲，国家工作人员微能力素质是指国家工作人员对微博信息的综合认知、解读、评判以及驾驭引导的基本素质和实际能力，是国家工作人员通过科学有效地运用微博资源，管理公共事务，创新社会管理，塑造党和国家机关良好形象的能力。就个体层面而言，国家工作人员微能力素质除了应该具备的政治素养、政策法律素养、道德素养、业务素养、文化素养和心理素养等基本素养外，主要有两个方面内容：一是关于微博的基本知识，即微博的基本含义、基本功能、主要手段和基本运行规律等；二是与微博打交道的能力，主要包括把握微博信息分析规律方法准确分析、研判的能力，敏感面对社会现实、有效应对微博的能力，能够借助微博发挥微博积极建设作用的能力，善于微博管理有效防范微博使用风险的能力等。

三　国家工作人员微能力素质的内容

基于胜任力模型，本书在研究过程中从基础胜任能力、核心胜任能力、胜任动机特质三个维度对国家工作人员微媒体能力进行了解读。

（一）基础胜任能力

1. 微博开设

微媒体时代，微博已经不是一种单纯的社交工具，它已转变为公众问政、监督政府的新平台。重大公共事件发生时，总有微博参与的“身影”，它的信息传播往往能够跑在传统媒体的前面，公众乐于通过微博获得最新信息。政府部门如果不开通微博，就少了一个表达主流意见、引导舆论、倾听民意的地方，不利于工作的开展。因此，如何开设微博已成为国家工作人员利用微媒体的第一步。

当前在政务微博的开设使用上仍然存在一些问题。诸如是否开通微博，在哪里开通微博，开通微博前要做什么准备，头像、简介、域名、模板等微博基本元素的设置有何讲究，什么是私信，什么是微群，什么是微访谈等，这些问题考量着国家工作人员微媒体的素养状况。

2. 微博说话

开设微博后如何利用微博发布信息也是对国家工作人员微能力的基

本要求。例如，能够利用 140 字；能够采用“摘要 + 链接”、音频、视频、图片等形式；能够利用长微博 APP 系统；能够运用网络用语；能够运用评论、转发、私信等手段；擅于运用“@”功能；擅于运用微博的置顶功能；擅于运用公众人物转发；让选材说话，立足人文传递正能量；让文字说话，卖萌更亲切；让图片说话，传递信息简洁明了；让视频、音频说话，动感十足引人入胜。

（二）核心胜任能力

1. 互动回应能力

新媒体使公共行政环境更加复杂化。在国家机关尚未做到在单一的、面对面的环境中进行有效回应之时，已面临着公众对于在虚拟环境中提供多样、及时的国家机关回应的要求。① 因此，新媒体倒逼国家机关传播观念和传播方法的嬗变。以政务微博为主的新媒体从无到有并渐趋活跃，成为连接国家机关与公众之间的一座桥梁，重塑了现代中国政务的形象，改变了中国传统的官民互动方式，逐渐形成了一种新的网络生态。公众对公共事务的“问”，意味着政治参与；党政部门的“答”，则体现了回应，从而形成基于新媒体平台的“国家机关—公众”双向互动模式。因此，能够促进有效互动的国家工作人员基于新媒体开展的互动回应能力成为国家工作人员新媒体素质能力的重要体现。②

所谓新媒体互动回应能力，是指在复杂的社会环境中，国家工作人员运用新媒体平台和技巧，通过积极与网友进行交流、贴近公众、倾听民意、化解矛盾等形式，达到更新社会治理观念与改善社会治理结构的目的，促进良性社会关系形成的能力。新媒体互动回应能力是国家工作人员执政为民理念的具体体现，也是对公民通过新媒体参政议政的互动回应能力，更是对反映公众意愿并为社会提供优质服务的国家机关的必然要求。

当前，以国家工作人员个人职务微博和国家机关官方微博为主的政务微博是微媒互动回应能力的具体体现。新浪网发布的《2013 年新浪政

---

① 张锐新、杨国栋：《网络时代政府职能转变问题研究》，中国书籍出版社 2013 年版。

② 徐媛媛：《网络问政：从单一途径到多元途径的融合》，《广东青年干部学院学报》2011 年第 8 期。

务微博报告》显示，全国政务微博100151个，其中党政机构微博为66830个，公职人员微博33321。政务微博是国家机关传播手段的创新，是国家工作人员行政理念、方法、机制的转变。政务微博的开通，增强了国家机关施政行为的公开透明力度，提高了互动回应能力，促进了公众的知情权和参与权的发展，赢得公众的理解和支持，扩展了国家机关与公众的互动空间。可见，以政务微博为主的新媒体平台已成为倾听公众声音、促进科学民主决策、加强监督制约、提升国家机关社会服务水平的有效平台。新媒体已成为维护社会和谐稳定的稳压器。与一般私人微博相比，国家工作人员的特殊身份使其个人职务微博的传播范围和影响力往往更大。因此，国家工作人员要恪守新媒体传播的规范，秉持谨慎的传播态度。

政务微博作为国家机关发布信息、了解民意、汇集民智和干群沟通互动的重要平台。国家工作人员尤其是国家机关工作人员应当积极探索公众通过新媒体参与行政管理活动的机制，主动加强与公众的交流、互动，力求把与公众的交流作为了解公众诉求、解决公众关切的重要渠道。例如，通过微访谈形式，实现国家机关与公众沟通互动，促进国家机关改进工作，倒逼国家机关当场或线下解决民生问题。

2. 信息发布能力

信息发布是国家机关履行政务公开，践行执政为民、主动接受公众监督、实现权力在阳光下运行的具体措施，是国家机关提高公信力的重要手段。当某一事件发生后，政府机关能否及时提供准确信息，常常成为媒体和公众评价政府部门的重要尺度。政府向媒体提供大量动态信息，媒体的报道角度将随着政府的相关工作展开，实现了信息公开与信息疏导的统一，避免了对不确定信息、不确定原因、不配合处置等方面的舆论炒作。如果掩盖问题实质、发布虚假信息，不去真正解决问题，结果只能使事态进一步扩大蔓延。努力推进政务信息发布制度，要求国家工作人员站在民主政治建设的高度认识政务信息发布工作，树立现代传播理念，正确处理公开与保密的关系，提高政务工作透明度，充分保障公民的知情权、参与权，提高政府部门的执政公信力。

在新媒体时代，每个人可以用手机拍下新闻，还可以用微博客进行现场直播，使得政府部门和媒体承受着空前的挑战。在以往，政府部门只需要影响和把握住党报、国营电视台的宣传口径，就可以迅速统一群众思想。现如今在 Web2.0 时代，每个人都可能获得其他的信息补充渠道，都可能行使参与权成为意见表达的主体。网络时代，人人手里都有一个麦克风。如果我们不主动地把权威的、准确的信息向媒体和公众公布，会有人替我们说，而他说的很可能是不完全的、不准确的，甚至是歪曲的信息，去纠正这种不准确的信息所造成的后果，可能需要付出更大的代价。

公安部原新闻发言人武和平同志在接受记者采访时曾有一些非常精辟的观点："为什么有些事件的负面舆论甚嚣尘上，就是我们没有及时把真相告诉群众。透明度决定公信度，话语权决定领导权，引导力是最大的领导力。那么，出了事件为什么不敢公开，为什么不将真相告诉群众？突发事件发生了，需要政府部门有人坐在椅子上说话，你为何不敢坐在椅子上说话？你把椅子空出来了，谣言就坐上了，谣言一般是先入为主，随后你再说多少也没用。因此，要在第一时间把情况告诉群众。"按"第一时间"理念，就是在事发四个小时的黄金时间内，除了涉及国家安全和国家秘密的有关信息外，必须按照公开透明的原则，及时准确地发布信息，开放有序地组织采访，切实有效地做好媒体服务引导。实践证明，发展快矛盾多，问题越掩盖越麻烦，往往小事炒大、大事炒炸。你不说，国内媒体说；国内媒体不说，外国媒体说；外国媒体不说，互联网说。面对"人人都有麦克风"时代舆论环境的变迁，国家工作人员必须转变观念，把信息和媒体作为从政工作的重要资源，贯彻落实信息公开的相关制度规定，以信息公开推进舆论引导，以具有针对性、新闻性和权威性的"政府议程"推动"媒体议程"，进而影响"公众议程"。

3. 议程设置能力

议程设置功能理论，是美国传播学者马克斯韦尔·麦克姆斯和唐纳德·肖于 1972 年首先提出的。他们对议程设置功能理论假说的核心内容做了经典概括，即大众传媒对某些命题的着重强调和这些命题在受众中受重视的程度构成强烈的正比关系。这个观点也可以用这样的因果关系来表达：大众传播越是突出某个命题或某个事件，公众越注意这个命题或事件。更通俗地说，就是大众传媒报道什么，公众便关注什么；大众传媒越重视什么，受众就越关注什么。议程设置是大众传播媒介影响社会的重要方式，也是大众传播的重要社会功能和效果之一，它是指大众传播媒介在一定阶段内对某个事件和社会问题进行突出报道，引起公众的普遍关心和重视，进而成为社会舆论讨论的中心议题。善用议程设置实现舆论引导，要求国家工作人员掌握议程设置的基本规律特点，通过政府机关自己的新闻议程设置，将政府工作的方针政策“设置”成为公众乐于关注的焦点，使政府决策的权威性与新闻报道的影响力相结合，在公众当中形成广泛的相关讨论议题，最终形成合力效应，达到主导舆论、引导舆论、影响舆论的目的。

政府新闻议程设置的内容应为执政者所要向公众说明的、需要引起公众关注的政策、公共信息、影响公众生活的政府行为、决策等。并且，政府新闻议程设置必须通过大众媒体才能实现。政府新闻议程设置具有重要意义。政府新闻议程设置有利于传播主流意识形态、主流价值观、弘扬主旋律，形成健康向上的主流舆论；有利于引导和规范精神文化产品的生产，整合社会思想，形成正确的社会舆论环境，保持社会稳定，推动社会进步；有利于形成公开透明的信息环境，满足公众的知情权，提高政府公信力，树立政府的良好形象。

国家工作人员在日常行政管理工作中应紧密围绕工作职责、内容，科学合理地进行议程设置，通过巧妙设置议题，把握舆论宣传规律，与正在发生的新闻事件同步进行。国家机关借助新媒体，通过对信息的准确把握和权威披露，满足公众的知情需求，并捕捉与受众利益密切相关的话题或角度，达到更好的议程设置效果。

4. 舆情引导能力

美国学者沃尔特·李普曼曾指出“公共舆论并非就是公众的意见，它是可以被构建、制造和引导的”。美国传播学者格伯纳提出的涵化理论，同样认为“人们对真实世界的认知和态度更加接近于经常所接触媒体的认知和态度。从把关、再现到涵化，媒体世界和真实世界之间存在的差距是客观的，媒体影响我们对真实世界的认识也是显然的”①。可见，公众的态度和行为可以塑造和改变，舆论可以引导。当前微博、微信等新媒体为公众提供了前所未有的交流平台，社会舆论结构亦呈现主流观

① 张艳秋：《理解媒介素养：起源、范式与路径》，人民出版社2012年版，第30页。

点和民间话语双峰并起的态势，民间舆论稀释了国家机关的声音。[①] 因此，新媒体环境下培育国家工作人员的舆情引导能力至关重要。

国家工作人员新媒体舆情引导能力，是指掌握公权力的国家工作人员依托公共信息资源，通过微博、微信等新媒体进行舆情信息采集、核实、发布并赢得公众信任的能力。维稳视域下国家工作人员应具备的舆情引导能力主要包括两个方面。

一是利用新媒体拓宽信息公开的渠道，创新国家机关信息公开方式方法。信息公开是提高国家机关行政行为的透明度、促进国家机关廉洁的重要手段，对于保障公民的知情权、推进社会民主化进程具有重要意义。在公共事件中，国家机关为了履行职责掌握了大量的信息。公共事件中公众有权利获取相关信息。国家机关和国家工作人员有义务及时、主动公开相关信息，使受众回归理性判断，为及时澄清事实提供舆论支持。因此，国家机关通过微博、微信等政务网络信息平台建设，加强信息公开，建立政务信息发布机制，满足公众对政务信息的合理需求，树立国家机关在网络舆论中的话语权威，避免因主流渠道失音导致非主流的杂音、噪音广泛传播，为公共事务管理提供有利的舆论环境。

二是通过网络谣言的有效治理，强化国家工作人员的舆情引导的公信力。网络谣言是指通过网络媒体进行传播的一种缺乏客观依据，或未经核实、公众难以辨别真伪的信息。网络谣言具有“传播主体和客体身份的两重性、传播速度快且影响面大、传播目的多元化、传播内容的自我消亡性”等特征。网络谣言一旦产生，轻者损坏个人名誉，给受害人带来极大的精神困扰；重者则会影响正常社会生活，破坏公共秩序，扰乱社会秩序，混淆视听，影响社会稳定，损害国家机关执政的公信力和良好形象。网络谣言的传播具有首因效应。因此，国家机关和国家工作人员应发挥政务微博的辟谣作用，做到先发声、说真话，防止出现“自己不说别人说、国家机关不说百姓说、媒体不说网民说”的被动局面。[②]

---

① 骆正林：《媒介素养与政治传播》，中国广播电视出版社 2012 年版。

② 王银海：《网络谣言对社会稳定的负面影响及法治化治理影响》，《社会建设》2012 年第 5 期。

5. 谣言应对能力

微博的高效互动打破了权威机构的话语垄断，将受众从反馈的弱势地位上升为交流层面的人人平等，构建了一个相对民主的公共空间，微博内容与使用者的海量化也促进了信息的公开和透明。但是，在微博呈现出一片繁荣景象的同时，通过微博发布的谣言也悄然增长，对微博的健康发展构成了不可忽视的影响。

许多信息因其事件本身的复杂性而使谣言的调查、验证工作难以开展，必须借助政府的力量，虚假信息才能被迅速、有效、及时地击破，政府和公务人员因此将承担着辟谣的重要职责。政府部门和公务人员如何加强微博的引导是当前微博管理的重要课题。为此，微媒体环境下国家工作人员应增强谣言应对能力。

一是国家工作人员应该提高自己的媒介素养，不要盲从地转发和评论任何未经证实的消息，谨防自己成为谣言的传播者和助推者。

二是国家工作人员作为政务微博的使用、管理者应规范发布流程，杜绝谣言从官方微博上发布与传播的可能性，绝不能在网络中随波逐流，逐渐丧失自我。同时，在微博谣言的澄清上，政务微博也担任着舆论引导的重要职责，面对微博与其他渠道出现的各种谣言，都应及时发布辟谣信息，站在权威立场上引导受众的正确认知，最终遏止谣言。

三是抑制谣言发生的最好办法是未雨绸缪，防患于未然。国家工作人员应充分运用法律法规和相关政策，加强网络及自媒体的管理，对故意传播谣言并造成危害者施以法律的惩罚。

6. 事件处置能力

“网络突发公共事件是网络风险衍变为公共危机的触发事件，是网络政治参与风险积累到一定程度的爆发。从网络风险衍变为公共危机是一个风险被逐步放大的过程，其中起关键性作用的便是作为触发点的网络突发事件，如果控制适度这种突发事件在某种意义上可以充当调节社会稳定的‘安全阀’，反之则会衍变为社会公共危机，危及社会稳定及政权安全。”① 因此，新媒体环境下网络危机事件频发的现实向国家工作人员

---

① 王金水：《网络政治参与与政治稳定机制研究》，中国社会科学出版社 2012 年版，第 163 页。

提出了更高的要求。良好的新媒体事件处置能力已成为一名优秀国家工作人员的必备的媒体素养及核心竞争力之一。

新媒体事件处置能力是指国家工作人员为了胜任新时期国家工作人员工作面临的新任务、新挑战，有效掌握相关工作信息，及时捕捉潜在的、带有倾向性的问题，制订应急预案，并争取把问题解决于萌芽之中所应具备的能力。国家工作人员的新媒体事件处置能力，是及时处理网络突发公共事件的必要条件，也是国家机关执政能力的重要指标，具体包括两个方面。

一是具备敏锐的辨别力，做到及时预警。网络危机事件在其酝酿发生、发展过程中会出现一些不易被人察觉的迹象。因此，必须善于通过新媒体平台捕捉初露端倪的表面现象，善于观察发现事物异常状态信号，掌握真实信息并做出准确判断，将问题解决在萌芽状态，从而主动、有效地防范和规避网络危机事态的扩大。国家工作人员尤其应具备敏锐的政治敏感度，及时捕捉舆论苗头，判断事件性质和类型，把握事态发展方向。

二是掌握娴熟的公关沟通能力。网络危机事件具有信息不对称、不充分的特点，因此准确理解和及时披露相关信息具有重要意义。内部信息沟通的及时、准确、畅通是争取公众理解和支持，并采取有效措施化解危机的基础。网络危机事件的核心是对外传播，任何网络公共危机事件从某种程度上讲都是公共关系危机、舆论危机，是对国家机关公共危机管理能力、公共形象管理能力和冲突解决能力的巨大挑战。及时、准确、有效地传达信息是应对网络公共危机事件最重要的工作之一，娴熟的媒体管理能力以及新闻发布技巧是公务员处理危机的必备技能。

（三）胜任动机特质

1. 微博意识

公务人员的微媒体素养已经不仅仅是个人问题，它同时也是一个地区、一个部门的微媒体素养问题。可以说，公务人员的媒体素养与其执政意识密切相关。公务人员微媒体素养培育的意识，包括信息公开意识、新闻执政意识和维稳为先意识。

第一，信息公开意识是培育公务人员微媒体素养的前提条件。信息公开是指政府和各种组织机构向公众公开或开放自己所拥有的信息，使其他组织机构和公众个人可以基于任何正当的理由和采用尽可能简便的方法获得上述信息。政府信息公开制度实施为公民行使监督权提供了法律保障，这在一定程度上抑制了腐败的发生，进而推进了我国政治民主化的进程。然而，在我国，政府信息公开制度的施行仅有几年的时间，难免存在一些不足。就目前我国各级政府关于信息公开的工作来看，政府上网的信息量普遍较少，信息检索、信息服务的功能较弱。行政机关恪守法律的自觉还有待提高，公众对自身知情权的积极维护以及参与更多政治的热情还有待提升。

近期，虽然一些行政机关或部门也对外开通了较为便利的查询公开信息的微博、微信等公共信息平台，但就所公开的信息来看，多为政策性指导意见，对社会关注的热点问题很少回应或不能及时回应。甚至以申请人与所欲申请公开的信息与其不具有利害关系为由，拒绝提供本应公开的相关信息。对于政府的这种做法，民众难免更愿意通过各种网络微媒体信息平台予以批评，而非申请行政复议或提起行政诉讼。众口铄金，积毁销骨。负面信息的频繁转发、传播，不仅损害了政府形象，也不利于社会的稳定。

随着社会主义法治进程的不断推进，民众法律意识不断提高，参政议政能力进一步加强。充分利用好各种新兴网络微媒体平台，加强政府信息公开化，提高公务人员微媒体素养，客观、及时、有效地利用微博、微信等与民众生活密切相关的各种微媒体平台，做好政府信息公开工作，接受各方监督，应是提升政府形象、增强公信力的重要举措。

第二，新闻执政意识是提升公务人员微媒体素养的必然要求。所谓新闻执政，就是通过新闻媒体来执政，即运用新闻媒体提高公共政策部门的执政形象、执政公信和执政的合法性，向广大群众传播执政者的路线、方针、政策等以达到贯彻落实的目的。执行力是政府执行的能力和效能，是衡量执行工作的标准；公信力则体现政府的信用能力。可以说，政府执行力和公信力是政府生命力和信用度的重要体现。如果政府的执行力不强，工作决策和部署落不到实处，就不可能有工作实绩；若政府的公信力低下，就容易失去诚信，将得不到人民群众的支持。

政府公信力和执行力相辅相成、相互制约。公信力弱的政府，不能取得人民群众的足够信任，就会有令难行，也就不可能有很强的执行力；

而执行力弱的政府，往往使编制的规划和出台的政策措施难以落实到位，也必然导致公信力的进一步降低。在微媒体时代，大可运用“微平台”传播政府意识、推广执法思想，从而提高执政公信力。

在治理媒体化的时代，任何一个国家的执政者都试图努力通过媒体发声来传播执政者意图以影响社会，新闻执政已成为一种不可或缺的执政方法。新闻执政首先要充分考虑媒体传播的政治性、政策性，传播弘扬主旋律，直接间接地反映党和政府的立场、观点、主张，这是新闻执政的核心和灵魂。其次，新闻执政强调尊重媒体的职业特征，改进舆论引导策略。媒体可以传播党和政府的声音，进行意识形态宣传，但是，作为信息传播机构，它有自身的职业特征和媒体运行规律，新闻执政要尊重舆论宣传的规律，熟悉内外传播环境，使新闻宣传工作符合新闻传播的发展趋势。最后，新闻执政必须考虑群众需求和社会效益，合法行政，切实做到每一个行政行为的做出均有法可依、有法可循。利用好微媒体信息平台，及时做好政府信息公开也必然带来政府信息去神秘化的效果，使行政相对人、具体行政行为利害关系人及其他民众乃至全社会切身感受到政府在依法行政、合理行政。

第三，维稳为先意识是提升公务人员微媒体素养的根本目的。维护社会安定和谐是改革开放和现代化建设的必要条件，也是构建和谐社会的基本要求。当前，我国改革发展已进入关键阶段，经济体制深刻变革，社会结构深刻变动，利益格局深刻调整，思想观念深刻变化。这种空前的社会变革，在为我国社会经济发展带来巨大活力的同时，也必然带来一系列的问题和矛盾。在社会矛盾多发期和维护稳定敏感期，网络谣言的危害是更为严重的，它会引起社会混乱与恐慌，进而破坏社会稳定。谣言止于智者。作为公权力掌握者和行使者的公务人员，应当具有面对微新闻理性、客观、冷静的态度，从自身做起，切实做到不随意相信、转发未经证实的微信息，以实际行动自觉维护社会稳定。

2. 良好心态

国家工作人员的微媒体素养动机特质还体现在运用微媒体的良好的心态上。具体体现为交流沟通中有度量、有自信，敢于面对围观谩骂；对网民质疑能够平和、平等、坦诚相待；面对问题敢于担责不逃避。

在民主政治状态下，政府部门的公共事务必然要接受公众监督，甚至任何一个国家工作人员的所谓个人关系、个人隐私都有可能成为公众质疑他们从事公务公正性的理由。一个部门或者公务人员说错了话、做错了事，就会受到媒体的质询和公众的批评指责。社会公众通过媒体对政府部门的公共事务提出质疑，是公众的一项基本权利。接受公众质疑，让公众了解真相，是政府部门和公务人员的基本义务。坦诚对待媒体公众质疑，要求公务人员面对质疑时，一定要在第一时间站出来，或承认过错、表明态度、承担责任，或澄清事实、还原真相、分担及撇清责任，或纠正错误、积极补救、履行责任，以赢得网民理解、赢得公众信任、争取舆论支持。这样才能化被动为主动，化不利为有利。因此，敢于面对质疑，坦诚对待媒体公众质疑，敢于担当不逃脱是媒体时代公务人员必须具备的媒介素养。

3. 学习创新

新媒体时代，人人都有一个麦克风，一条短小的微博，可以通过关注者的不断转发，实现核裂变式的传播，这种新趋势营造着新型的网络文化，影响着中国社会的文化生态，特别是其对政治领域的深层渗透，影响到国家的稳定与社会健康发展。运用微博创新社会管理，要求国家工作人员紧跟社会发展步伐，充分认识政务微博的重要性，培养微博意识，使用微博成为一种工作常态，努力把政务微博建设成政务公开的新平台、服务群众的新平台、化解矛盾的新平台、舆论引导的新平台，不断推进社会管理创新。

第四节 国家工作人员微能力素质现状

2014 年 6 月，课题组着手开展了以“国家工作人员微媒体能力素养”为主题的调查。调查的对象为北京市政法系统的国家工作人员，包括北京市公安局和北京市政法委不同职级、不同年龄段的国家工作人员，调查对象具有一定的代表性。

一 样本的抽取

本次调查采取统一问卷、随机抽样的方法，由调查员组织调查对象现场填写，当场收回，回收率较高。共发放问卷541份，回收537份，有效问卷516份，占总数的96.1%，有效问卷回收率为95.4%。调查样本的具体构成情况，所显示的国家工作人员微媒体能力素养现状调查样本的分类统计，详见表4－2和表4－3。

表4－2 国家工作人员微媒体能力素养现状调查样本的分类统计Ⅰ

<table>
<tr><th colspan="2" rowspan="2">层级</th><th colspan="2">性别</th><th colspan="4">工作区域</th><th colspan="2">合计</th></tr>
<tr><th>男</th><th>女</th><th>城区</th><th>环城</th><th>远郊</th><th>其他</th><th>人数</th><th>比例（%）</th></tr>
<tr><td colspan="2">处级</td><td>90</td><td>10</td><td>71</td><td>13</td><td>13</td><td>3</td><td>100</td><td>19.4</td></tr>
<tr><td colspan="2">正科级</td><td>124</td><td>24</td><td>90</td><td>24</td><td>34</td><td>0</td><td>148</td><td>28.7</td></tr>
<tr><td colspan="2">副科级</td><td>117</td><td>45</td><td>121</td><td>27</td><td>12</td><td>2</td><td>162</td><td>30.8</td></tr>
<tr><td colspan="2">科员及以下</td><td>80</td><td>26</td><td>57</td><td>17</td><td>29</td><td>3</td><td>106</td><td>21.1</td></tr>
<tr><td rowspan="2">合计</td><td>人数</td><td>411</td><td>105</td><td>339</td><td>81</td><td>88</td><td>8</td><td>516</td><td>100</td></tr>
<tr><td>比例（%）</td><td>79.7</td><td>20.3</td><td>65.7</td><td>15.4</td><td>16.7</td><td>2.2</td><td></td><td></td></tr>
</table>

表4－3 国家工作人员微媒体能力素养现状调查样本的分类统计Ⅱ

年龄	30岁以下	30—40岁	40—50岁	50岁以上
比例（%）	10.7	78.3	9.5	1.5
文化程度	研究生	本科	大专	高中
比例（%）	21.4	75.8	2.1	0.7
工作种类	综合管理类	行政执法类	专业技术类	媒体相关工作
比例（%）	32.9	53.3	13.4	0.4

从样本的基本情况来看，在516份有效调查问卷中，调查对象以男性为主，年龄构成集中在30岁至40岁，本科及以上文化程度占绝大多数，样本中行政执法类和综合管理类工作人员比例较大，涉及城区、环城带及远郊区县的各区域，样本中较好地涵盖了不同层级的工作人员，样本基本符合调查研究的需要，有利于客观真实地反映国家工作人员微媒体能力素养的现状。

二 本项调查的主要发现

（一）对媒介的接触和使用情况

媒介的社会功能对于不同的受众群体，往往会产生不同的影响和作用。这是因为受众接触媒介的目的和动机各有不同，不同目的和利益偏好使受众与媒介组合，并形成受众与媒介的不同性质的依赖关系，而后者又直接影响到受众对媒介信息的接受程度和接受效果。因此，对媒介的接触是调查研究的重要内容之一。

1. 对媒介的使用情况

在调查问卷中，设置了“您平均每天使用网络的时间大约为多长时间”“您开通并使用了以下哪些社交工具”“您的粉丝量有多少”以及“您是否清楚使用微博的相关纪律规定”四个问题，分别从接触时间、方式、程度和纪律规定四个方面来考察国家工作人员的基本使用情况。

调查数据显示，各层级工作人员使用网络的时间大部分为1小时到3小时。从处级与副科级比较来看，副科级及以下使用五个小时以上的比重远远大于处级，统计显示，副科级年龄段集中在30岁以下及30岁至40岁之间，而处级年龄段集中在40岁以上。由此，能够反映出年轻工作人员接触媒介的时间要大于年长者。

在对微博、微信、QQ和来往等主要社交工具软件使用情况调查时发现，使用微博、微信和QQ的比例较多，而对于出现时间较短的“来往”的使用则极少。而且，统计表明，接近51%的调查对象对微博使用的相关纪律规定十分清楚，42%的调查对象对相关纪律规定知道一点，仅少部分表示对此不了解。由此证明，国家工作人员对于主流且较为成熟的媒介的接触非常认同并普遍使用，而且对相关纪律规定比较了解，说明北京市政法系统在相关纪律教育方面取得了良好效果。

这些媒介接触及使用为进一步开展媒介素养教育提供了条件，也为进一步运用微博开展政法工作奠定了基础。但是，需要注意的是，在已开设微博的调查对象中，接近40%的国家工作人员微博粉丝量在100以下，20%的国家工作人员粉丝量在500以下，仅有不到4%的国家工作人员粉丝量在1000以上。由此可以推断，国家工作人员在使用微博的过程中，能够吸引粉丝的内容比较少，微博的质量也有待提高，在进行微博主题的设置、表达方式的选择以及话语体系的建立等方面都还存在一定的不足。

影响微博粉丝量的因素有很多，其中主题内容的选择、语言方式以及互动性是几个关键因素。数据显示，在上述几方面调查对象都显得不足。然而，粉丝数量决定了信息传播的效果，同时也是借用微博开展政法工作的基础。因此，在对其进行媒介素养教育时，训练一些基本的微博使用技能、吸引粉丝的方法，包括主题内容的设置、话语体系的建立等，这些显得尤为重要。微博粉丝量调查统计分析详见图 4－1。

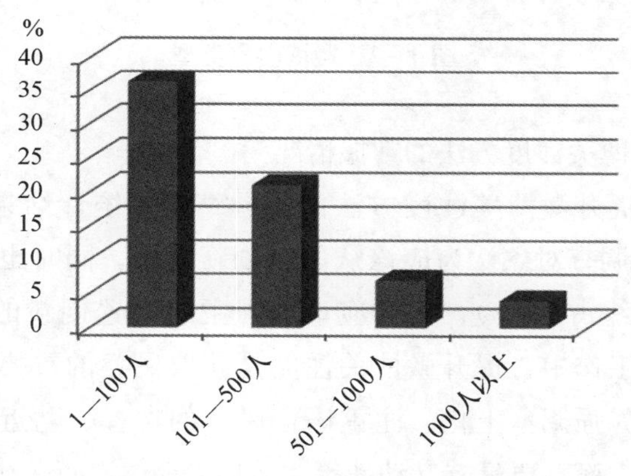

图 4－1　微博粉丝量

2. 接触媒介的动机

在调查问卷中设置了“您的微博内容会涉及哪些方面”这一问题，从图 4－2 中可以看出，新闻资讯、生活感悟和生活趣事是调查对象使用微博的三大主要动机。由此反映出国家工作人员能够利用媒介作为关注社会新闻资讯的工具，在接触媒介的过程中，呈现出积极利用媒介资源的状态。但是，统计显示，仅有少部分调查对象会涉及互动交流和发表观点的内容，分别为15%和11%。由此可以推断，调查对象在使用微博时，也表现出了较为被动的一面，大多数调查对象只愿意被动接收相关信息，而不乐意主动使用媒介表达观点和互动交流。鉴于此，应加强对国家工作人员主动借助媒介，服务于政法工作意识的培养。

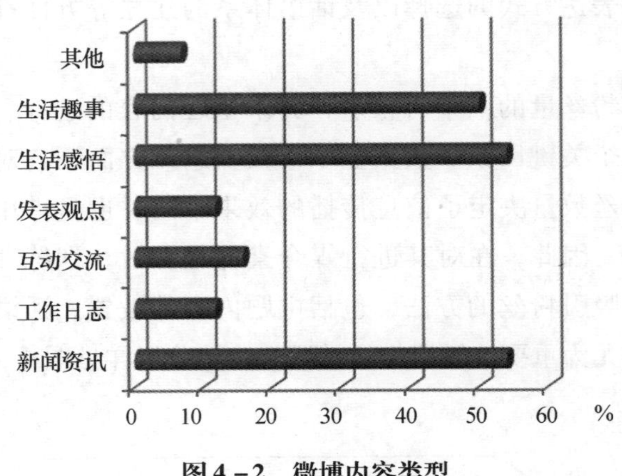

图 4 - 2　微博内容类型

3. 提升微博关注度方法的掌握情况

对于如何提升微博关注度方法的掌握情况，统计结果如图 4 - 3 所示：近 70% 的调查对象认为应该从内容创新着手，同时也强调语言风格的灵活运用（约占 58%），认为应该加强主题设置创新的仅占 40% 多。然而，在实际工作中，提升微博关注度是获取民意的重要渠道，主题设置非常重要，如强调本土化、注重语言风格的选择、贴近民生、符合大众关注的热点，而且要具有互动性等。数据表明，贴近民生（约占 80%）和互动性强（约占 50%）是调查对象普遍认为比较有效的方式。

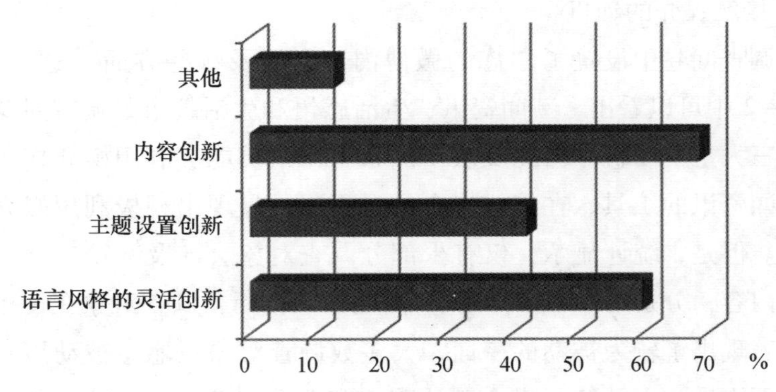

图 4 - 3　如何提升微博关注度

综合起来看，首先，调查对象虽然认识到在设置微博话题的时候应注重贴近民生、加强互动，但在提升微博关注度时，却忽视了设置话题的重要性；其次，仍然还有40%多的人没有意识到语言风格选择对提升微博关注度的重要性。因此，应加强国家工作人员的媒介素养教育，尤其是要加强基本的技能训练，如微博话题设置、微博语言的选择等实际操作能力。

（二）对微博发布的风险点及其影响的认识

对于媒介的认知是接触媒介的前提条件，不仅影响着国家工作人员的媒介意识，也反映了国家工作人员对于媒介的态度。

1. 对于微博及其对工作影响的认识

数据显示，大约75%（见图4－4）的调查对象赞同微博与政务工作越来越紧密，但仍然有17%的调查对象不赞同。从理论上讲，在微时代，微博对政务工作的影响已经是显而易见，并且发挥着重要的作用。但数据表明，近1/5的调查对象持否定态度，由此可见，开展教育训练，提高认识非常有必要。

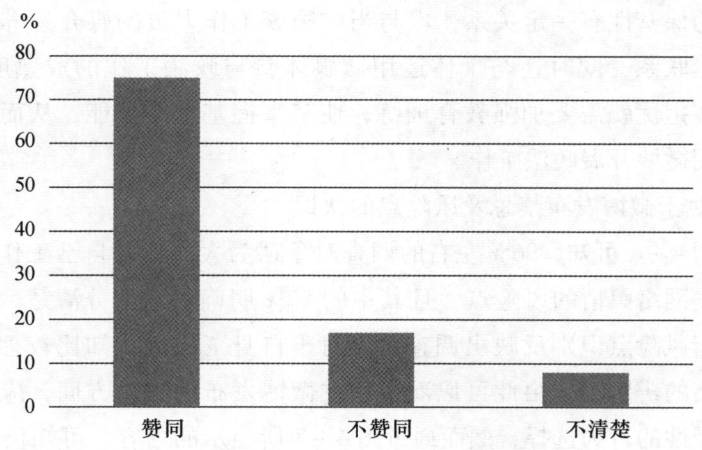

图4－4　微博与工作越来越紧密的态度

在对于是否愿意开设个人职务微博，调查对象的认知显得更为模糊和不确定，虽然有近一半的调查对象认为开设个人职务微博对维护社会稳定有重要意义，但仍然有超过1/4的调查对象明确表示不愿意开设个人职务微博。究其原因，如图 4－5 所示，主要表现为“不知道说什么”或者表示出忧虑，如担心带来不必要的麻烦、不懂得如何与网友交流等。开通个人职务微博担心的问题调查统计分析详见图 4－5。

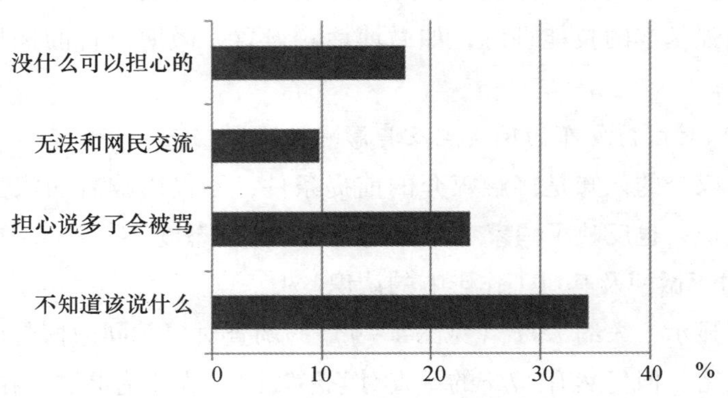

图 4－5　开通个人职务微博担心的问题

由此可见，国家工作人员普遍能够意识到微博等微媒体与政法工作日趋紧密。但是，对于个人职务微博的开设表现得还比较谨慎，这与政法工作的保密性有一定关系，也与当前国家工作人员的媒介素养有所欠缺有必然联系，同时还与个体运用微媒体参与政法工作的成熟度相关，消除这些担忧就需要加强教育训练，使其掌握基本的技能，从而能够更好地利用微博开展政法工作。

2. 对于微博发布禁忌及风险点的认识

由图 4－6 可知，96% 左右的调查对象认为大概清楚自己工作职责内可能引发网络舆情的风险点，且其中的 52% 明确表示十分清楚。较高比例的舆情风险点识别反映出调查对象对于自身工作的认知比较理性，且具有较高的辨别力。由此可以看出，在微博发布的禁忌方面，应该同样表现出理性的行为选择，然而通过图 4－7 所显示的内容，可知仍有 40% 的调查对象对“谈论政治敏感话题”并不认为是禁忌，而且有超过 40% 的调查对象不认为“使用不恰当语言”是微博发布的禁忌。舆情风险点的识别和微博发布的禁忌调查统计分析详见图 4－6 和图 4－7。

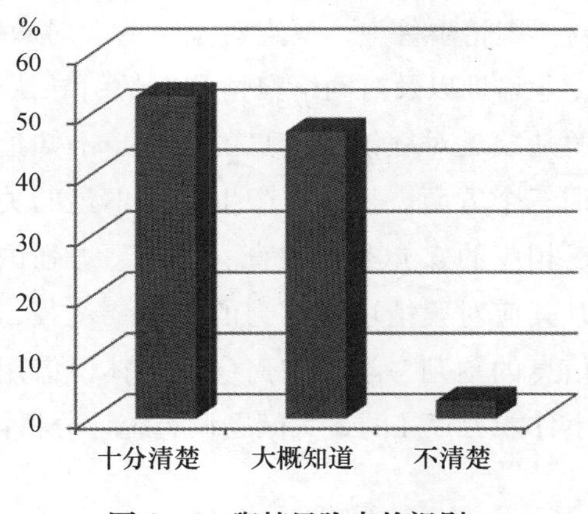

图 4－6　舆情风险点的识别

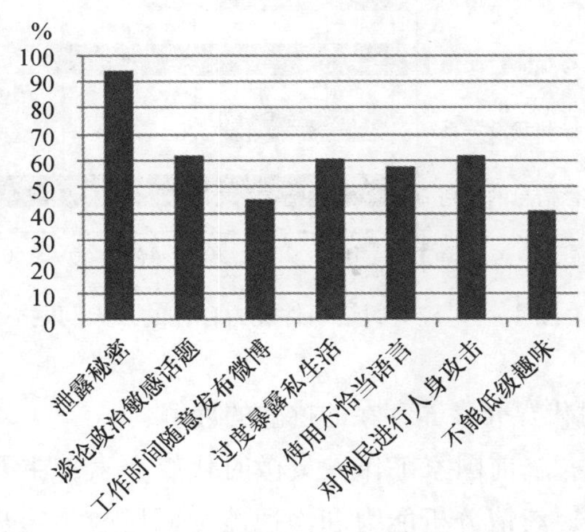

图 4－7　微博发布的禁忌

由上述数据表明，在对于微博发布禁忌的认知方面，还存在许多的自我认知不到位。因而，不能单凭国家工作人员自身认为对其工作职责内网络舆情风险点比较清楚，就能保证网络舆情的可控与不发生，而应该从具体的行为表现中去观察调查对象对此问题的真实认知。所以，应加强国家工作人员在微博发布过程中注意事项的教育，使其能够甄别政治敏感话题，并知晓恰当语言在交流中的重要性。

3. 对于应对舆情事件能力的认识

数据显示，对于舆情事件中，调查对象普遍在对敏锐性信息的预判、与媒体打交道、专业培训以及对网络舆情和舆情引导认识等都存在不足，其中，较为突出的是缺乏对敏锐性信息的预判、不知道如何与媒体打交道和缺乏专业培训三个方面。显然，产生这些不足的关键因素是教育培训问题，也即缺乏相应的媒介素养教育。可见，加强国家工作人员的媒介素养教育是提升其应对舆情事件能力的最重要途径，通过教育训练能够提高其对敏锐信息的预判，学会如何应对媒体，借用媒体为政法工作服务。应对舆情事件能力存在的最大问题调查统计分析详见图4－8。

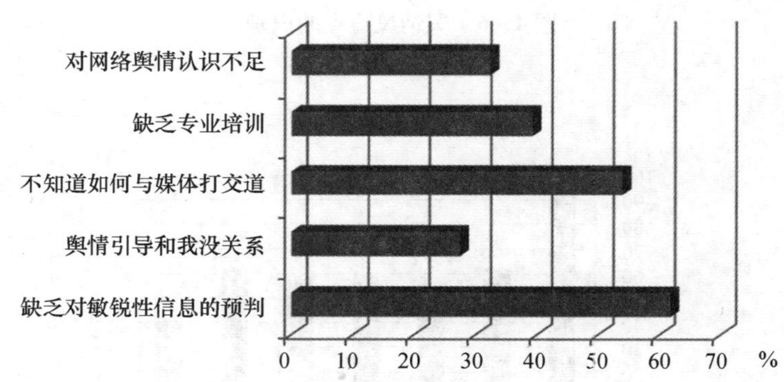

图4－8　应对舆情事件能力存在的最大问题

4. 对于微时代媒介素养存在的挑战的理解

从理论上说，当前国家工作人员微时代媒介素养主要存在两个方面的不足：一方面，舆情分析能力和沟通能力问题较为突出，主要表现为对舆情形成之后的引导策略和方法的缺乏；另一方面，是在采用适当的话语体系和语言艺术开展沟通方面能力不足，话语体系的适应性是吸引粉丝的重要因素，而粉丝数量直接决定微博政务开展的有效性。因此，话语体系的建构在开展微博政法工作中十分重要。

调查问卷的数据显示：首先，在给出的五个选项中，第四项（舆情引导能力）最为突出，接近80%的人认为舆情引导能力是其最大的挑战。究其原因，一方面是缺乏实践经验，在日常舆情事件发生以后，解决的办法基本上是由新闻办和网络安全部门等专业工作人员配合加以引导，这不利于一般国家工作人员的经验积累；另一方面是缺乏专业教育训练，在常规的教育培训中，关于舆情分析能力训练的课程还比较少，不足以满足现实工作开展的需要。其次，选择第一项（话语体系和语言艺术）的比例非常低，仅有不到40%的调查对象意识到话语体系和语言艺术在开展微博政法工作中的重要性。因此，通过开展系统的、针对性的教育训练，不仅能够转变意识、增长专业知识，把握舆情事件发生、发展的规律，还能通过相关训练提高其处理危机事件、沟通协调等能力，构建有效的话语体系，为开展微博政法工作奠定基础。微时代对公务人员媒介素养提出了哪些挑战的调查统计分析详见图4－9。

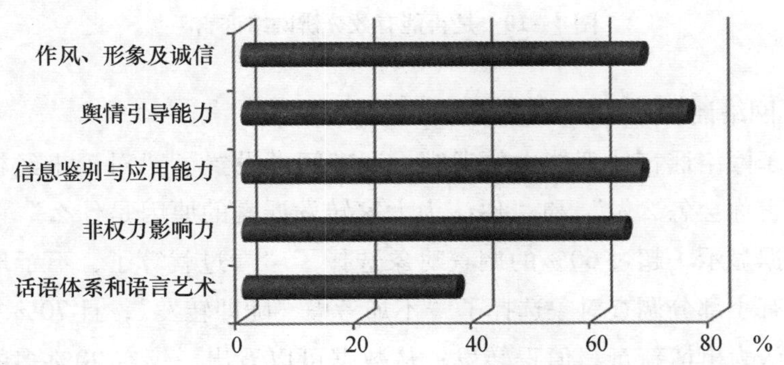

图4－9　微时代对公务人员媒介素养提出的挑战

（三）对网络谣言的分辨和处理能力

1. 是否能够分辨网络谣言

对于网络谣言，约80%的调查对象认为能够大体上分辨出来，主要通过信息来源（55%）、个人常识（70%）和官方求证（42%）三个渠道进行甄别。对信息来源的甄别，实则也是究其信息的可靠性和真实性，而官方的消息往往被认为具有权威性。由此可以得出，官方的求证或信息发布的权威性，直接影响着国家工作人员对舆情信息真伪的判断，也是其判断舆情的主要方法。但是，值得注意的是，仍然有近10%的调查对象基本上分辨不出来网络谣言，而分辨网络谣言是开展网络谣言治理的重要前提，基于此，应该加强网络谣言分辨能力的教育训练，增强国家工作人员的敏感性和辨别意识，从而为其更好地使用微博等媒介，服务于政法工作奠定基础。能否有效分辨网络谣言的调查统计分析详见图 4 – 10。

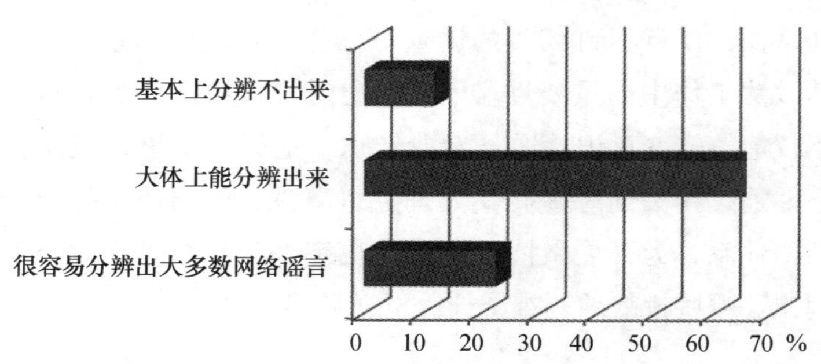

图 4 – 10 是否能有效分辨网络谣言

2. 网络谣言处理能力

对于网络谣言处理能力的考察，调查问卷设置了“对于未经核实的网络谣言你会怎么做”和“你认为大家转发谣言的原因是什么”两个问题。数据显示，超过 60% 的调查对象选择了“看过就算了，不予理会”，但仍然有小部分调查对象选择了“不加考虑，随即转发”，且 70% 左右的人仅仅认为事情新奇，值得转发；从数据可以看出，仅有 20% 多的调查对象会试图证明其虚假性，仅有 15% 的调查对象会采取跟帖反驳等主动行为，大部分调查对象显得极为被动或者漠不关心，这对于有效开展网络谣言治理非常不利。从理论上讲，作为国家工作人员，对未经核实的网络谣言，首先要做的是核实，这是最为基本的政治素养。而现实中，绝大部分的人选择了不予理会，尤其还存在不加考虑、随即转发的现象。由此可以得出以下结论：其一，在对于应对网络谣言的教育过程中，不仅要提高其对网络谣言的分辨能力，更重要的是提升其责任意识和政治敏锐性；其二，针对谣言国家工作人员应该学会如何积极采取有效措施，合理引导和治理谣言。对于未经核实的网络谣言你会怎么做的调查统计分析详见图 4 – 11。

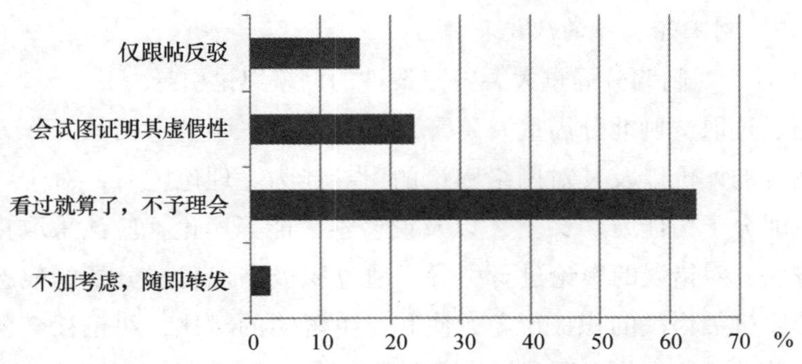

图4－11　对于未经核实的网络谣言会如何做

3. 对于辟谣方式的理解

对于辟谣方式的理解，调查问卷设置的问题是“您认为通过下列哪些方式进行辟谣有说服力”。数据显示：虽然大部分调查对象选择了通过“官方公开澄清、媒体调查报道和专家提供解释”三种主流的辟谣方式；但是，仍然有少部分调查对象选择了“网民的主要言论”和“删除或屏蔽相关信息”。众所周知，删除和屏蔽相关网民的言论是一种治标不治本的方法，合理引导网民的认知，通过加强宣传报道，澄清事实，从根本上改变其对谣言的看法才是治理谣言的关键。从调查的情况说明，仍然需要加强对辟谣方式的意识和方法的教育训练，改变对辟谣方式的理解，从而提高其辟谣能力。哪种方式进行辟谣有说服力的调查统计分析详见图4－12。

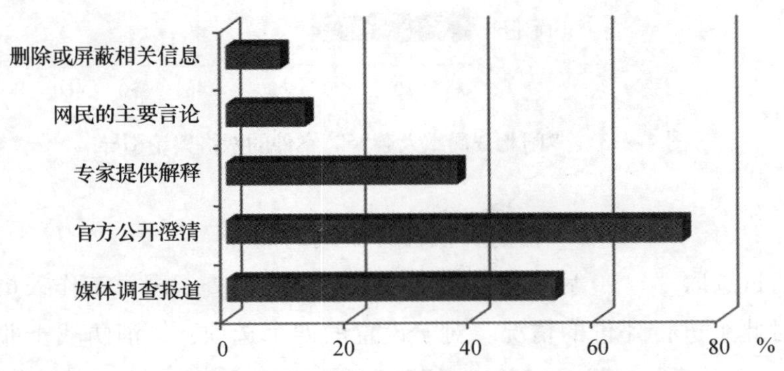

图4－12　哪种方式进行辟谣有说服力

（四）对舆论引导的认识和评价

1. 对于“闸北分局重大袭警”案件的网络舆论引导

通过选取“闸北分局重大袭警”案件为例，调查了国家工作人员对于此案件的评价以及其对网络舆论的引导能力。理论上看，对于一些网民称犯罪分子杨佳为“义士”以及说警察无能等舆论，应该采取正面评价的方法，对错误的舆论进行引导，通过积极呈现犯罪分子的残忍以及展示公安机关为民的积极形象，使其产生鲜明的对比，纠正社会公众对公安机关的曲解，化解群众与政府之间的矛盾。实际上，从图4－13的数据表明，选择正面评价的仅占20%，由此反映出国家工作人员主动发声、主动引导的意识还不够，如通过寻找“意见领袖”进行跟进配合。通过交叉分析，仅有40%的人选择了通过寻找“意见领袖”进行跟进配合。这进一步反映出在舆论引导方面，国家工作人员普遍表现得较为被动。因此，加强国家工作人员的舆论引导能力训练，尤其是舆论引导的策略和方法应是教育训练的重要内容之一。“闸北分局重大袭警”案件的网络舆论引导调查统计分析详见图4－13。

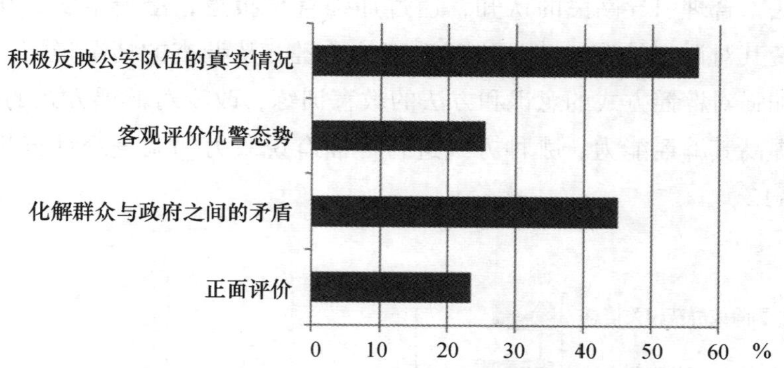

图4－13 “闸北分局重大袭警”案件的网络舆论引导

2. 对于“‘90后’消防员牺牲”案例的评价

通过选取“‘90后’消防员牺牲”案例，调查了国家工作人员通过微博对此事进行评价的情况。对于设置的四个选项：“消防战士非常英勇”，“‘90后’消防员经验不足”，“工作存在失误”，“关注起火原因，事后追责”。从应然的角度看，首先，正面宣传消防战士非常英勇是作为国家工作人员理所应当的行为；其次，“关注起火原因，事后追责”是第二层面的行为。从图4－14可以看出，约90%的人选择了“消防战士非常英勇”，40%多的人选择了“关注起火原因，事后追责”，这与理论上的分析吻合。但值得注意的是，依然有超过10%的人认为应该宣传“90后”消防员经验不足，以及少部分人认为应该宣传工作存在失误。从客观上分析，确实这两方面都存在可能性，但是作为国家工作人员，在进行宣传报道时，应考虑报道的角度和宣传的意义。“‘90后’消防员牺牲”案例的评价调查统计分析详见图4－14。

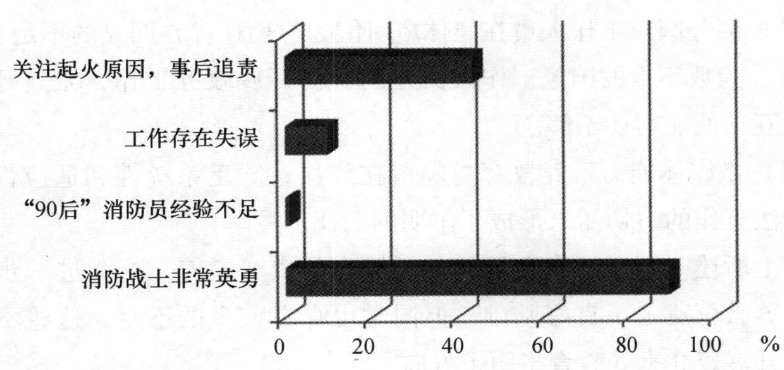

图4－14　“‘90后’消防员牺牲”案例的评价

三　本项调查的简要结论

国家工作人员是社会中的一个特殊群体，在与媒介接触时，既有一般社会公众的共性，又表现为国家工作人员群体的个性特征，他们既是受众方，又是发布方。不仅接受着社会各界的媒介信息，又向媒体发布信息，扮演着政府机关代言人的角色。可以说，国家工作人员的媒介素养在很大程度上关系到党和政府的形象，关系到党的执政能力及其执政目标的实现。通过对问卷调查结果进行分析，关于国家工作人员媒介素养的现状可以从两方面来看。

（一）优势

（1）接受调查的大多数国家工作人员，对微博等媒介的认识是正确的，都能够清楚地认识到微博对于政务工作的重要性。

（2）大多数国家工作人员，都能有效地利用微博等媒介接受信息、传播信息以及运用微博与社会公众进行互动和信息交流。尤其是对各类媒介内容、媒介形式均有较为理性的认知和良好的驾驭能力，这为进一步提升微媒体能力素养教育奠定了坚实基础。

（3）大部分国家工作人员都十分清楚微博使用的相关纪律规定，并能较好地掌握微博发布的禁忌，为进一步深入开展利用微博服务政务工作提供了保障。

（二）不足

（1）尚有一些国家工作人员对微博的功能掌握得还不够，尤其表现在缺乏借助微博开展舆论引导的能力。

（2）部分国家工作人员在媒体应对能力方面还存在明显的不足。

（3）为数不少的国家工作人员运用微博开展政务工作，尤其是与社会公众互动的能力还不够。

（4）微媒体能力素养教育尚停留在浅层，缺乏系统性和适应性，与现实政法工作的迫切需求形成了鲜明的对比。

综上所述，国家工作人员具备了基本的媒介素养，这为进一步开展媒介素养教育奠定了良好基础，但同时也存在许多的不足，这些不足为进一步开展媒介素养教育指明了方向。

四　对策与展望

关于微媒体能力素养教育是在新形势下提出的一个新课题，其研究的知识内容、课程体系、教育方法和途径等各方面都有待加强，尤其是对于国家工作人员的媒介素养教育更是一个全新探索。微媒体能力素养是国家工作人员的基本素养之一，与政务工作密切相关，微媒体能力已成为国家工作人员的一项重要履职能力。因而，加强国家工作人员媒体能力素养教育，采取有效的途径和方法，建立科学的培养机制，着力提高国家工作人员的媒介素养十分重要。

（一）强化意识，重视微媒体能力素质教育

为适应工作开展的需要，加强国家工作人员微媒体能力素质教育，是提升其微时代社会沟通能力的重要内容之一，也是履行维护社会大局稳定这一基本任务的重要基础。因此，要充分认识到微媒体能力素质教育的迫切性和必要性。

（二）树立目标，建立科学合理的课程体系

开展微媒体能力素养教育需要树立目标。尤其是在我国学历教育中媒介素养教育比较缺乏的情况下，对于在职的国家工作人员的媒介素养教育需要找准定位，既要注重能力的培养，又要兼顾知识的传授和技能的训练；以能力目标为核心，梳理知识目标、技能目标和价值目标，建立科学合理的课程体系。

（三）搭建平台，构建多元化的教育培养方式

对于国家工作人员的微媒体能力素养教育，培训机构是重要的教育场所之一。但是，不能仅仅依靠在职培训机构，应该构建多元化的教育培养方式。要始终明确教育对象是所有教育培养活动的主体，应该以学员为中心，积极寻找媒介素养教育的结合点，从日常工作中、实践中以及各项活动中促进媒介素养教育的开展。

（四）培养师资，加强专业化的师资队伍建设

加强专业化的师资队伍建设，是开展微媒体能力素养建设的重要保障。特别是由于我国媒介素养教育起步较晚，相关专业人才极为缺乏，而且专业师资人才与实际教育对象的职业紧密度也参差不齐，容易影响教育效果。因此，应该采取积极措施，多渠道、多层次加强专业师资的培养。

第五节　国家工作人员微能力素质教育培养机制

一　媒体素质教育

（一）国外媒体素质教育

历史是了解现实的出发点。20 世纪 30 代，媒体素质教育起源于英国，成长于加拿大、美国以及其他欧美发达国家。媒体素质教育在世界范围的发展是很不平衡的。较为系统的媒体素质教育大都集中在大众传播业高度发达的工业化国家，非洲（南非除外）和亚洲部分地区的媒体素质教育则仍处于萌芽状态或尚未开始。英国、加拿大、美国、澳大利亚、法国、瑞典等国的媒体素质教育已发展到高级阶段。在这些国家中，媒体素质教育已有几十年的发展历史，受重视程度高，普及范围广，并在国家或地方的正规教育体系中取得了稳固的地位。其中，英国、加拿大、澳大利亚的媒体素质教育堪称世界典范；美国在媒体素质教育方面被喻

为“黑马”。[①] 因此，本书将这四国纳入研究对象的范围。作为我国近邻的日本，其媒体素质教育的研究虽然不如上述四国发达，却也具有特色。

1. 英国

媒体素质教育研究首先诞生于20世纪30年代的英国。报业与电影的发展是媒体素质教育源起的主要原因。在19世纪末到20世纪二三十年代，是英国报业发展迅速的一个时期：报业集团急速增长，报纸销量大幅上扬，广告业发展迅速。随着购买力的增长，广告业把关注力投入以数量取胜的劳动工人阶级，尤其是通俗报纸的“媚俗化”倾向严重，报业大亨对报刊的控制影响到当时报刊的整个价值观。1930—1960年的英国，电影成为主流媒体，电影中所呈现的影像，形成了大众文化，相对于英国传统文化，这些大众文化显得粗俗，有学者认为它是一种伪文化，损害了文化传统、语言、价值观和民族精神的纯正和健康。于是当时报纸与电影被视为传统精英文化的终结者，为了捍卫传统文化，抵制大众文化的侵袭，许多学者主张通过培养公众对大众文化的辨识和抵制能力来保证英国文学的文化高级性，媒体素质教育就在这样的背景下产生了。其目的就像是帮助学生打预防针，抵制媒体中传统价值观或道德标准被扭曲的文化。

这种批判性的思想自然有其自身的渊源。复旦大学学者黄旦认为：英国传播理论对于媒介置身于其中的社会应该总是有一个不安的考量，而这种思维方式和英国经验主义的怀疑论的思想传统是一脉相承的。另一方面，20世纪20年代晚期到30年代，英国流行的是凯恩斯主义，其最典型的信念就是，公共事务应该而且能够由那些聪明能干且大公无私的国家机关精英管理。当时的英国中产阶级积极参与各种社会事务，他们的自信急剧膨胀。这种自信同样也体现在媒体素质教育的效果之上，所以他们相信大众文化所具有的不良性质一旦被告知与揭露，学生们就能自觉地唾弃与鄙视。[②]

2. 美国

作为世界上传媒业最发达的国家，美国的媒体素质教育却远落后于英国、澳大利亚甚至加拿大等其他国家，直至20世纪60年代才开始起

---

① 张瑞静：《媒介素养研究诞生的历史背景》，人民网（http：//media. people. com. cn/）。

② 黄旦、郭丽华：《媒介观念与媒介素养研究——20世纪西方媒介素养研究综述》，载《“传播与中国”复旦论坛（2007）：媒介素养与公民素养论文集》，2007年12月。

步。我们知道，培养理论的提出也是在这个时间，其提出的背景主要是美国的电视媒介发挥的负面作用越来越大。20 世纪 50 年代末，电视进入了 86% 的美国家庭，60 年代，彩色电视迅速普及，电视占据了传播媒介的中心舞台。当时，美国民众普遍将肯尼迪总统遇刺身亡、校园暴力事件等一系列事件及现象归咎于电视媒体的不良教化。与英国为了拯救传统高雅文化不同，美国的媒体素质教育诉求在于解救青少年于电视媒介性与暴力的染缸。美国的媒体素质教育缘于“内忧”。

3. 加拿大

加拿大的媒体素质研究主要源于“外患”。加拿大的媒体素质教育可追溯至 20 世纪 60 年代，并在随后的 20 年间得到了巨大的发展，因为加拿大非常重视媒体素质教育。原因有三：其一，抵制美国流行文化的渗入。美国与加拿大之间有着近千公里的国境线，加拿大的受众收看的电视节目 60% 是由美国制作，美国电视节目中的暴力场面、性画面充斥着加拿大的电视荧屏，美国文化不断地侵蚀加拿大本土文化。其二，加拿大的多元文化主义运动发展。在 20 世纪 60 年代，多元文化主义在加拿大兴起。1971 年加拿大宣布多元文化主义为国家政策。为了使国内的多元文化主义以良性的态势持续发展，保护并维持各个族群及其文化间的微妙平衡，加拿大国家机关及社会各界始终在为建构一个反主流论述的话语空间而共同努力。由于媒体在族群文化认同以及社会群体归属的复杂关系中扮演着重要的角色，因此将媒体素质项目纳入教育范畴，便成为加拿大国家机关的当然对策。其三，加拿大的媒体素质教育之所以能得到国民的普遍重视和积极参与，从而得以在短短 20 多年间飞速发展，达到可与该领域“元老”英国比肩的水平，与其深层的社会背景下孕育出的国民意识是分不开的。在 20 世纪 80 年代，作为社会公器的大众媒体趋于集中垄断，国家倡导的多元主义运动日渐式微，这一现象激发了民间力量的自发参与，并最终促成了加拿大媒体素质教育的良好局面。①

4. 澳大利亚

澳大利亚的民族是在英国移民及其后代的基础上演化而来的，在种

---

① 车英、汤捷：《论加拿大传播媒介素养教育及其启示》，《武汉大学学报》（人文科学版）2007 年第 5 期。

族血缘、文化传统、道德标准等方面，与英吉利民族一脉相承。20 世纪 70 年代以前，澳大利亚一直奉行“白澳政策”，拒绝非欧洲地区的移民，企图将所有澳大利亚人都同化为单纯使用英语的不列颠文化民族。当时的基础教育主要是面向来自欧洲的白人移民，教育管理模式也是从英国移植过来的。澳大利亚的媒体素质教育始于 20 世纪 70 年代——“白澳政策”结束，开始推行“多元文化”政策。由此，国家教育机关开始制定和实行多元文化的教育政策。① 1971 年，面向 15 岁学生的统考被废除，学校可以自己控制、管理课程和教学大纲以及自主开发校本课程，许多教师对媒体素质教育产生了兴趣。从 1972 年起，国家增加了对教育的国家机关基金投入，在分配资金时，学校媒体素质教育项目是被优先考虑的。随着官方对学校资金的大力支持，信息技术在学校教育的各个领域得到了广泛应用，最先进的现代化教学手段被引进校园。许多学校建立了交互式卫星电视教育网。维多利亚州有 2500 多所中小学安装了卫星电视地面接收站。据统计，澳大利亚全国有 90% 的学校使用交互式卫星电视教育网，75% 的学校经常使用卫星电视教育网教学，40% 的学校采用直播教学，85% 的学校采用录像教学。此外，随着电脑成本下降、国际互联网的开通、各种教学软件的开发，以及信息加工技术的发展，电脑辅助教学在全国得到广泛利用和推广。计算机和互联网在澳大利亚学生的学习中发挥着重要作用。简言之，国家的教育改革促使校本课程迅速发展和媒体技术在教育中广泛运用，催促了澳大利亚媒体素质教育发展。

5. 日本

日本媒体素质教育兴起的背景较为特别，简言之是大规模系统化的大众媒介和处于弱势的市民媒介。在明治维新时代，中央集权的全国性媒介就已经确立，这是当时日本现代化进程的一部分。而地方性的、本土的以及和国家机关声音不一致的媒介则逐渐销声匿迹。因为没有受到来自海外开放文化的侵蚀，加上全国政治系统没有大的变动，日本人以被动的消费者身份平静地享受国内的大众媒介提供的各种信息服务。日本是世界经济强国，拥有雄厚的经济基础和高度发达的产业技术力量，

---

① 牛道生、陈尚真：《从“白澳政策”到多元文化教育——试探澳大利亚多元文化教育体制形成的艰难历程》，《湛江师范学院学报》2003 年第 5 期。

这为其大众传播事业的发展提供了坚实的基础。然而发达的日本传媒也有与发达的欧美国家的不同之处——日本拥有的是高度集权的大众媒介系统。日本曾制定了若干和大众传媒有关的法规，国家机关对大众媒体的控制非常严格，其主旨就是控制新闻、出版等传媒活动，并对言论自由和传播自由横加干涉，所谓自由都必须在法律允许的范围之内。可以说日本的大众传媒从产生之初就处于国家机关强硬的管制之下。“二战”后，日本的媒介情境有所改善，但传媒环境已然定型，新的势力很难进入言论世界。20 世纪 60 年代以后，日本国内开始有学校试行“屏幕教育”。[①] 但屏幕教育本质上与现在的媒体素质教育相去甚远。20 世纪 90 年代初，“Media Literacy 媒体素质”理论引入日本。与此同时，随着传播科技的发展，由媒体引发的社会问题日益凸显，日本的媒体素质教育慢慢取得进展。需要指出的是，与西方国家不同，日本的媒体素质教育偏重传播技能的教授，忽视批判精神的培养，这种现象与日本媒体素质诞生的历史背景有密切关系。

媒体素质教育在世界各地遍地开花的一个宏观社会背景不容忽视，即新社会运动的兴起。所谓新社会运动，是指在第二次世界大战后兴起和扩展于西方资本主义国家的、有别于传统社会运动的、新形式的社会运动。主要包括：环境保护运动、反战和平运动、消费者运动、公共卫生运动、女性主义运动、同性恋运动等。李月莲认为，比照“新社会运动”的特点，媒体素质教育运动几乎具备其所有特征：第一，它是议题主导型的社会运动，其议题跨越国界，是具有普遍性的社会问题；第二，参与运动的活跃分子主要不是直接为了自身利益，而是为了广大受众者；第三，抱有社会改革的目标，希望发挥促进社会公平正义等作用；第四，提倡尊重自由、个人自主、反对社会不公等基本信念；第五，并非作用于政治和经济制度层面，而是在民间社会针对价值变迁和生活方式变革而行动；第六，与传统的正规渠道动员与科层式组织不同，“新社会运动”的组织方式往往比较松散，大多属于非正式的民间机构。也正因为如此，许多研究者称媒体素质教育为媒体素质教育运动。通过上述分析可知，国家政策与社会思潮的转向是媒体素质研究诞生的基本条件，抵

① 张开：《媒介素养概论》，中国传媒大学出版社 2006 年版。

制媒体的负面影响是媒体素质教育诞生的主要原因，但要取得进展，国家的教育改革、媒体技术在学校中的广泛应用是必要条件。

（二）我国媒体素质教育

1. 中国大陆（内地）

而20世纪90年代以后，媒体素质概念才逐渐被我国学界所接受。其中，有对欧洲批判学派的研究不够重视的因素，但更主要的还是与中国实行的“党管媒体”的媒介政策有关。大众传媒是党和国家的宣传阵地，承担“喉舌”功能，它不提倡媒体使用者对媒体信息进行分析、区别和批判，而是无条件地接受。长期以来，执政党往往通过指定政策和纪律、发行文件、召开会议等各种方式加强对传播者的管理控制，构建一个“纯净”的媒介空间，塑造媒介的权威形象，由此来解决媒介在传播信息中所产生的副作用。因此说，“中国新闻传播史实际上是新闻宣传史”。在许多人心目中，媒介是神圣的、至高无上的，报纸上的每一个字、广播电台的每一句话，都是代表党中央的，必须遵照执行。所以，绝大多数的普通受众并没有媒介批判意识，甚至不敢对媒介有任何怀疑。所以，长期以来，媒体素质的命题就不曾被提到素质培养的议事日程，我国公众没有经过媒体素质的培训，媒体素质总体水平不高，其中包括国家工作人员。

经过十多年的发展和积累，我国媒体素质教育已经逐渐被关注和接受。《人民日报》2011年8月16日发表了《分层次推进国民媒体素质教育》，提出“建构多样化的国民媒体素质教育体系”，“探索多样化的党和政府工作人员媒体素质教育路径”①。可见，公众的关注、社会的需要、学者的努力、领导层面的重视，媒体素质教育的重要性日渐显现。张开副认为：“媒体素质是传统素养（听、说、读、写）能力的延伸，它包括了人们对各种形式的媒介信息的解读能力，除了现在的听、说、读、写能力外，还有批判性地观看、收听并解读影视、广播、网络、报纸、杂志、广告等媒介所传输的各种信息的能力，当然还包括使用宽泛的信息技术来制作各种媒体信息的能力。”② 段京肃、杜骏飞等认为：“媒体素质是指公众接触、解读、使用媒介的素养和修养。它包括了三个主要的环

---

① 李先锋、董小玉：《分层次推进国民媒介素养教育》，《人民日报》2011年8月16日。

② 张开副：《媒介素养概论》，中国传媒大学出版社2006年版。

节：接触媒介——获取信息；解读媒介——批判地接受媒介信息；利用媒介——借助媒介工作和生活，通过媒介发出自己的声音并维护自己的利益。”① 尽管学者们对媒体素质的概念表述有所不同，但其中有一些共同的要素，即媒体素质是一种通过媒介观察世界的方法；媒体素质是一种利用媒介认识世界的手段；媒体素质是一种掌握媒介、使用媒介的技巧；媒体素质是一种解读、鉴别信息的能力；媒体素质是一种批判、驾驭媒体的观念。概而言之，媒体素质是指公众对各种媒介信息的认知解读和批判能力以及使用媒介信息为个人生活、社会发展所用的能力。其中，媒体批判能力是所有其他能力的基础。一个具有媒体素质的人，他首先具有分析能力、自我反思能力和媒体道德意识，能够对媒体内容进行分析、区别和反思。媒体素质教育与培养媒体从业人员的专业性教育有本质区别。媒体素质教育的对象是全体公民，教育的目的在于培养人们对媒体的本质、媒体常用的方法手段以及这些方法、手段所产生的效果的认知力和判断力，通过教育，使全体公民既了解媒体自身的运作模式、运作规律，也知道如何来制作传媒作品与媒介信息。

2. 中国香港

香港的媒体素质教育在20世纪80年代已经酝酿，但真正的发展还是90年代末香港回归以后的事。

背景之一：1997年以后的香港，传媒自我审查、政治新闻减少、言论空间收窄、不良资讯泛滥、传媒商品化风气盛行，影响到公共空间里资讯的自由流通及意见的理性交流。香港学者李月莲认为，公共空间的破坏主要来自两方面：一是政权移交中国后引发的传媒自我审查，还有新闻的非政治化；二是“市场导向新闻”的流行造成的传媒环境劣质化。公共空间的破损引起社会对传媒的关注，也为媒体素质教育的发展注入了强大的动力。② 在20世纪90年代后期短短的几年间，香港已经有一百多个机构投入媒体素质教育的活动，铺开了一张媒体素质教育网。学者李月莲认为这张网所以能够张开，主要动力有三方面：香港传媒环境的

① 段京肃、杜骏飞：《媒介素养导论》，福建人民出版社2007年版。

② 陆晔：《媒介素养教育中的社会控制机制——香港媒介素养教育的目标和特征》，《新闻大学》2006年第1期。

恶化；传播科技的进步；国外媒体素质教育思潮及经验的引进。需要说明的是，1997 年及 1998 年的亚洲金融风暴，对香港经济打击很大，令报业广告收入严重收缩，减价战使各报业陷入恶性竞争——用煽情的手法去制造新闻、消费资讯充斥着新闻版面、大量刊登侵犯隐私的低级消息。这是香港市场导向新闻普及化的一个不容忽视的原因。

背景之二：教育改革为香港媒体素质教育运动注入了新动力。2000 年香港特区国家机关发表了两份重要文件，提出教育改革的目标是希望通过终身学习，全面提升学生的素质。除了对伦理、知识、社交技能和美学鉴赏等传统素质的强调，人们还希望香港的学校能培养出新一代的具有自学、独立思考和探索新领域能力的学生，使他们能够学会做自由民主社会中的合格公民。香港的教育学者普遍认为传媒教育的意识与国家机关推行的教育改革精神相契合，有助于培育知识型人才。教育官员亦鼓励老师在课堂及课外活动中加入传媒教育。加之媒体技术在学校中的被广泛应用，在过去十年间，香港的媒体素质教育有了显著的进步。

3. 中国台湾

从 1988 年 1 月 1 日起，台湾地区实施了 36 年的“报禁”解除，之后台湾媒体得以蓬勃发展。然而随着市场打开后媒体数量的大增，媒体开始过度重视追求利润，导致媒体经营陷入恶性竞争，媒体节目的品质持续低落。对于充满低级趣味、色情内容的报纸，广大民众怒斥为“暴纸”；对于煽动政治对立的电视，学界直呼“关掉电视救台湾”，生活在台湾畸形媒介环境及其恶质内容下的台湾民众，对于媒体大有深恶痛绝之感，他们认为媒体是社会的最大乱源，是媒体把台湾弄得乌烟瘴气。在这种背景下，台湾民众迫切需要掌握关于媒体素质的知识。因此，台湾媒体素质教育自发展伊始便背负着媒体表现不符合人民期待的包袱，这种对媒体极端不信任的态度使媒体素质教育的发展过程充满保护主义的主导意识，使媒体素质教育与媒体批判画上等号，以至于媒体素质教育的核心价值无法凸显。检视台湾地区目前相关文献与资料，的确反映出从学术论述到社会实践的媒体教育大都落在以媒体教育来“教育媒体”的困境中。①

① 张瑞静：《发达国家及地区媒介素养教育研究》，硕士论文，新疆大学，2009 年。

二　国家工作人员微能力素质教育培养机制

在新媒体时代，现实工作的开展对国家工作人员媒体素质提出了新的要求。为更好地提升国家工作人员的媒体素质，应立足长远，建立相应的培养机制，以实现国家工作人员媒体素质培养的持续发展，更好地适应新媒体时代国家机关工作的开展，研究尝试探索建立选拔考核评价机制、层级培训机制、定期交流机制和师资培养机制。

（一）选拔考核评价机制

选拔机制，主要是指国家工作人员在入职时，将媒体知识内容作为其选拔考核的重要组成部分；在职国家工作人员和领导干部在职务晋升时，将媒体素质作为晋级、选拔的考核内容之一。

考核评价机制，主要解决的是国家工作人员媒体素质培养的导向问题。通过加强对国家工作人员媒体素质的考核评价，引导国家工作人员有意识地关注并主动采取方法加强自我媒体素质的提高。可采取从公务员招录至职位晋升等环节融入相关媒体素质知识和能力的内容，发挥考核评价的导向作用，从而有效实现国家工作人员媒体素质和能力的提升。

（二）层级培训机制

层级培训机制，主要解决的是国家工作人员媒体素质培养的针对性和效用性的问题。如前文所述，不同层级的国家工作人员对于媒体素质能力的要求是有差异的，因而在具体实施过程中应按培训对象的职务层级、职能定位等进行区分，有针对性地选择培训内容、建立课程体系，并固化培训机制，使各层级国家工作人员媒体素质培养常态化。一是学历教育中申报相关专业，同时增加媒体素质的公共课程，并且应当成为大学生的必修课程。二是着力开展在职培训中的媒体素质教育专题训练，侧重于从培养层级上进行培养内容区分，以适应不同层级的工作要求。

1. 基础层级培训

主要包括学历教育和公务人员招录后的教育。侧重在媒体素质基本知识、基本应对技巧方面的介绍和强化。

2. 中级培训

此层级主要是针对有一定工作经验的国家工作人员开展的针对性培训。以北京市公安局公安民警培训为例，每年刑侦系统都会举办系统培训，在这样的培训班中开设如“侦查工作中的媒体应对”等培训专题，重点围绕接报案件、现场处置、追赃减损、规范执法等环节开展培训。

3. 高级培训

主要是针对有较高级别的国家工作人员的媒体素质培训，培训内容主要包括：国内外媒体关系情况介绍、最新媒体意识强化、如何有效引导舆情、如何善用媒体资政等。

国家工作人员媒体素质培养路径模型内容的主要思路是：以能力培养为核心，将能力具化为相应的技能，针对不同的培养对象，按照“模块化”的方式组合培养内容，通过专题讲授与训练的方式开展。如“国家工作人员媒体素质概论”“微博现状及发展趋势”“提高风险管理能力”“舆论引导及应对”“媒体应对演练”“媒体新闻撰写”“互联网维稳安全形势分析”等。

（三）定期交流机制

在媒体素质培养过程中，应从岗位的需要出发，从实战的需求入手，从队伍的实际状况开始，广泛开展定期交流机制建设。在媒体素质教育中坚持立足当前与着眼长远相结合，训练内容与舆情处置实战需要相结合，加大基础理论学习、异地交流锻炼和业务操作培训力度，强化国家工作人员媒体认知、媒体使用和媒体管理能力。定期交流机制主要解决的是资源共享与合作的问题，是教育培训的延伸和反馈。一方面，学员培训结束以后对于现实工作中遇到的问题能够及时反馈，教师也可以将教学专题开发与设计过程中遇到的问题及需求进行深入沟通；另一方面，针对典型事件进行及时召开座谈交流会，通过对案例进行分析研判，梳理总结经验教训，并加强宣传教育，不断丰富国家工作人员媒体素质培养的内容。通过建立定期交流机制，妥善解决教与学的良性互动，进一步增强教育培训的针对性和有效性，提升国家工作人员媒体素质培养的效果，满足新媒体时代国家机关工作的现实需求。

（四）师资培养机制

师资培养机制，主要解决的是教师是否能够胜任国家工作人员媒体素质培养的问题。鉴于国家工作人员媒体素质培养是在新媒体时代背景下，为满足各项工作开展的客观需要应运而生的，不仅对国家工作人员能力素质提出了新要求，同时也对教师提出了更高要求。因而，建立师资培训机制，通过科学合理地安排师资培养，提升教师的专业水平，是开展教育教学的前提条件，也是制约整体教学实施效果的关键因素。鼓励专职教师到国家机关新闻宣传部门锻炼，鼓励国家工作人员中的行业专家、技术骨干到培训部门担任兼职教官，建立以“角色互换”为核心的学校和实战部门合作共赢的师资培养机制。

国家工作人员媒体素质教育，既是国家工作人员媒体知识和运用媒体的技能的培养，也是媒体素质教育的特色和生命力所在。只有加强专业师资队伍建设，不断提高专业教师的教学能力，才能有效实施教学，为培养国家工作人员媒体素质提供必要的保障。为此，需要长期不懈的努力，加强机制建设，深化培养模式，真正打造适应实践发展、本专职教师结合的师资队伍。

通过“国家工作人员媒体素质培训师资班”加强各级机关媒体素质教育师资队伍建设，并通过开展教师深入新闻宣传部门、深入机关一线实践锻炼提升专业教师的岗位认识、专业技能、专业素养等。通过实施岗位培训、校内专业教师与兼职教师“一对一”定期交流、参与教研活动等方式，提高兼职教师专业理论水平和教学技能，进一步优化和改善媒体素质培养专业师资队伍结构。

第六节　基于胜任力模型构建的国家工作人员微能力素质培训

一　从胜任力角度解读国家工作人员微能力素质

（一）胜任力概念

胜任力概念最早是由美国哈佛大学教授、著名心理学家大卫·麦克里兰（David McClelland）博士提出来的，他认为胜任力是指那些直接影响工作业绩的个人条件和行为特征，它是动机、特性、自我概念、态度或价值观、某领域知识、认识或行为技能的个体特征的综合表现。

（二）胜任力角度的国家工作人员微能力素质

从胜任力角度解读国家工作人员微能力素质内涵，是将微能力素质视为一个由微媒体基本知识、态度观念、操作技能，运用微媒体心理倾向和内在动力等要素构成的一个整体来把握，是指国家工作人员在运用微媒体从事公共事务管理和社会公共服务时所需要具备的能力素质的总和，是那些直接影响微媒体使用成效的国家工作人员的个人条件和行为特征。

首先，国家工作人员微能力素质由多种要素组成。除了新媒体基本知识、基本操作技能外，相关的意识、态度、价值取向以及运用微媒体的动机、内在需要等都是构成要素之一，培训工作不能仅局限于微媒体知识的传授和技能训练，还必须充分考虑动机、特质、价值取向等要素，设计相关培训内容及有效的培训方法。

其次，国家工作人员微能力素质是运用微媒体从事公共事务管理和社会公共服务所需要具备的能力素质的总和。它并非人们主观上认为的微媒体基本知识、态度观念、操作技能以及运用微媒体的心理倾向和内在动力，而是指在从事公共事务管理和社会公共服务过程中需要具备的微能力素质。培训工作必须牢牢把握这一角色定位，合理确定国家工作人员微能力素质培训内容。

最后，国家工作人员微能力素质是指在相似情景下能实现微媒体运用最佳效果的关键行为特征和个人条件。它不仅包括微媒体运用的必要条件，更应突出在该领域活动中表现优秀的充分条件。有效的培训应该从第一手材料入手，直接发掘那些表现优秀的个人条件和行为特征，以提高培训工作的实效性。

二 国家工作人员微媒体胜任力模型的设计

（一）胜任力模型

胜任力模型是指担任某一特定任务角色所需要具备的胜任力的总和，[①] 它是胜任力的结构形式，该结构形式分为两个层面：一个层面是知识和技能这些相对表面的外显可见的特征；另一个层面是自我概念、动机和特质等位于人格结构深层的、隐藏的特征。外显的知识和技能相对容易改变，可以通过培训实现其发展；态度、价值观、动机和特质等相比知识和技能的培训要困难得多，培训难度大。

① 胡艳曦、官志华：《国内外关于胜任力模型的研究综述》，《商场现代化》2008 年第 11 期。

胜任力模型作为一种以提高实际业绩为目标的独特的人力资源管理模式，目前已经被广泛运用于相关组织尤其是企业的员工招聘、员工培训、职业发展、绩效评估等人力资源管理工作中。从胜任力模型角度着手建立企业培训体系、开发培训课程，越来越成为企业培训的重要途径之一。

（二）国家工作人员微媒体胜任力模型的设计

基于胜任力模型设计的国家工作人员微能力素质培训，是将这种独特的以提高实际业绩为目标的人力资源管理模式运用于国家工作人员队伍管理工作中，是探索创新国家工作人员微能力素质培训的一种新视角，其目的在于通过对国家工作人员运用微媒体服务于政府工作和社会管理创新的关键胜任特征的培养，增强国家工作人员的微能力素质，以适应微时代给国家机关、国家工作人员带来的管理意识及工作方式的挑战。

基于胜任力模型设计的国家工作人员微能力素质培训，最基础、最关键的是对国家工作人员微媒体胜任力模型的设计。它是基于对虚拟社会新形态及其对政府机关管理意识、工作方式带来的一系列挑战的深刻理解与分析，并结合国家公共事务管理需要以及微媒体未来发展趋势，对国家工作人员微媒体基础素质、核心能力、个性特质等进行分析、甄别、汇总的基础上建立起来的。设计国家工作人员微媒体能力素质胜任力模型需要从以下三个方面考虑。

一是科学方法的运用。国家工作人员微媒体能力素质胜任力模型的建立应该运用科学的方法，包括行为事件访谈法、典型案例分析法和专家座谈法等。行为事件访谈法，采用行为回顾技术，请一些在微媒体领域有较为成功表现的国家工作人员，让他们讲述与微媒体打交道的几个典型事例，深入了解他们当时是怎么做的、怎么想的和感觉如何等信息，在对大量有价值信息分析的基础上，确定被访谈者的能力素质特征，据此设计胜任力模型。典型案例分析法，是选取一些典型案例，通过分析案例成功经验和失败教训，对其中突出的能力素质要素加以分析、概括、提炼，设计胜任力模型。专家座谈法，是由微媒体领域的专家通过检验行为事件访谈和典型案例分析结果的真实性，对已获得的能力素质特征进行共性和特性方面的裁定和补充，进一步完善胜任力模型。

二是不同情境条件的适用。胜任力是在一定的工作情景中体现出来的，不同职位、不同工作领域、不同文化环境中的胜任力特征模型是不同的。国家工作人员微能力素质需要考虑三类群体的行为特征，即国家机关一般工作人员、领导干部以及专职宣传工作者。由于国家机关微媒体管理规定和宣传纪律对三类群体有不同的要求，尤其是在事件处置和舆论引导环节，对各级国家机关和国家工作人员的对外信息发布权限有明确的规定，设计胜任特征模型必须考虑这些不同的情境条件的适用问题。

三是三个层级要素选用。国家工作人员微媒体胜任力模型设计需要考虑三个层级要素，即基础胜任能力、核心胜任能力和胜任动机特质。胜任基础能力，是国家工作人员能够运用新媒体的必备能力素质，如微博开设、微博说话等；核心胜任能力，是国家工作人员能够运用新媒体服务国家公共事务、创新社会管理的基本能力素质，如互动回应、信息发布、议程设置、舆情引导、谣言应对、事件处置等；胜任动机特质，是“冰山模型”中所说的“潜在素质”，是较为深层次的能力素质要素，比如微博意识：良好心态、学习创新等。其中，胜任动机特质应该放在培训工作的重要位置。因为，一旦有了正确的工作意识和价值取向、积极的工作态度和良好思维习惯，国家工作人员即使暂时在知识和技能方面存在不足，他们也会主动、有效地去学习和提升个人的微媒体能力素质。

三　根据胜任力要素设计国家工作人员微能力素质培训课程

基于胜任力模型设计的国家工作人员微能力素质培训不能止于模型的建立，更重要的是根据模型所列的胜任要素推导开发出国家工作人员微能力素质的培训课程。微能力素质培训课程的设计一般有三个关键步骤。

步骤一：胜任力要素解析。这是一个深刻挖掘国家工作人员微媒体胜任力要素内涵并加以解析的过程，通过胜任力要素解析，提炼出其所对应的培训要点。表 4 – 4 为国家工作人员微媒体胜任力要素解析示例。

表 4－4　　国家工作人员微媒体胜任力要素解析

胜任能力素质	维度	行为表现示例
基础胜任能力	微博开设	能够选择门户网站开通微博；能够对微博进行命名、设置模板头像和个性域名、申请认证
	微博说话	能够利用 140 字；能够采用“摘要＋链接”、音频、视频、图片等形式；能够利用长微博 APP 系统；能够运用网络用语；能够运用评论、转发、私信等手段；擅于运用“@”功能；擅于运用微博的置顶功能；擅于运用公众人物转发
核心胜任能力	互动回应	能够用平民化、生活化的语言交流；能够利用微博征集线索、收集民意；能够及时处理投诉质疑
	信息发布	能够进行合理定位，准确把握信息发布范围；能够主动、及时、准确发布相关信息；能够不断更新微博内容；能够把握信息发布频率节奏；能够对重要信息保密
	议程设置	具有对热点敏锐的捕捉能力；能够有效设置话题；能够运用微博传递正能量
	舆情引导	能运用科学的舆情研判方法；能够敏锐感知有价值的舆情点并迅速捕捉；能够对舆情言论进行归纳梳理和内涵分析；能够对舆情言论进行社会情境分析和宏观环境分析研判；准确判断舆情走势所处的不同发展阶段，并提出应对措施
	谣言应对	掌握舆情信息真伪的方法；能有效分辨网络谣言；能运用微博辟谣；能采取有效措施控制
	事件处置	能够及时发现舆情危机苗头倾向；能够分析研判危机形势走向；能够迅速确定应对方式、对外口径；能够采取有效形式快速发声并跟进发布；能够及时问责妥善处置并公布处理结果；能够采取有效手段进行舆论引导；能够网上网下一体化行动；能够与其他微博联动合作
胜任动机特质	微博意识	新闻意识；维稳意识；群众意识；责任意识；纪律意识；敏感意识
	良好心态	有度量、有自信，敢于面对围观谩骂；对网民质疑能够平和、平等、坦诚相待；面对问题敢于担责不逃避
	学习创新	具有开放性思维；善于学习新媒体知识和传播规律；勇于探索创新新媒体运用思路、方法并发挥有效作用

应当在上述胜任力要素解析过程中，提炼培训关键点。一方面要按照人的主观能动过程规律，从知识与技能、认知与能力、意识观念、素养特质，一直到行动和结果，分析该要素的培训关键点；另一方面要按照要素在实践过程中的一般过程、流程，逐步解析该要素在实践中的各个关键节点，对微媒体使用过程加以分析。特别是要结合实际工作情况，将该要素放在不同工作情境下进行再衡量，发现其培训关键要点。

步骤二：明确培训要求。在对培训关键要点进行归类组合的基础上，对各胜任力要素培训工作进行总体设想。在明确“培训要求”的过程中，应当充分考虑国家工作人员所在单位职能性质的差异，充分考虑不同单位国家工作人员微媒体能力素质现状的差异，充分考虑个人职务微博、组织官方微博对国家工作人员微媒体能力素质要求的差异。在此基础上，对“该要素应该如何培训”这一问题进行整体思考。明确培训要求是一种课程设计前的过渡分析，是从一般意义上对各要素培训方案的总体设想。

步骤三：培训课程设计。这是以“培训要求”为蓝本，针对胜任力培训关键要点分别设计对应的培训课程，课程设计的主要内容包括：课程名称、培训主题、课程目标、课程内容、培训对象、培训方式、课程实施建议等。从国家工作人员微媒体胜任力要素推导开发出培训课程，是一个具有很大挑战性的工作，必须从各个不同角度挖掘胜任力要素的内涵，特别是要以大量鲜活案例为根基，并且对培训内容和培训方法进行系统而严密的设计，从而保障培训课程的适用性及科学性。

四　基于胜任力模型设计的国家工作人员微能力素质培训的作用

随着“政务微时代”的来临，国家工作人员微能力素质培训得到各地国家机关的高度重视，并被纳入培训课程。但是，总体来讲，国家工作人员微能力素质培训的需求分析不够，培训工作缺乏系统性和规划性，尚未形成培训体系。为回应时代要求，提出一套切实有效的国家工作人员微媒体能力素质培训体系显得尤为迫切。基于胜任力模型设计的国家工作人员微能力素质培训突破了传统的培训设计框架，能够对国家工作人员微能力素质培训起到直接指导作用。

一是基于胜任力模型设计的国家工作人员微能力素质培训是以微博

运用过程中各种行为表现的详细分析为特征，能力素质要求被分解成特定的组成部分，并得到一系列行为表现的详单，能够把培训放在相关行为和技能上，使培训更具针对性，有助于提高微实战技能，为参与微政务活动提供支持。

二是基于胜任力模型设计的国家工作人员微能力素质培训是一种系统思维方法的体现，它将微媒体胜任力分解为基础胜任能力、核心胜任能力、胜任动机特质三个方面，每个方面有不同的维度特征，同时对每个维度特征及行为表现进行具体概括和描述，将以微媒体胜任力学习为核心的培训环节整合起来，梳理成培训体系，增强了国家工作人员微能力素质培训的系统性和科学性。

三是基于胜任力模型设计的国家工作人员微能力素质培训关注人格特质、价值意识等内隐特征，培训分为两个部分：一个部分是微媒体运用必须具备的一系列基础知识和技能，包括微博开设和微博说话等基础胜任能力；另一部分是表现优秀人员区别于表现一般人员所特有的综合能力素质，包括互动回应、信息发布、议程设置、舆情引导、谣言应对、事件处置等核心胜任能力，以及微博意识、良好心态、学习创新等胜任动机特质。这样一种培训范式的转移，是对传统培训模式、传统意识的突破和创新。

参考文献

一　著作

戴长林：《网络犯罪司法实务研究及相关司法解释理解与适用》，人民法院出版社 2013 年版。

高铭暄：《中华人民共和国刑法的孕育诞生和发展完善》，北京大学出版社 2012 年版。

李林：《中国法治发展报告（2012）》，社会科学文献出版社 2012 年版。

李敏蓉：《媒体时代公安领导者的媒介素养》，中国方正出版社 2013 年版。

连玉明、武建忠：《决策 1205》，团结出版社 2012 年版。

骆正林：《媒介素养与政治传播》，中国广播电视出版社 2012 年版。

荣建华：《中国媒介素养教育论》，中国社会科学出版社 2011 年版。

王金水：《网络政治参与与政治稳定机制研究》，中国社会科学出版社 2012 年版。

许玉秀：《新学林分科六法——刑法》，台湾新学林出版股份有限公司 2006 年版。

于志刚：《传统犯罪的网络异化研究》，中国检察出版社 2010 年版。

于志刚、郭旨龙：《信息时代犯罪定量标准的体系化构建》，中国法制出版社 2013 年版。

张明楷：《刑法学》，法律出版社 2011 年版。

张锐昕、杨国栋：《网络时代政府职能转变问题研究》，中国书籍出版社 2013 年版。

张艳秋：《理解媒介素养：起源、范式与路径》，人民出版社 2012 年版。

周志忍：《政府管理的行与知》，北京大学出版社 2008 年版。

Cox, M., Ellsworth, D., "Application - Controlled Demand Paging for Out - of - Core Visualization," In Roni Yagel and Hans Hagen (eds.), *Proceedings of the 8th Conference on Visualization 97*, C. A.: IEEE Computer Society Press, 1997.

Jimmy Guterman, *Release 2.0*: *Issue 11 Big Data*, Publisher: Radar, June 2009.

Law Reform Commission of Canada, "Limits of Criminal Law—Obscenity: A Test Case", *Working Paper*, 1975.

White David Manning, "The Gatekeeper: A Case Study in the Selection of News Lewis", *People*, *Society and Mass Communications*, London: Hrsg, 1964.

二 期刊

John Carlo Berto:《大数据与开放数据的政策框架：问题、政策与建议》，郑磊、徐慧娜、包琳达译，《电子政务》2014 年第 1 期。

陈兴良：《刑法的刑事政策化及其限度》，《华东政法大学学报》2013 年第 4 期。

范跃如：《试论我国行为保全制度及其构建与完善》，《法学家》2004 年第 5 期。

贺晓丽：《英国〈政府部门 twitter 使用指南〉对我国的启示》，《青岛市委党校学报》2014 年第 4 期。

韩立新、霍江河：《"蝴蝶效应"与网络舆论生成机制》，《当代传播》2008 年第 11 期。

胡晓青：《微博乱语 该当何罪》，《江淮法治》2013 年第 16 期。

胡艳曦、官志华：《国内外关于胜任力模型的研究综述》，《商场现代化》2008 年第 11 期。

胡云腾：《〈关于对判处管制、宣告缓刑的犯罪分子适用禁止令有关问题的规定（试行）〉的理解与适用》，《人民司法（应用）》2011 年第 13 期。

李苓：《论中国媒介素养教育评估体系》，《社会科学研究》2005 年第 4 期。

李国杰、程学旗：《大数据研究：未来科技及经济社会发展的重大战略领域——大数据的研究现状与科学思考》，《中国科学院院刊》2012 年第 6 期。

李怀胜：《禁止令的法律性质及其改革方向》，《中国刑事法杂志》2011 年第 11 期。

李澜：《美国禁令制度研究——兼评我国知识产权诉讼中临时禁令制度》，《科技与法律》2003 年第 2 期。

李敏蓉：《“新闻执政”语境下的公安领导力提升》，《中国人民公安大学学报》（社会科学版）2013 年第 2 期。

李蕤：《大数据背景下侵财犯罪的发展演变与侦查策略探析》，《中国人民公安大学学报》2014 年第 4 期。

梁爽：《大数据 大变革》，《发展研究》2014 年第 11 期。

梁芷铭：《政务微博传播机制初探》，《新闻爱好者》2012 年第 12 期。

梁芷铭：《基于新浪微博的网络信息生命周期实证研究》，《新闻界》2014 年第 3 期。

林志标：《官员微博的社会治理价值分析》，《宁波工程学院学报》2012 年第 9 期。

刘宏杰等：《基于微博的六度空间理论研究》，《计算机应用研究》2012 年第 8 期。

刘瑞生、许薇薇、刘春阳：《全球微博发展态势及治理策略》，《中国党政干部论坛》2013 年第 1 期。

刘宗义：《2012 年我国微博发展综述》，《重庆社会科学》2013 年第 1 期。

马费成、夏永红：《网络信息的生命周期的实证研究》，《情报理论与实践》2009 年第 6 期。

屈一平：《兴起与欠缺：揭秘大数据买卖在中国》，《小康》2014 年第 11 期。

孙建保：《刑法禁止令司法适用探析》，《人民司法（应用）》2012 年第 3 期。

陶丹：《韩国互联网实名制管理的特色与启示》，《人民记者》2012 年第 1 期。

涂新莉、刘波、林伟伟：《大数据研究综述》，《计算机应用研究》2014

年第6期。

万亮亮：《公安民警媒体素质培养路径探析》，《北京警察学院》2014年第1期。

王刚：《公安机关如何引导涉警舆情》，《重庆科技学院学报》2011年第16期。

王晓蕾：《浅议我国政府对微博的监管》，《管理观察》2014年第5期。

王银梅：《网络谣言对社会稳定的负面影响及法治化治理影响》，《社会建设》2012年第5期。

王占洲：《刑事禁止令的法理分析》，《现代法学》2010年第4期。

吴韵曦：《网络问政内涵辨析》，《理论界》2012年第12期。

新华社新闻研究所课题组：《中国传媒全媒体发展研究报告》，《科技传播》2010年第2期（下）。

许媛媛：《网络问政：从单一途径到多元途径的融合》，《广东青年干部学院学报》2011年第8期。

薛国林：《国外微博管理经验借鉴》，《人民论坛》2012年第4期。

姚维保、韦景竹：《个人数据流动法律规制策略研究》，《图书 情报 知识》2008年第2期。

余剑、邵旻：《论刑法禁止令制度的司法适用》，《法学》2011年第11期。

于志刚：《网络犯罪与中国刑法应对》，《中国社会科学》2010年第3期。

于志刚：《论共同犯罪的网络异化》，《人民论坛》2010年第10期。

于志刚：《“双层社会”的形成与传统刑法的适用空间——以两高〈网络诽谤解释〉的颁行为背景的思索》，《法学》2013年第10期。

于志刚：《“大数据”时代计算机数据的财产化与刑法保护》，《青海社会科学》2013年第3期。

于志刚、郭旨龙：《“双层社会”与“公共场所秩序严重混乱”的认定》，《华东政法大学学报》2013年第3期。

于志刚：《全媒体时代与制作、传播虚假信息的制裁思路》，《法学论坛》2014年第2期。

郑燕：《网民的自由与边界——关于微博公共领域中言论自由的反思》，《社会科学研究》2012年第1期。

赵秉志、于志刚：《计算机犯罪及其立法和理论之回应》，《中国法学》2001 年第 1 期。

朱松梅、任雁：《微博谣言产生的原因和辟谣机制——以 2011 年日本震后谣言为例》，《青年记者》2011 年第 17 期。

王冰：《网络信息系统中微博的法律监管分析》，《西安邮电大学学报》2014 年第 1 期。

Berkowitz, D., "Refining the Gatekeeping Metaphor for Local Television News", *Journal of Broadcasting & Electronic Media*, 1990 (34).

Bonadio, Enrico and Santo, Mauro, "ISPs Cannot Be Ordered to Adopt General and Preventive Filtering Systems", *Journal of Intellectual Property Law & Practice*, March 2, 2012.

David S. Ardia, "Freedom of Speech, Defamation, and Injunctions", *William & Mary Law Review*, 2013 (5).

Eng Paul, Julie Tilsners, "Up All Night with the Internet", *Business Week*, 1994 (2).

三 报纸

陈鹏展：《对禁止令的理解与适用》，《人民法院报》2011 年 5 月 4 日第 6 版。

程绩：《网络辟谣平台发布十大案例》，《新闻晚报》2013 年 9 月 6 日第 A1 版。

杜勇：《看看人家外国是咋管理互联网的》，《河南商报》2014 年 11 月 20 日第 A04 版。

胡若愚：《美“棱镜门”引全球哗然》，《浙江日报》2013 年 6 月 12 日第 8 版。

李后强：《大数据时代的互联网思维》，《四川经济日报》2014 年 11 月 10 日第 1 版。

李勇：《警惕检察创新的不良倾向》，《法制日报》2014 年 4 月 23 日第 10 版。

李钰之：《微博“软广告”能逍遥法外吗》，《检察日报》2014 年 2 月 13 日第 1 版。

练情情：《发微博造谣获刑一年半》，《广州日报》2011 年 7 月 6 日第 3 版。

马海邻：《上海发布微博推 6 项服务》，《解放日报》2014 年 11 月 25 日第 8 版。

王建琦：《网络时代有些犯罪很“容易”》，《法制晚报》2012 年 11 月 27 日第 A03 版。

杨滨：《谣言就这样产生》，《北京晚报》2013 年 7 月 30 日第 5 版。

杨永辉：《司法界定言论自由边界》，《法制日报》2011 年 9 月 11 日第 3 版。

于志刚：《制裁谣言的罪名体系需扩大》，《法制日报》2012 年 2 月 4 日第 7 版。

袁定波：《独创性微博受著作权法保护》，《法制日报》2013 年 1 月 26 日第 5 版。

后　记

回首三年，“微博对社会稳定的影响及其对策研究”课题项目的完成着实不易。研究成果和成效取得的背后，是有关领导与专家学者鼎力支持、相关实务部门无私帮助以及项目课题组全体人员大量心血付出的结果。在此深表谢忱。

感谢中央政法委。在课题调研申报阶段，中央政法委综治信息中心领导专门听取课题调研和项目申报情况汇报，给予充分肯定和鼓励，并将其列入重点支持课题；在课题申报国家社会科学基金项目成功后，中央政法委有关领导莅临开题研讨会并作重要讲话，为开展课题研究指明了正确方向。

感谢北京市公安局。高度重视该项目课题研究工作，主要领导作出重要指示予以大力支持，党委会听取专题汇报，强化组织领导和研究基地保障，在研究中后期主要领导又就研究成果检验与应用转化作出重要批示。局属各相关业务单位，尤其是第一总队、网安总队、法制总队等单位，在调查研究和成果检验应用等方面给予了有力的合作支持，保证了课题研究顺利进行和研究成果检验转化。

感谢北京警察学院。作为该国家社会科学基金项目申请和管理责任单位，充分履行职责，在人员、资金等方面提供了各种有利条件，并跟进管理项目实施和资助经费使用，确保了项目课题研究的顺利开展。学院主要领导多次参加相关会议明确要求，侦查系、公安科技系、法律教研部、理论教研部和科研处等院属有关部门领导和相关人员在课题研究团队组建与推进研究中全力支持。特别值得一提的是，项目课题组全体参研人员在调查研究、学术探讨、开发应用和团队合作等方面所体现出的专业素养和奉献精神，保障了研究任务的圆满完成。同时，本书只是项目课题的部分研究成果，对于研究成果未出版的作者也特别表示由衷的钦佩与感谢。

最后，还要感谢中国科学院软件所丁丽萍研究员和中国社会科学院世界经济研究所田丰研究员在项目课题研究中给予的专业指导和无私帮助，以及中国社会科学出版社总编辑助理王茵编审和编辑王琪对本书出版给予的热心帮助。

本书作者具体分工如下：

第一章 微博对社会稳定的影响及其规律研究

曹仁祥 北京警察学院侦查系教授、教育学博士，主要从事国内安全保卫的教学与研究；

宋 淼 北京警察学院侦查系副教授，主要从事国家安全和社会稳定的教学与研究；

马国春 北京警察学院侦查系讲师、博士研究生，主要从事国家安全和社会稳定的教学与研究。

第二章 微博谣言法律责任体系研究

于志刚 中国政法大学教授、博士生导师，主要从事刑法学、网络法学的教学与研究；

田 刚 中央民族大学法学院讲师、法学博士，主要从事刑法学、网络法学的教学与研究。

第三章 法治思维下微博治理机制研究

李汝川 北京警察学院教授、法学博士，主要从事刑法学、刑事政策学的教学与研究；

李 晶 北京警察学院法律教研部副教授、法学博士，主要从事刑事诉讼学的教学与研究。

第四章 微时代国家工作人员新媒体能力素质教育培训研究

李敏蓉 北京警察学院教授，主要从事公安管理、领导科学的教学与研究；

佟志伟 北京警察学院理论教研部教授、经济学博士，美国乔治城大学访问学者，主要从事公共管理、公共政策科学的教学与研究；

万亮亮　北京警察学院理论教研部讲师、博士研究生，美国佛罗里达州立大学访问学者，主要从事公安管理、公安人力资源管理的教学与研究。

李汝川教授对全书内容进行统稿、修改和完善。

“微博对社会稳定的影响及对策研究”项目课题组

2018 年 2 月